RAPPORT

ADRESSÉ

A MONSIEUR LE DÉLÉGUÉ DU GOUVERNEMENT PROVISOIRE

SUR

LES TRAITEMENTS ORTHOPÉDIQUES

DE M. LE DOCTEUR JULES GUÉRIN.

IMPRIMÉ PAR THUNOT ET Ce, SUCCESSEURS DE FAIN ET THUNOT,
RUE RACINE, 28, PRÈS DE L'ODÉON.

RAPPORT

ADRESSÉ

A MONSIEUR LE DÉLÉGUÉ DU GOUVERNEMENT PROVISOIRE

SUR

LES TRAITEMENTS ORTHOPÉDIQUES

DE M. LE DOCTEUR JULES GUÉRIN,

A L'HOPITAL DES ENFANTS,

PENDANT LES ANNÉES 1843, 1844 ET 1845.

PAR UNE COMMISSION COMPOSÉE DE

MM. BLANDIN, P. DUBOIS, JOBERT, LOUIS, RAYER ET SERRES.

PRÉSIDENT : M. ORFILA.

PARIS.

AU BUREAU DE LA GAZETTE MÉDICALE,

RUE RACINE, 16, PRÈS DE L'ODÉON.

1848

RAPPORT

ADRESSÉ A MONSIEUR LE DÉLÉGUÉ DU GOUVERNEMENT PROVISOIRE

PRÈS L'ADMINISTRATION DES HOPITAUX ET DES HOSPICES CIVILS DE PARIS.

MONSIEUR LE DÉLÉGUÉ,

Par un arrêté du 7 août 1843, l'ancien conseil général des hôpitaux et hospices civils de Paris nomma une commission chargée de suivre, pendant un temps qui ne devait pas être moindre d'une année, les traitements orthopédiques de M. le docteur Jules Guérin à l'hôpital des Enfants. Cette commission fut composée de MM. Rayer, Serres, Louis, Breschet, Jobert et Blandin; le conseil délégua l'un de ses membres, M. Orfila, pour la présider.

Par un arrêté subséquent, en date du 21 février suivant, M. Paul Dubois fut nommé membre de la commission en remplacement de M. Breschet, qu'une maladie sérieuse avait éloigné de Paris.

Quoique les grands événements survenus depuis cette époque aient placé la commission vis-à-vis d'une administration nouvelle, elle ne s'est pas crue dispensée de l'accomplissement du devoir dont elle avait été chargée par la précédente, et elle vient le remplir aujourd'hui.

Aux termes de l'arrêté du conseil des hôpitaux, la commission devait surtout constater d'une manière précise et officielle les résultats qui peuvent être obtenus des traitements orthopédiques, mais elle devait également donner son avis sur une question délicate et litigieuse.

M. Guersant, chirurgien à l'hôpital des Enfants, avait signalé à l'administration un compte rendu public, et duquel il serait résulté que M. Jules Guérin aurait admis et traité dans son service un certain nombre de sujets dont les maladies ne rentraient pas dans la spécialité qui lui était confiée.

Le conseil demandait en conséquence que la commission déterminât, entre la chirurgie et l'orthopédie proprement dite, une limite sur laquelle les praticiens ne semblaient pas être d'accord.

C'est après trois années d'observations très-attentives que la commission vient vous communiquer le résultat des recherches dont elle a été chargée. Mais avant d'entrer en matière, elle croit devoir rappeler quelques-unes des circonstances qui ont précédé et motivé sa mission.

A la suite d'un concours ouvert par l'Académie des sciences sur les difformités, l'orthopédie avait pris un grand développement.

Dans le but de faire participer la classe pauvre aux nouvelles ressources de la science, le conseil général des hôpitaux avait consacré deux salles de l'hôpital des Enfants au traitement des difformités, et elle avait confié le soin des malades admis dans ces salles à M. le docteur Jules Guérin, dont l'Académie venait de couronner les travaux sur la matière. C'était en 1838. — De 1839 à 1845, ce service avait fonctionné régulièrement, et l'affluence des malades et des médecins même semblait justifier cette création nouvelle.

Dans le mois de juin 1845, M. Orfila, au nom du conseil, invita M. Guérin à présenter un relevé des cas traités et des résultats obtenus depuis l'ouverture des salles.

Ce relevé numérique fut communiqué au conseil et publié immédiatement dans plusieurs journaux. Il était conçu comme il suit :

DIFFORMITÉS.	NOMBRE des cas.	GUÉRISONS complètes.	AMÉLIORATIONS.	PAS d'amélioration.	MORTS.	NON TRAITÉS ou en traitement.
Strabisme.	155	100	8	»	»	47
Fausse ankylose de la mâchoire inférieure.	1	1	»	»	»	
Torticolis.	46	23	8	2	1	
Déviations de l'épine.	155	24	28	4	1	98
Excurvations tuberculeuses.	112	4	46	46	2	14
Difformités rachitiques du thorax et des membres.	314	66	36	»	2	210
Courbures des membres par cal vicieux.	46	8	13	2	»	23
Difformités du coude (flexions permanentes, etc.).	9	2	1	1	»	5
Flexions permanentes de la main et des doigts.	14	3	4	»	»	7
Luxations congénitales des fémurs.	38	2	»	1	»	35
Difformités de la hanche sans luxation.	38	10	22	6	»	»
Difformités des genoux.	263	53	72	9	5	124
Pieds-bots.	157	61	49	6	7	34
Flexion permanente des orteils.	1	1	»	»	»	»
Totaux.	1349	358	287	77	18	609

En outre de ces difformités, 54 abcès froids ou par congestion et 11 épanchements articulaires ont été traités par la méthode sous-cutanée. En voici les résultats :

Abcès froids.	20	7	4	»	2	7
Abcès par congestion.	14	4	2	»	5	3
Épanchements articulaires.	11	8	3	»	»	»
Totaux.	45	19	9	»	7	10
Totaux réunis.	1394	377	296	77	25	619

Les résultats mentionnés dans ce tableau étaient, par leur nombre et leur importance, de nature à frapper vivement l'attention du public et des médecins; et bientôt ils soulevèrent dans la presse médicale une polémique ardente et une critique agressive. La pratique de M. Guérin ne fut pas seulement accusée d'être illusoire, stérile, dangereuse, mais l'on révoqua en doute la réalité et la possibilité même des succès qu'il avait annoncés. Ne voulant pas rester sous le coup des accusations dont il était l'objet, M. Guérin adressa au conseil, à la date du 9 août 1843, une lettre par laquelle il lui demandait de vouloir bien nommer une commission parmi les médecins et chirurgiens des hôpitaux, qui serait chargée (nous citons le texte de la lettre) de s'enquérir des résultats qu'il avait publiés, de suivre pendant un temps suffisant les divers traitements mis en usage dans le service; enfin de rechercher par toutes les voies et moyens s'il n'avait pas droit à une éclatante réparation en échange des imputations dont il avait été l'objet. M. Jules Guérin ajoutait : « Vous le comprendrez, messieurs, le résultat de cette enquête ne doit pas seulement servir à édifier votre religion et à me rendre justice, elle doit surtout avoir pour conséquence d'éclairer une haute question de science et d'humanité. »

Dans la séance même où cette lettre lui fut communiquée le conseil nomma la commission qui vient aujourd'hui vous présenter son rapport.

Placée entre les termes restreints de l'arrêté du conseil, et ceux de la demande plus étendue de M. J. Guérin, la commission dut fixer d'abord les limites dans lesquelles elle remplirait la tâche qui lui était confiée. Elle pensa que sa mission devait être toute scientifique, et que, bien qu'elle eût eu pour cause un débat récent, il ne lui était pas possible de se constituer juge lorsque les éléments qui auraient dû éclairer sa conscience ne pouvaient plus être soumis à une rigoureuse appréciation. Il lui sembla d'ailleurs qu'il importait beaucoup plus à l'autorité future de sa parole et à l'intérêt de la science, qu'elle se plaçât sur un terrain libre de toute opinion préconçue et de toute lutte passionnée. Il lui parut enfin que l'impression qu'elle recevrait des faits nouveaux qui devaient lui être soumis et le jugement qu'elle en exprimerait plus tard, contribueraient, beaucoup plus qu'un contrôle insuffisant des faits accomplis et contestés, à éclairer la question scientifique qui venait d'être si vivement débattue.

Afin qu'il en pût être ainsi, la commission demanda que ses recherches eussent pour objet exclusif des sujets atteints des maladies et des difformités indiquées au relevé de M. Guérin. — Ce médecin présenta en conséquence à la commission une série de sujets placés dans les conditions qui viennent d'être indiquées. — Cependant, comme il était impossible de réunir immédiatement ces différentes catégories de cas, et surtout de les traiter dans les deux salles de l'hôpital des Enfants qui ne renferment que douze lits, elle autorisa M. Guérin à lui présenter successivement les malades de toutes classes qui s'offriraient à lui; de les prendre indistinctement parmi ceux qu'il aurait à traiter dans son établissement, à la consultation publique ou dans les salles de l'hôpital, voulant lui donner tous les moyens de rendre sa démonstration facile et complète; sauf à la commission à prendre toutes les précautions possibles pour que son travail de vérification ne pût, en aucun cas, être, ni même supposé être illusoire.

Dans ce but elle a constaté, étudié et contrôlé avec le plus grand soin avant, pendant et après le traitement, chacun des cas qui lui ont été présentés.

Avant le traitement, une observation écrite, relative à chaque malade, vérifiée dans ses moindres détails avec un plâtre et un dessin à l'appui, a été parafée par elle. De plus M. J. Guérin a constamment indiqué avant le traitement les points nouveaux qu'il voulait établir, les différents ordres de moyens qu'il se proposait d'employer, et les résultats qu'il avait en vue d'obtenir et qu'il espérait obtenir.

Pendant le traitement la commission s'est fait représenter les malades aux différentes époques du traitement. Quand les sujets ont dû être opérés, et lorsqu'ils ont dû être traités, avant ou après l'opération, par les moyens mécaniques, elle a constaté leur état immédiatement avant et après l'opération, de manière à pouvoir apprécier matériellement les résultats propres à chacune de ces méthodes. De nouveaux plâtres ou de nouveaux dessins représentant l'état des sujets aux principales périodes du traitement, ont fixé d'une manière invariable les souvenirs de la commission, indépendamment des notes écrites, vérifiées et parafées par elle avec le plus grand soin.

Après le traitement, mêmes précautions que précédemment, c'est-à-dire constatation et vérification de l'état des sujets, à l'aide du moulage, de dessins et de notes détaillées. Enfin pour qu'il ne restât aucun doute dans son esprit sur l'état définitif des sujets et sur la permanence des résultats obtenus, elle les a revus pour la plupart une dernière fois, plus ou moins longtemps après la cessation du traitement, en prenant cette fois une note circonstanciée, non-seulement sur l'ensemble de l'état du sujet, mais sur chacun des éléments dont se composait sa maladie ou sa difformité.

Aucune de ces constatations, aucune de ces vérifications n'a été laissée aux membres de la commission pris individuellement; mais toutes ont été faites par la commission réunie.

Indépendamment des précautions que nous venons de faire connaître et qui ont eu pour but d'assurer à ses opérations une rigueur inattaquable, la commission a encore voulu leur donner un caractère de gravité et de maturité que le temps seul peut assurer aux contrôles de cette sorte. Quatre ans se sont maintenant écoulés depuis qu'elle a été investie de son mandat; elle a pensé qu'une mission aussi grave, aussi difficile et aussi délicate, ne devait pas être précipitée, et que si la vérité pouvait souffrir d'un aussi long retard, ce retard cependant lui profiterait.

Le rapport que la commission présente à monsieur le délégué du gouvernement provisoire se divise naturellement en deux parties : La première consiste dans l'exposé détaillé des faits nombreux qu'elle a observés et une appréciation particulière de ces faits; la seconde contient un résumé et une appréciation générale des faits relatés dans la première partie.

PREMIÈRE PARTIE.

OBSERVATIONS DÉTAILLÉES.

M. J. Guérin a soumis à la commission 63 cas de difformités et de maladies, distribués en onze catégories, comme il suit :

1° Strabisme.	5 cas.
2° Torticolis.	5 »
3° Déviations de l'épine.	9 »
4° Luxations congénitales.	5 »
5° Déviations des genoux.	8 »
6° Pieds-bots et sub-luxations des orteils.	10 »
7° Difformités arthralgiques.	2 »
8° Difformités par rétraction de cicatrices.	2 »
9° Courbures et cals vicieux rachitiques.	5 »
10° Excurvations tuberculeuses.	6 »
11° Abcès par congestion.	6 »
Total.	63 cas.

I.

STRABISME.

M. J. Guérin a présenté à la commission des cas de strabisme de deux espèces : des cas de strabisme *primitif*, et des cas de strabisme *consécutif*; les premiers consistant dans la déviation de l'œil ou des yeux sous l'influence de la rétraction primitive d'un ou de plusieurs muscles; les seconds consistant dans la déviation de l'œil ou des deux yeux, consécutive à des opérations vicieuses de myotomie oculaire.

1° STRABISME PRIMITIF.

Trois cas de strabisme primitif ont été présentés à la commission et opérés sous ses yeux.

PREMIER CAS.

STRABISME CONGÉNITAL CONVERGENT DOUBLE, TROISIÈME DEGRÉ, PLUS PRONONCÉ A GAUCHE QU'A DROITE. — MYOPIE ET AMAUROSE MÉCANIQUES ALTERNATIVES. — SECTION SOUS-CONJONCTIVALE, PAR PONCTION, DES DEUX MUSCLES DROITS INTERNES. — TRAITEMENT MÉCANIQUE CONSÉCUTIF. — REDRESSEMENT COMPLET DES YEUX SANS PERTE DE MOUVEMENT NI TRACES DE L'OPÉRATION. — AMÉLIORATION CONSIDÉRABLE DE LA VISION, SOUS LE RAPPORT DE LA PORTÉE DE LA VUE ET DE SA NETTETÉ.

Une demoiselle âgée de 16 ans est présentée à la commission le 26 mai pour un strabisme double convergent.

La difformité est congénitale. D'abord peu prononcée au dire du sujet, elle n'a cessé de faire des progrès jusqu'à ce jour; mais elle n'avait été remarquée, jusqu'ici, qu'à l'œil gauche, soit par la malade, soit par les personnes qui l'entourent.

Le père et la mère sont bien conformés; mais le frère aîné est également strabique. Aucune autre difformité dans la famille.

État actuel : — Strabisme convergent double, plus prononcé à gauche. Dans la vue distraite les deux yeux sont portés en dedans; la déviation est telle, à gauche, que le bord de la cornée touche presque le canthus interne; à droite elle peut être évaluée à 2 ou 3 millimètres. Dans le regard attentif et en face, l'œil droit conserve habituellement une partie de sa convergence, et la malade tourne un peu la tête à droite, pour mettre l'œil en rapport avec l'objet; mais si on lui maintient la tête droite, l'œil se redresse complétement; alors la convergence augmente à gauche jusqu'au contact du bord interne de la cornée avec le canthus correspondant. Si le regard se prolonge quelque temps, et surtout si l'objet regardé est de petite dimension (comme des caractères d'imprimerie), l'œil droit est bientôt agité d'un tremblement horizontal très-rapide. Il en est de même de l'œil gauche quand il regarde seul.

Impossibilité du mouvement d'abduction à gauche; c'est à peine si le centre de la cornée arrive au milieu de l'orbite. A droite, réduction notable du même mouvement. Le bord externe de la cornée s'arrête à 4 millimètres environ de l'angle palpébral. Aux limites de l'abduction des deux côtés, si l'effort du sujet continue, l'œil exécute tantôt des mouvements de rotation, tantôt des mouvements latéraux de va-et-vient, et parfois il parvient à se porter tout à coup, comme par une sorte d'échappée, au delà des limites que nous venons d'indiquer, mais pour y revenir aussitôt.

Rien à noter sur le mouvement d'adduction. Le mouvement d'élévation est peu étendu des deux côtés; il ne s'exécute pas directement, mais obliquement en dedans et en haut. Étendue et liberté presque normales du mouvement d'abaissement.

Déformation assez prononcée des globes oculaires qui sont sensiblement aplatis dans leur portion interne, et bombés dans leur portion externe, principalement à gauche. Autant qu'il est possible de s'en assurer à l'œil nu, la cornée transparente paraît participer à cette déformation. La sclérotique offre en dehors une teinte jaunâtre avec développement anormal des ramuscules veineux. Pupilles, de forme et de grandeur ordinaires, également contractiles des deux côtés.

Absence de diplopie, quelle que soit la direction du regard. Mais la vue est remarquablement courte des deux côtés. L'œil droit ne distingue pas des capitales allemandes de 1 centimètre de hauteur au delà de 45 à 50 centimètres, et les petits caractères au delà de 25 à 30 centimètres. Il est à remarquer en outre que cet œil qui, comme nous l'avons dit, se redresse en tout ou en partie pour regarder les objets assez gros (un doigt, par exemple), se porte fortement en dedans pour lire, et en général pour distinguer des objets de petite dimension. La convergence devient telle, alors, que la cornée touche presque le canthus interne. Si l'on porte le livre un peu en dehors pour solliciter l'œil à se redresser, il ne bouge pas, et c'est la tête qui se tourne en dehors, pour conserver le même rapport entre l'œil et les caractères regardés. Le sujet redresse-t-il volontairement cet œil pour le mettre en face de l'objet, il cesse de le distinguer. Du côté gauche, les caractères gros ou petits ne sont aperçus qu'à une distance tellement rapprochée, que le livre touche presque le visage, et encore apparaissent-ils toujours obscurs ou confus; l'œil, alors, loin de se dévier davantage en dedans (ce qui cacherait la pupille derrière l'angle interne), fait effort pour se redresser et se redresse en effet d'une certaine quantité. En outre, cet œil se fatigue beaucoup plus vite que le droit et devient même bientôt larmoyant.

Le 26 mai, M. Jules Guérin pratique, séance tenante, la section sous-conjonctivale par ponction du droit interne sur les deux yeux, en ayant soin de diviser l'aponévrose d'enveloppe musculaire à une plus grande profondeur et dans une plus grande étendue à gauche qu'à droite. Le redressement des deux yeux est immédiat. On s'assure qu'il ne reste aucune trace du mouvement d'adduction. Compresses d'eau salée froide.

L'opérée reste deux jours au lit les yeux couverts. Point de fièvre ni d'ophthalmie. Léger gonflement œdémateux des paupières. Le troisième jour, au matin, on décolle les paupières en les humectant. Les deux yeux sont restés droits : légère ecchymose plus prononcée à gauche qu'à droite. On fait porter immédiatement des lunettes conserves, garnies de taffetas bleu. Le verre droit est complétement bouché; le gauche n'est ouvert que dans sa moitié externe.

Troisième jour (le 30 mai), légère divergence de l'œil gauche; on bouche complétement le verre gauche et on ouvre la moitié externe du droit. Le sujet sort et vaque en partie à ses occupations.

Le 2 juin, l'œil droit diverge de 2 à 3 millimètres. Le gauche est à peine divergent. On rétablit la première disposition des lunettes (verre droit oblitéré, le gauche ouvert par sa moitié externe). Les choses sont continuées de cette manière jusqu'au 6 juin. Ce jour-là, divergence de 2 à 3 millimètres de chaque côté. On découvre les deux verres. Vue un peu confuse, diplopie dans toutes les situations de l'objet. Le mouvement est en partie rétabli des deux côtés.

Les jours suivants, les deux yeux s'harmonisent, la vue se fortifie et la diplopie n'existe plus que quand le sujet regarde de côté : en face, la vue est simple.

Le 9, la commission constate que le redressement est complet, que l'harmonie des yeux est parfaite; la vue est sensiblement améliorée; la force et la portée des deux yeux s'est accrue, et la perception de l'œil gauche est plus nette. La malade peut lire à 40 centimètres les petits caractères allemands (cicéro), qu'elle pouvait à peine distinguer à 25 centimètres. A gauche, elle peut lire à 20 centimètres des caractères qu'elle ne pouvait que distinguer confusément l'œil appliqué sur la page. La commission constate en outre l'absence de tout symptôme inflammatoire, de cicatrice appréciable, de végétation conjonctivale, de tout agrandissement des angles palpébraux. Il ne reste d'autre trace de l'opération qu'un peu d'ecchymose.

Cet état continue à se consolider et à se perfectionner jusqu'à la fin du mois. A cette époque, plus de trace aucune de l'opération. La malade cesse de faire usage des lunettes. Elle se livre à toutes les occupations du ménage. Les yeux restent également ouverts, également saillants, également mobiles. Revue à plusieurs reprises dans le cours de 1844, et toujours dans un état aussi satisfaisant, elle a été examinée une dernière fois par la commission, le 20 avril 1845, qui l'a trouvée dans l'état suivant :

Les deux yeux sont complétement redressés; leur forme paraît normale; l'opération n'a altéré en rien leur symétrie; ils sont régulièrement ouverts, également saillants; la caroncule existe de chaque côté. Les mouvements d'abduction qui, dans l'œil gauche, étaient complétement abolis, et dans l'œil droit notablement réduits, sont complétement rétablis. Le mouvement d'élévation s'exécute directement en haut, les mouvements d'adduction restent seuls un peu limités. — La vision est considérablement améliorée. La vue a une portée ordinaire : les caractères qui ne pouvaient être distingués à 45 centimètres, le sont nettement au delà de 1 mètre, sans que les yeux se dévient pour regarder.

M. J. Guérin avait présenté ce cas :

1° Comme un exemple très-remarquable de strabisme double avec les fausses apparences d'un strabisme simple de l'œil gauche seulement.

2° Comme un exemple de myopie mécanique compliquant le strabisme, et présentant alternativement les caractères de l'amaurose mécanique incomplète par l'accroissement de la déformation du globe oculaire, pendant les efforts de redressement de l'œil pour le regard distinct.

3° Comme un cas dans lequel la myotomie devait remédier en même temps à la difformité et à l'altération de la vision.

4° Enfin comme un cas dans lequel, malgré l'ancienneté et le degré prononcé de la difformité, il serait possible de pratiquer l'opération par la méthode sous-conjonctivale, et avec les avantages inhérents à cette méthode.

L'expérience a complétement justifié les prévisions du chirurgien.

DEUXIÈME CAS.

STRABISME CONVERGENT DES DEUX YEUX, OBLIQUE INTERNE, TROISIÈME DEGRÉ A GAUCHE, RUDIMENTAIRE A DROITE, DATANT DE 13 ANS. — ANTÉRIEUREMENT, DEUX OPÉRATIONS DE CATARACTE SUR CHAQUE OEIL. — DIPLOPIE ET AUTRES ANOMALIES DE LA VISION. — TREMBLEMENT DE L'IRIS. — SECTION SOUS-CONJONCTIVALE DES DROITS INTERNES. — TRAITEMENT MÉCANIQUE CONSÉCUTIF. — REDRESSEMENT PARFAIT AVEC CONSERVATION DE TOUS LES MOUVEMENTS ET SANS TRACE AUCUNE DE L'OPÉRATION. — CESSATION DE LA DIPLOPIE ET DES ANOMALIES DE LA VISION.

Une demoiselle, âgée de 21 ans 1/2, a été présentée à la commission, le 28 janvier 1844, pour un double strabisme convergent, plus marqué à gauche qu'à droite, et compliqué de diplopie et d'autres anomalies de la vision.

Elle a eu la vue excellente jusqu'à l'âge de 7 ans. Vers cette époque elle commença à ne plus y voir aussi nettement. A 8 ans on reconnut une cataracte à l'œil gauche, laquelle fut opérée l'année suivante par abaissement. A 13 ans il survint une cataracte à l'œil droit : on l'opéra dès son apparition, mais elle se reforma plus tard et fut réopérée il y a 3 ans, toujours par abaissement. Elle se reforma également à gauche, et fut réopérée il y a 28 mois; mais cette fois par extraction. Le strabisme n'a été constaté pour la première fois qu'après la première opération, vers l'âge de 9 ans; il s'est beaucoup accru depuis la seconde opération de l'œil droit. La diplopie date de la première opération de l'œil droit; elle a beaucoup augmenté depuis la deuxième opération de l'œil gauche, et s'est accrue surtout depuis que la vue a pris plus de force.

Aujourd'hui 28 janvier, elle présente l'état suivant :

Strabisme double convergent plus prononcé à gauche qu'à droite. On croirait, au premier abord, que l'œil gauche est seul dévié. Mais cette disposition tient à ce que la vision ne s'exerce habituellement que par l'œil droit, qui se maintient redressé pendant que le gauche se dévie en proportion. Mais dès que la malade cesse de regarder, qu'elle n'exerce plus que la vue distraite, l'œil gauche se redresse un peu, le droit converge d'une quantité équivalente, et tous les deux sont déviés en dedans à peu près au même degré; il en est de même lorsque la malade regarde par les deux yeux. Il est donc indispensable, pour avoir une idée exacte de la position et du rapport des deux yeux, de les considérer successivement : 1° pendant la vue *distraite;* 2° pendant la vue *attentive* avec un œil; 3° pendant le *regard avec les deux yeux.*

Pendant la vue *distraite* les deux yeux sont à peu près également convergents; à droite la cornée est distante de l'angle interne des paupières de 4 millimètres environ, à gauche de 3 millimètres. Dans cette situation, les deux yeux ne paraissent pas être sur la même ligne horizontale. Le gauche est un peu plus haut.

Pendant la vue *attentive* avec un œil, l'œil droit se redresse et ne paraît plus aucunement dévié; le gauche se porte beaucoup plus en dedans et sensiblement en haut : les deux yeux cessent donc tout à fait d'être sur la même ligne. La cornée droite n'est plus distante de l'angle interne des paupières que de 1 millimètre; elle se cache d'un quart environ sous la paupière supérieure.

Pendant le *regard avec les deux yeux*, la convergence est encore à peu près la même de chaque côté, et les deux yeux ne sont plus rigoureusement sur la même ligne : le gauche toujours un peu plus élevé que le droit. C'est dans cet état que la diplopie se manifeste.

La forme des deux yeux n'est pas sensiblement différente à droite et à gauche. Il n'y a pas de déformation apparente d'un côté ni de l'autre; mais tous les deux sont très-saillants et coniques. Les pupilles sont également ouvertes et se contractent. A droite on aperçoit des restes de la membrane cristalline sous forme de pellicules nacrées; à gauche, le fond de l'œil est parfaitement net.

Les mouvements sont à peu près aussi étendus de chaque côté qu'à l'état normal. Le mouvement d'abduction de l'œil gauche seul est un peu réduit; dans les plus grands efforts, la cornée n'est distante de l'angle externe des paupières que de 2 millimètres environ, et l'œil ne peut atteindre cette situation, et surtout s'y maintenir sans présenter de petits mouvements qui attestent les résistances qu'il est obligé de vaincre. Du reste, on remarque fréquemment dans les deux yeux, de petits mouvements spasmodiques dans différents sens; ils sont plus manifestes à gauche qu'à droite.

La vision offre des particularités qui varient suivant que la malade regarde avec l'œil droit, avec l'œil gauche, avec les deux yeux, suivant qu'elle regarde en haut, en bas, de côté, et suivant la distance à laquelle elle regarde; enfin suivant qu'elle regarde à l'œil nu ou avec des lunettes.

D'abord, elle ne distingue nettement les objets à aucune distance, d'aucun œil, pas plus à l'œil nu qu'avec des lunettes. Cependant elle voit de loin, mais toujours d'une manière confuse. L'œil gauche est sensiblement meilleur que le droit. De l'œil gauche elle voit assez nettement les gros objets; mais à aucune distance, a-t-on dit, la vue distincte n'existe. C'est à 40 ou 50 centimètres qu'elle est la moins confuse; mais toujours les objets sont ombrés et plus ou moins colorés sur leurs bords. Cet effet est moins prononcé de l'œil gauche que de l'œil droit. A une distance plus rapprochée, la vue est encore plus confuse, les objets sont vus avec la même forme, la même dimension, et à la même place de chaque côté.

Lorsque la malade *regarde* avec l'œil droit, elle *voit* en même temps de l'œil gauche les objets environnants dont l'image trouble celle de l'objet regardé. Lorsque la malade regarde avec les deux yeux, elle voit constamment double; les deux images sont distantes de quelques centimètres; la fausse image est la plus nette; elle est située à gauche et appartient évidemment à l'œil gauche. L'image réelle est en face de l'œil droit, et correspond directement à l'objet. Dans le regard en face, l'image gauche est située un peu plus bas que la droite. Ce rapport continue tant que la malade regarde obliquement en bas; il change dès que le regard a lieu obliquement en haut. Par rapport au plan transversal, la situation des images varie suivant la distance de l'objet regardé. A une distance de 60 centimètres à 1 mètre et demi environ, la fausse image est plus rapprochée que l'image véritable; à 2 mètres et au delà, c'est le contraire.

Dans le regard de côté, à droite ou à gauche, la diplopie cesse; il en est de même dans le regard en face quand l'objet n'est qu'à 2 ou 3 décimètres.

La malade se sert habituellement de deux sortes de lunettes convexes : les plus convexes du n° 4 pour l'œil droit, et du n° 5 pour l'œil gauche, servent à regarder de près. Les secondes, du n° 16 pour les deux yeux, servent habituellement. Toutefois la malade ne peut lire et distinguer les petits objets qu'avec l'œil gauche, et alors elle est obligée de fermer l'œil droit.

Le 28 janvier, section sous-conjonctivale et à l'aide du procédé par ponction des droits internes des deux yeux. On commence par l'œil gauche, et l'on constate qu'aussitôt le redressement de cet œil, le droit se dévie en dedans. Section du droit interne de ce côté. Redressement immédiat et divergence notable des deux yeux. La division nette et complète des deux muscles est attestée par cette divergence et l'abolition de tout mouvement d'adduction.

L'opérée est tenue au lit jusqu'au surlendemain, les yeux recouverts de compresses imbibées d'eau salée froide, qu'on renouvelle fréquemment. Pas de réaction générale.

Le troisième jour (30 janvier), les yeux ayant été ouverts, on constate une infiltration sanguine médiocre dans la moitié interne de la conjonctive, sans symptômes d'inflammation proprement dite. Très-légère photophobie. Les deux yeux sont un peu moins divergents qu'immédiatement après l'opération. L'œil gauche est en outre un peu dévié en haut. Le mouvement d'adduction est déjà rétabli en partie des deux côtés. La diplopie persiste, mais elle est maintenant croisée, c'est-à-dire que l'image vraie est située à gauche et appartient à l'œil droit, et la fausse image est située à droite et appartient à l'œil gauche. On s'assure de ces circonstances en couvrant alternativement l'un et l'autre œil. La fausse image est toujours située un peu plus bas et plus rapprochée que la droite. La distance qui les sépare est moindre qu'avant l'opération. Lunettes orthopédiques, ouvertes en dehors et un peu en bas à gauche.

Le 3 février, divergence moindre : l'élévation de l'œil gauche est à peu près la même. Les deux images sont presque dans la même ligne verticale, mais la gauche toujours plus basse et plus rapprochée que la droite.

La vue s'est sensiblement améliorée. L'opérée peut lire de l'œil gauche sans le secours de verres convexes. Continuation des lunettes à verres colorés, mais complétement ouverts.

Le 4 février, les yeux sont à peu près droits : il ne reste qu'un peu d'élévation de l'œil gauche. La diplopie, sans cesser d'être verticale, est de nouveau latérale; mais les images décroisées sont ce qu'elles étaient, sauf le degré, avant l'opération, c'est-à-dire que la vraie correspond à l'œil droit, et la fausse à l'œil gauche : la distance qui les sépare est très-petite.

Les jours suivants, les yeux s'harmonisent de plus en plus. Plus d'apparence de surélévation de l'œil gauche. La diplopie a cessé d'être verticale et latérale; elle n'est plus qu'antéro-postérieure. Le sujet peut s'en assurer à l'aide du tremblement habituel dont on a vu que ses yeux étaient le siége, et qui persiste depuis l'opération. Dans le regard attentif, lorsque les yeux cherchent à se fixer sur quelque objet, le tremblement produit le dédoublement des deux images dans les différents sens, et l'opérée perçoit très-bien la fausse image plus rapprochée d'elle que la vraie.

Le 11 février, la commission constate les résultats suivants : Redressement complet et harmonie parfaite des deux yeux. Point d'ophthalmie ni de végétation conjonctivale; il reste à peine un peu d'ecchymose. Les yeux sont également ouverts, également saillants. Mouvement d'adduction complétement rétabli des deux côtés. Plus de diplopie, si ce n'est très-instantanément et au moment où les deux yeux cherchent à se fixer sur un objet distinct. La vue est sensiblement améliorée. Plus d'images confuses s'entremêlant à l'image distincte des objets regardés; le sujet voit très-bien sans lunettes de myope. Cependant le regard est plus assuré avec leur secours.

Cet état persiste et s'améliore pendant un mois environ. Cependant, à la suite d'une contrariété très-vive, le 29 février, les deux yeux redeviennent un peu convergents à un degré égal des deux côtés (2 à 3 millimètres). Retour de la diplopie, l'image vraie répondant comme primitivement à l'œil droit. Cet état persiste jusqu'au 6 mars. On remarque alors que la désharmonie des yeux cesse par intervalles, lorsque le sujet regarde attentivement un objet à la distance de la vue distincte. On prescrit des exercices fréquents propres à maintenir les yeux dans cette situation. Dès le 8 mars, l'harmonie parfaite des yeux est rétablie pour ne plus se déranger. La diplopie a également cessé et ne se manifeste plus qu'au moment où les yeux se portent sur un objet; alors le sujet voit l'image fausse, la plus rapprochée, venir se placer au devant de la vraie, la couvrir tout à fait et s'effacer sur elle.

Du 15 mars 1844 au 4 mai 1845, où l'opérée a été revue pour la dernière fois par la commission, sa guérison n'a fait que se consolider. Voici les résultats que la commission a constatés lors de son dernier examen.

Les deux yeux sont complétement redressés et placés sur la même ligne horizontale. Paupières également ouvertes; intégrité parfaite des caroncules, saillie égale des globes oculaires. Étendue et liberté normale des mouvements des yeux, plus de diplopie. Amélioration considérable de la vue; nulle trace de l'opération.

Ce cas offrait un exemple de strabisme double des plus compliqués et des plus difficiles à guérir :

1° A cause de la déviation oblique de l'œil gauche en dedans et en haut;

2° A cause du mauvais état des yeux, opérés deux fois de chaque côté de la cataracte;

3° A cause de la diplopie, et des autres anomalies de la vision.

De plus, M. Guérin l'avait présenté comme un cas de strabisme simple en apparence, mais double en réalité, et exigeant l'opération des deux yeux, sous peine de n'obtenir que le redressement de l'œil le plus dévié, et de voir le strabisme se manifester dans celui qui était droit en apparence.

Ce qui est arrivé immédiatement après l'opération, et le résultat définitif du traitement est à la fois un témoignage irréfragable de la justesse de ses vues et de l'excellence de sa méthode opératoire.

Dans les deux cas qui précèdent, il s'agit de strabismes convergents compliqués, opérés avec un succès complet au moyen du procédé par ponction de la méthode sous-conjonctivale. Voici un cas de strabisme double divergent, opéré avec non moins de succès au moyen du procédé par *dissection*.

TROISIÈME CAS.

STRABISME DIVERGENT ET UN PEU OBLIQUE EN HAUT A DROITE, AVEC STRABISME DIVERGENT RUDIMENTAIRE A GAUCHE. — AMAUROSE MÉCANIQUE. — STRABISME OBLIQUE CONVERGENT A DROITE. — SECTION SOUS-CONJONCTIVALE PAR DISSECTION DES DEUX DROITS EXTERNES. — TRAITEMENT MÉCANIQUE CONSÉCUTIF. — REDRESSEMENT PARFAIT ET HARMONIE DES YEUX SANS VÉGÉTATION NI TRACE AUCUNE DE L'OPÉRATION. — AMÉLIORATION DE LA VISION.

Un jeune homme, âgé de 24 ans, ouvrier dans une fabrique de laine, est présenté à la commission le 26 octobre 1844, pour un strabisme divergent et un peu oblique en haut à droite, avec un strabisme divergent rudimentaire à gauche.

Le strabisme du côté droit est congénital; le sujet en a connaissance depuis ses premières années, et la vue a toujours été plus faible de ce côté que de l'autre. Il ignore complétement l'existence du strabisme de l'œil gauche.

Pas de strabisme ni aucune autre difformité dans sa famille.

La déviation de l'œil droit n'a subi, depuis que le sujet en a connaissance, ni augmentation, ni diminution; elle n'a d'ailleurs été soumise jusqu'ici à aucun traitement.

État actuel : — *Strabisme divergent et un peu supérieur des deux yeux, permanent à droite et rudimentaire à gauche.* Dans la vue distraite, les deux yeux sont déviés en dehors et un peu en haut. A droite, la déviation est telle, que le bord externe de la cornée n'est éloigné que de 3 millimètres environ de l'angle palpébral correspondant; à gauche, elle peut être évaluée à 2 millimètres. Dans le regard attentif et en face, l'œil gauche se redresse complétement, tandis que le droit se porte plus en dehors; la cornée, dans certains moments, arrive tout à fait au contact de l'angle palpébral externe. Dans cette position, si l'on place tout à coup un écran devant l'œil gauche, l'objet cesse momentanément d'être aperçu, et le droit se redresse et tâtonne quelques instants avant de le distinguer; si c'est au contraire devant l'œil droit qu'on place l'écran, l'objet continue d'être aperçu, et l'œil gauche ne bouge pas.

Le mouvement d'adduction est sensiblement réduit des deux côtés. La cornée s'arrête à droite à 3 ou 4 millimètres du canthus interne, et à gauche à 2 millimètres. Dans le mouvement d'abduction, le bord de la cornée arrive du côté droit juste au contact de l'angle palpébral externe; du côté gauche, elle se cache un peu derrière l'angle correspondant. Dans les mouvements d'élévation et d'abaissement, la pupille des deux côtés n'arrive qu'à 3 millimètres environ du bord palpébral. A gauche, ces deux mouvements se font à peu près directement dans le sens vertical; mais à droite, l'œil se porte en même temps un peu en dehors. Enfin aux limites de tous les mouvements d'adduction, d'abduction, d'élévation et d'abaissement, les deux yeux exécutent de légers mouvements alternatifs de rotation autour de leur axe antéro-postérieur.

Un peu d'exophthalmos des deux côtés. Pas de déformation bien prononcée des globes oculaires. Cependant le côté externe de l'œil semble un peu moins bombé à droite qu'à gauche. Les deux pupilles sont larges, mais bien arrondies, et également contractiles des deux côtés.

La vue du côté droit est extrêmement faible. C'est à peine si l'œil peut distinguer les grandes capitales saint-augustin, et il ne peut en voir que deux ou trois à la fois. En regardant par un petit trou percé dans une carte avec une épingle, il ne distingue pas des caractères plus petits; mais les lettres, dit le sujet, paraissent *plus petites et mieux éclairées*. A gauche, la vue est excellente, les capitales saint-augustin sont distinguées à plus de 3 mètres, et les caractères cicéro à 70 centimètres.

Jamais de diplopie.

Le 16 novembre 1844, section sous-conjonctivale par dissection du droit externe des deux côtés. Le fascia oculaire est divisé et disséqué dans une étendue moitié plus grande à droite qu'à gauche. Redressement instantané des deux yeux. Plus de trace de mouvement d'abduction. Compresses d'eau salée fréquemment renouvelées pendant deux jours. L'opéré ne reste qu'un jour au lit.

Dès le troisième jour les yeux sont ouverts : convergence modérée, légère ecchymose; point d'ophthalmie ni de réaction générale. Diplopie. Les lambeaux du fascia sont complétement adhérents au globe oculaire, ne laissant entre leurs lèvres qu'un espace de 1 à 2 millimètres, occupé par une ligne de cicatrice régulière. Point de végétation. Lunettes garnies complétement ouvertes.

Le 20, toute convergence a disparu. Le mouvement d'abduction est rétabli des deux côtés. Plus de diplopie. Amélioration sensible de la vue. Aucune apparence de végétation. Occlusion complète du verre gauche; ouverture de la moitié interne seulement du verre droit.

Le 24, la commission constate l'état suivant : redressement complet des deux yeux; nulle trace d'inflammation ni de photophobie; point de végétation sur le siége de l'opération; rétablissement complet du mouvement d'abduction des deux côtés; point d'exophthalmos ni agrandissement de l'ouverture des paupières. Amélioration notable de la vision du côté le plus dévié; les images sont plus nettes et perçues à une plus grande distance. On constate en outre un léger strabisme optique du côté droit, c'est-à-dire que quand l'opéré veut regarder de cet œil seulement, il le porte en dedans, de manière à mettre en face de l'objet regardé une portion plus externe de la cornée transparente.

Depuis cette époque, jusqu'au mois d'avril 1845, le sujet a été revu plusieurs fois par la commission; elle a constaté la persistance du redressement des yeux et l'amélioration toujours croissante de la vision. Voici l'état où elle a trouvé l'opéré, lors de son dernier examen, le 20 avril 1845.

Les deux yeux sont complétement redressés.

Aucune altération dans la forme, la symétrie, l'ouverture et la saillie des deux yeux.

Les mouvements d'abduction sont entièrement conservés et les mouvements d'adduction, qui étaient notablement réduits, ont retrouvé leur étendue normale. La vision, qui était presque nulle, de l'œil droit, est devenue plus distincte, et de l'œil gauche, elle n'a rien perdu de sa netteté ni de sa portée.

Dans les trois cas de strabisme qui précèdent, six yeux ont été opérés par la méthode sous-conjonctivale; tous ont été redressés complétement, sans végétation de la cicatrice, sans destruction de la caroncule, sans dépression ni déformation de l'angle interne, sans exophthalmos ni agrandissement de l'ouverture des paupières, sans perte du mouvement dans le sens du muscle divisé; et il y a eu dans tous ces cas rétablissement de l'harmonie des deux yeux.

2° STRABISME CONSÉCUTIF.

On sait que M. J. Guérin désigne sous cette dénomination la déviation des yeux consécutive à une opération vicieuse de strabisme primitif, et caractérisée par la déviation en sens inverse du strabisme primitif, par la destruction de la caroncule, la saillie anormale de l'œil, l'ouverture exagérée des paupières, et la perte plus ou moins complète des mouvements correspondants au muscle divisé, avec des altérations diverses de la vision.

Voici l'histoire des deux cas traités sous les yeux de la commission par M. J. Guérin.

PREMIER CAS.

STRABISME DIVERGENT CONSÉCUTIF ÉNORME DE L'OEIL GAUCHE, DATANT DE 3 ANS, SUITE D'UNE OPÉRATION DE STRABISME CONVERGENT. — DIVERGENCE EXTRÊME, DESTRUCTION DE LA CARONCULE, AGRANDISSEMENT CONSIDÉRABLE DE L'OUVERTURE DES PAUPIÈRES, EXOPHTHALMOS, ABOLITION COMPLÈTE DU MOUVEMENT D'ADDUCTION. — DOULEURS VIVES DANS L'OEIL, PHOTOPHOBIE, DIPLOPIE ET ABERRATION DE LA VISION. OPÉRATION. — POINT D'ACCIDENT INFLAMMATOIRE. — REDRESSEMENT COMPLET DE L'OEIL. — RETOUR DU MOUVEMENT. — RESSERREMENT DE L'OUVERTURE DES PAUPIÈRES. — CESSATION DE LA DIPLOPIE. — EXERCICE NORMAL DE LA VISION.

Une demoiselle âgée de 17 ans, adressée à M. J. Guérin par M. le docteur Sichel, présente un strabisme divergent consécutif du côté gauche, suite d'une opération de strabisme convergent, pratiquée, en avril 1841, par le docteur Carron du Villards.

Le strabisme convergent, qui avait été accompagné pendant les deux premières années d'une chute de la paupière supérieure correspondante, datait de l'âge de 5 ou 6 ans. Il était très-considérable : une partie de la cornée était cachée dans l'angle interne des paupières. Le docteur Carron pratiqua dans cette région une opération sur laquelle nous ne possédons aucun renseignement précis, mais qui a dû toujours consister dans l'incision de la conjonctive et du fascia et la section du muscle droit interne. Au dire de l'opérée et de la mère, l'œil resta à peu près droit pendant les huit ou dix premiers jours; mais déjà il paraissait plus gros que celui du côté opposé. L'opérée partit alors pour la campagne, et à son retour, trois semaines plus tard, sa mère lui fit remarquer que l'œil était tourné en dehors. Depuis lors, la divergence de l'œil ainsi que l'exophtalmos ont graduellement augmenté jusqu'au point où nous les voyons aujourd'hui.

État actuel. Le strabisme divergent consécutif de l'œil gauche est très-prononcé et présente les caractères suivants :

Dans le regard en face, l'œil droit étant dans la rectitude, le gauche est divergent à un degré tel, que le bord de la cornée n'est distant que de 2 ou 3 millimètres de l'angle palpébral correspondant.

Le mouvement d'adduction est absolument impossible; dans les plus grands efforts de redressement, le centre de la cornée reste encore à 4 millimètres au moins en dehors du centre de l'ouverture palpébrale; et, comme le mouvement congénère de l'œil droit, en dehors, a l'étendue normale, il en résulte, pendant le regard de côté à droite, une très-grande désharmonie entre les axes oculaires des deux yeux. Les mouvements d'abduction, d'élévation et d'abaissement de l'œil gauche n'ont pas subi de réduction sensible.

L'œil gauche est projeté au dehors et très-saillant; la portion interne de la sclérotique, plus terne que dans le reste de son étendue, est parsemée d'un grand nombre de petits vaisseaux rouges et sinueux. Cet œil est déchaussé dans une grande étendue de sa demi-conférence interne; il existe entre lui et la paroi interne de la cavité orbitaire un sillon profond. Pour apercevoir le passage des membranes palpébrales au globe oculaire, il faut porter l'œil fortement en dehors. On voit aussi au fond de ce sillon la caroncule lacrymale déprimée, réduite et comme échancrée.

L'ouverture palpébrale gauche est agrandie. En la mesurant d'un bord palpébral à l'autre, verticalement et vers la partie moyenne, le sujet regardant devant lui, on trouve à droite 1 centimètre 9 millimètres, et à gauche seulement 1 centimètre 4 millimètres. Par suite de cet excès d'écartement des deux paupières droites, l'angle de leur réunion interne est considérablement agrandi, et la paupière supérieure décrit un arc de cercle d'un rayon plus grand que du côté opposé. On remarque encore au-dessus et en dedans de cette paupière, un pli cutané semi-lunaire, à concavité externe, et qui n'existe à droite qu'à l'état rudimentaire. Ce pli commençant au niveau et en dedans de l'angle interne, se dirige en haut et en dehors, et se continue avec le pli plus large qui se forme naturellement au-dessous du sourcil pendant l'élévation de la paupière. Le sillon qui sépare cette paupière du pli cutané correspondant est plus étroit, plus profond, plus uniforme, et descend plus bas que du côté droit. Enfin, la paupière inférieure gauche est un peu renversée en bas, et décrit une courbe sensiblement plus prononcée que la droite, qui est presque horizontale.

La vision présente des modifications très-intéressantes. Avec l'œil droit seul, la vue est très-nette et de longue portée; avec l'œil gauche, elle est au contraire obscure et confuse; la forme des objets n'apparaît pas nettement délimitée. Ainsi le sujet distingue très-bien une figure d'homme de tout autre objet, mais non les traits de cette figure. A cet égard l'état de l'œil est le même qu'avant l'opération. Mais depuis lors, une anomalie curieuse est survenue. Les objets sont vus plus éloignés qu'ils ne le sont réellement : dans la rue, la malade se heurte contre des voitures qu'elle croit encore loin d'elle, ou met le pied dans un ruisseau qu'elle se dispose à franchir. Si l'œil droit étant fermé, on présente à l'œil gauche, à une distance de 35 centimètres par exemple, et directement en face, un objet de moyenne dimension, comme une règle, et qu'on dise à la malade de la toucher, elle porte le doigt à 10 ou 12 centimètres en arrière, et à 8 ou 10 centimètres à droite de l'objet. Dans le regard avec les deux yeux, il y a diplopie, mais seulement pour les objets de petite ou de moyenne dimension. Ainsi une voiture, une porte, sont vues simples; mais une tête d'homme, une règle, un crayon, sont vus doubles; l'image vraie est vue à la place réelle de l'objet, et la fausse image, un peu plus obscure que la première, est vue plus à droite à une distance toujours considérable, mais variable suivant la distance de l'objet. Si alors on ferme l'œil gauche, la diplopie disparaît, et c'est l'image vraie qui est seule perçue.

Enfin l'œil gauche est sujet à des douleurs vives qui s'étendent dans les tempes, l'oreille et la face, de ce côté, et s'accompagnent de photophobie, de larmoiement et de rougeur de la conjonctive; mais au dire du sujet, il y avait déjà des douleurs analogues avant l'opération, avec cette différence qu'elles s'étendaient alors, non dans le côté gauche, mais dans le côté droit de la tête et de la face.

Le même jour, M. J. Guérin procède à l'opération qui présente trois temps principaux. Dans le premier, il fait passer une anse de fil à travers la portion externe de la sclérotique, de manière à pouvoir produire mécaniquement, en tirant sur le fil, la rotation complète de l'œil en dedans, et le maintenir au besoin dans cette position. Dans le deuxième temps, il découvre, à l'aide d'une dissection du fascia et de la muqueuse oculaire, le siége de l'opération pratiquée pour remédier au strabisme primitif; va à la recherche des débris du muscle droit interne; détruit les adhérences vicieuses qui existent entre ce dernier, les membranes qui l'enveloppent et le globe oculaire. Dans un troisième temps, il tourne l'œil en dedans et applique le muscle et les membranes sur les points du globe oculaire où il a en vue de les faire se greffer. L'opération terminée, il fixe le fil, tenant l'œil dans l'adduction, sur l'extrémité du nez, à l'aide de bandelettes de diachylon gommé. La malade, interrogée après l'opération par plusieurs membres de la commission, déclare n'avoir que peu souffert; et en effet, elle n'a poussé aucun cri ni manifesté aucune douleur notable.

Dans la journée et les jours suivants, compresses d'eau salée. Point de fièvre ni malaise quelconque.

Le mercredi 20, trois jours francs après l'opération, le fil qui retenait l'œil est enlevé, et l'opérée est représentée à la commission. Celle-ci constate les particularités suivantes : l'œil est rouge et un peu tuméfié; il est le siége d'un engorgement notable. Cependant la malade affirme ne ressentir aucune douleur; mais elle supporte difficilement la lumière d'une bougie. Sous le rapport de la difformité, on s'assure : 1° que l'œil est complétement redressé, plutôt un peu convergent; 2° le mouvement d'adduction est rétabli et s'exécute assez bien en harmonie avec les mouvements correspondants de l'autre œil, et dans une étendue telle que le bord de la cornée transparente n'est plus distant de l'angle interne des paupières que de 1 ou 2 millimètres; 3° plus de diplopie et les objets sont vus à leur place. — Lunettes conserves garnies : le verre droit intercepté. Les jours suivants, l'engorgement des paupières se dissipe, l'harmonie des yeux se rétablit; la vue s'améliore. Dès le 25, on peut juger que l'exophthalmos a disparu, que la caroncule s'est reformée.

Le 31, la commission revoit l'opérée. L'œil s'est maintenu redressé, et le mouvement d'adduction rétabli. La vision est plus nette; des objets présentés à la malade sont saisis directement et sans hésiter. L'œil a recouvré sa force normale. Toujours un peu de rougeur et de photophobie. Continuation des conserves, le verre gauche seul ouvert.

Du 1er au 15 janvier aucun changement : consolidation des résultats obtenus. On découvre les deux yeux; on s'aperçoit qu'un peu de divergence existe à l'œil non opéré. Le redressement de ce dernier, pour le regard attentif, provoque un peu de divergence dans l'œil gauche : de 2 à 3 millimètres environ. Dès lors diplopie quand les objets sont petits et vus en deçà de la vue distincte. Cet état dure sans changement aucun jusqu'au 4 février. A cette époque, l'espoir d'un changement dans l'œil droit ne pouvant plus exister, on réopère l'œil gauche. — Attache du fil à la sclérotique; dissection du fascia et du muscle droit interne. L'un et l'autre sont ramenés et soudés vers un point plus antérieur du globe oculaire. Nul accident local ou général. Cinq jours après il restait à peine des traces de cette nouvelle opération. Depuis cette époque jusqu'au commencement de 1845, la commission a revu plusieurs fois cette jeune fille. Lors de son dernier examen, 20 avril, c'est-à-dire plus d'une année après la seconde opération, elle a constaté les résultats définitifs qui suivent :

L'œil est complétement redressé; il n'est pas plus saillant que celui du côté opposé; son expression est naturelle; toutefois, en raison d'un peu plus d'étendue de l'ouverture des paupières dans le sens horizontal, et d'un peu moins dans le sens vertical, il n'y a point harmonie parfaite dans l'expression des deux yeux. Le mouvement d'abduction est complet, le mouvement d'adduction est rétabli aux cinq sixièmes. Toute diplopie a cessé, et les objets sont bien vus et pris à leur place.

Ces divers résultats ont été obtenus sans aucune espèce d'accidents.

M. Guérin avait présenté ce cas comme un exemple de strabisme consécutif réunissant au plus haut degré les altérations qui caractérisent ce genre de difformité : divergence extrême, perte du mouvement d'adduction, exophthalmos, agrandissement des paupières, destruction de la caroncule, diplopie et trouble de la vision. Ces diverses altérations ont cédé au traitement mis en usage.

DEUXIÈME CAS.

DOUBLE STRABISME DIVERGENT CONSÉCUTIF, SUITE D'OPÉRATIONS DE STRABISME CONVERGENT DES DEUX YEUX.— ABOLITION COMPLÈTE DU MOUVEMENT D'ADDUCTION DES DEUX CÔTÉS. — AGRANDISSEMENT DE L'OUVERTURE DES PAUPIÈRES. — EXOPHTHALMOS MARQUÉ, PLUS CONSIDÉRABLE A DROITE. — DESTRUCTION PARTIELLE DES CARONCULES. — ÉTAT VARIQUEUX DE LA CONJONCTIVE. — PHOTOPHOBIE PRONONCÉE. — DIPLOPIE CONSTANTE. — TROUBLES EXTRÊMES DE LA VISION. — OPÉRATION DES DEUX YEUX A HUIT JOURS D'INTERVALLE. — PLUS TARD, SECTION DU DROIT EXTERNE A L'ŒIL GAUCHE.—POINT D'ACCIDENTS INFLAMMATOIRES.—REDRESSEMENT COMPLET DES DEUX YEUX.—RÉTABLISSEMENT DU MOUVEMENT.—RETRÉCISSEMENT DE L'OUVERTURE PALPÉBRALE. — RÉTABLISSEMENT DE LA FORME ET DE L'EXPRESSION DES YEUX. — EXERCICE NORMAL DE LA VISION.

Une dame, âgée de 44 ans, est présentée à la commission le 5 mai 1844, pour un double strabisme consécutif en dehors, suite d'opérations de strabisme convergent des deux côtés.

Ces deux premières opérations ont été pratiquées par un chirurgien des hôpitaux de Paris. La première en avril 1841, sur l'œil gauche, qui était le plus dévié; la seconde, six mois plus tard sur l'œil droit. Les deux yeux restèrent portés en dehors, rouges, douloureux, sensibles à la lumière. Au dire de la malade, une augmentation très-rapide de la divergence de l'œil droit a suivi l'opération du gauche.

État actuel. — Strabisme divergent double plus considérable à gauche qu'à droite. Dans la vue distraite, la divergence de l'œil gauche est telle, que le bord externe de la cornée n'est pas éloigné de plus de 1 millimètre de l'angle palpébral correspondant. Il est en outre très-légèrement abaissé et l'on peut facilement s'assurer que la pupille de ce côté est située un peu plus bas que celle du côté opposé. A droite, la divergence est directe et peut être évaluée à 3 millimètres. Dans le regard attentif, la position des yeux varie peu; cependant le droit se redresse d'une petite quantité (un à deux millimètres).

Le mouvement d'adduction est complétement aboli des deux côtés; dans les plus grands efforts, le centre de la cornée à gauche, reste en dehors de 3 millimètres environ, du milieu de l'orbite, et de un à deux à droite; c'est-à-dire que de ce dernier côté, l'œil conserve la même position que dans le regard actif. En outre les deux yeux, aux dernières limites du mouvement d'adduction possible, se portent un peu en bas. Le mouvement d'abduction est complet des deux côtés; il en est de même du mouvement d'abaissement; mais celui d'élévation n'a qu'une étendue bornée. Dans ce dernier mouvement, l'œil droit reste toujours un peu plus bas que le gauche.

La malade et la personne qui l'accompagne (sa sœur) font remarquer que les paupières sont plus ouvertes et les yeux plus saillants qu'avant l'opération. Cet agrandissement des ouvertures palpébrales et cet exophthalmos sont les mêmes des deux côtés (peut-être un peu plus prononcés à droite). Lacis vasculaire très-développé, surtout à gauche, sur la portion interne de la sclérotique. Dépression profonde et déformation de la caroncule droite. La gauche a conservé à peu près sa position et sa forme normales. La vision offre des particularités curieuses. La vue de l'œil gauche est beaucoup plus obscure qu'à droite; mais elle est beaucoup plus nette qu'avant l'opération, puisque cet œil qui, auparavant, suivant l'expression du sujet, *ne pouvait distinguer un homme d'une femme*, reconnaît des caractères d'impression assez petits, tels que des capitales petit romain. Du côté droit, la vue est excellente, et n'a été en aucune manière modifiée par l'opération. — Diplopie constante et remarquable par la distance des deux images. Dans le regard en face, une image très-nette est perçue à la place réelle de l'objet, et une autre image est vue confusément à *droite* et un peu au bas de la première, et à une distance considérable : de telle sorte que l'objet étant présenté à un mètre et demi, la même distance à peu près sépare les deux images. Ces rapports entre les deux images ne varient pas dans les différentes directions du regard en haut, en bas ou de côté. Elles se déplacent, s'élèvent, s'abaissent, mais sans quitter leur position respective. Si alors on place un écran au devant de l'œil gauche, la fausse image disparaît et la vraie reste : c'est le contraire si l'on ferme l'œil droit. En outre et indépendamment de la diplopie dont il vient d'être question, les objets situés à la gauche de la malade viennent involontairement se placer dans le champ de la vision, entre les deux images de l'objet regardé, plus près de la fausse que de la vraie. Ainsi, lui présente-t-on un crayon, une plume, au moment où les deux images lui apparaissent, elle voit venir de gauche à droite, et se placer confusément entre elles, une table, un rideau ou le bras de l'expérimentateur. Ces objets lui paraissent également situés plus bas qu'ils ne le sont réellement, et que ne l'est l'image vraie de l'objet distinctement regardé. Elle raconte même que dans les premiers temps du strabisme consécutif, elle voyait involontairement dans le regard en face des objets situés positivement derrière son épaule gauche; que plus tard elle n'a plus vu que l'épaule même, et qu'enfin elle ne voit plus aujourd'hui que les objets situés latéralement. A cette époque encore, les objets lui paraissaient venir d'en haut, en sorte qu'elle se figurait voir les maisons lui tomber sur la tête. Cette anomalie visuelle n'existe plus. Enfin, les objets qui arrivent ainsi dans le champ de la vision n'ont pas la même direction dans toutes les positions du regard. Dans le regard en face ou de côté, une porte voisine est vue parfaitement droite; mais le regard a-t-il lieu en bas, le pied de la porte s'incline du côté du sujet : c'est le contraire, c'est-à-dire que c'est le haut de la porte qui se rapproche du sujet, dans le regard en haut.

Endolorissement des paupières du côté gauche; photophobie prononcée, larmoiement.

OPÉRATION DE L'ŒIL GAUCHE SÉANCE TENANTE.

Le fil passé dans la partie externe de la sclérotique, on détache le fascia sous-conjonctival dans une étendue verticale de 12 à 15 millimètres, et à partir de son insertion la plus antérieure, jusqu'à une profondeur de 2 centimètres environ; le bout postérieur du droit interne est greffé en arrière du globe oculaire et adhérent dans sa moitié antérieure. La moitié antérieure du même muscle est confondue avec le tissu cellulaire environnant et adhère complétement à l'œil. Après avoir disséqué et détaché ces deux tronçons musculaires des parties au milieu desquelles ils étaient perdus, l'œil est ramené fortement en dedans par l'anse de fil, en même temps que le bout postérieur du droit interne est attiré et maintenu en avant à l'aide d'une pince. Le lambeau de fascia est réappliqué sur le globe oculaire; il touche le bord de la cornée transparente. On fixe le fil, noué plusieurs fois dans sa longueur sur le nez, à l'aide de plusieurs morceaux de diachylon, appliqués les uns sur les autres.

L'opérée est restée calme et impassible pendant toute la durée de l'opération. — Compresses d'eau salée; un bandeau sur l'œil pendant trois jours. Point de fièvre ni de symptômes d'ophthalmie. Exsudation séro-muqueuse qui baigne complétement l'œil et empêche l'air d'y pénétrer. Eau de Sedlitz répétée deux fois pendant les six premiers jours.

Le fil n'est enlevé que le septième jour; il était resté en place et ne s'était relâché que de quelques millimètres. Rougeur générale de la conjonctive sans tuméfaction ni photophobie. Encore un peu de suintement séro-muqueux des paupières. L'œil gauche (opéré) reste un peu convergent; le droit est sensiblement plus divergent qu'avant l'opération du gauche. Mouvement d'adduction de celui-ci à peu près complet. La cornée arrive au contact du canthus interne. Intégrité du mouvement d'abduction. Plus d'exophthalmos ni d'agrandissement de l'ouverture des paupières. Celle-ci est même sensiblement plus étroite qu'à l'état normal et que l'ouverture palpébrale du côté opposé.

Le 15 mai, dixième jour de l'opération, la commission constate ce qui suit : Redressement complet de l'œil gauche. Mouvement d'adduction en grande partie rétabli. Aucun accident local ni général qui aurait pu compromettre l'organe.

Le 19 mai, opération de l'œil droit.

Le fil ayant été passé dans la sclérotique, on dissèque le fascia, en commençant le plus près possible de la cornée. Dans l'étendue de 4 à 5 millimètres, on ne peut soulever qu'une lamelle très-mince adhérant fortement à la sclérotique. Plus profondément, et à 4 ou 5 millimètres seulement du point d'insertion normale du droit interne, on découvre l'extrémité antérieure du tronçon postérieur de ce muscle, laquelle adhère intimement d'une part à la face postérieure du fascia, et au globe oculaire, dans l'étendue de plusieurs millimètres. On soulève le tronçon musculaire à l'aide d'un crochet mousse passé entre lui et le globe oculaire; on l'isole dans toute son étendue des parties environnantes, et on détache son extrémité antérieure à l'aide d'un coup de ciseau. Celle-ci ayant été saisie avec une érigne, on la dégage, à l'aide de petits coups de ciseaux, de ses adhérences avec les membranes. Alors le muscle peut être attiré en avant au moyen d'une pince; et après s'être assuré, à l'aide du crochet mousse, promené de haut en bas et d'arrière en avant, qu'il n'existe plus d'adhérences vicieuses entre le fascia et le globe oculaire, on termine l'opération comme à l'œil gauche.

Pansement et soins comme précédemment. Aucun accident local ni général. Sécrétion séro-muqueuse pendant tout le temps que le fil reste appliqué. Celui-ci est enlevé le cinquième jour. L'œil se trouve convergent à un degré assez prononcé. Rougeur modérée de la conjonctive. Mouvement d'adduction rétabli dans presque toute son étendue. L'ouverture des paupières est très-petite. Plus d'exophthalmos. Diplopie croisée, mais disparition des autres aberrations de la vision.

Les jours suivants, amélioration croissante : les yeux, protégés par des conserves, commencent à fonctionner avec régularité.

Le 9 juin, c'est-à-dire vingt jours après l'opération de l'œil droit, la commission constate l'état suivant : Les deux yeux sont complétement redressés et en parfaite harmonie de direction, de forme et d'expression; le mouvement d'adduction est rétabli des deux côtés. Ces résultats ont été obtenus sans réaction fébrile, sans accidents morbides qui aient pu compromettre un instant la vie de la malade ou même ses yeux.

Du 15 au 30 juin, amélioration constante et progressive : les yeux se nettoient de toute trace d'opération. L'état du sujet serait complétement satisfaisant, n'était la diplopie qui persiste dans toutes les directions du regard, le regard en face excepté. On constate que l'œil gauche ne suit pas complétement les mouvements de l'œil droit (on bouche le verre droit des lunettes : ouverture du verre gauche dans la moitié interne seulement).

Ce moyen est continué pendant une semaine. On constate que l'œil gauche est toujours sensiblement plus bridé que le droit. Le mouvement d'adduction y est plus lent, plus gêné et moins étendu. La malade dit éprouver quelque chose qui lui tire l'œil en dehors. On s'assure en effet que, pendant le regard attentif, il y a de petits mouvements spasmodiques intermittents dans le sens de l'abduction. Cet état persiste pendant plus d'un mois sans amélioration notable.

Le 15 août, section sous-conjonctivale du droit externe à l'œil gauche. Légère convergence. Diplopie croisée. Après deux jours de repos, l'opérée reprend l'usage de ses yeux, munis de conserves. A mesure que le mouvement d'abduction de l'œil gauche se rétablit, la diplopie croisée se dissipe.

A la fin d'août, redressement complet des deux yeux : plus d'apparence de strabisme ni des opérations pratiquées. Les caroncules sont complétement reformées. Les ouvertures palpébrales régulières et égales. Le mouvement d'adduction à peu près complet de chaque côté. L'exercice de la vision laisse seul encore quelque chose à désirer. Toujours de la diplopie dans le regard de côté, en dedans et en dehors, et aussi en face, à certains points, en deçà et au delà du point de la vue distincte.

C'est dans cet état que cette dame a quitté Paris pour retourner dans son pays. Elle a plusieurs fois donné de ses nouvelles : les améliorations constatées avant son départ ont persisté.

Dans ce second cas de strabisme consécutif, comme dans le précédent, les principaux éléments de la difformité ont disparu; et le mouvement d'adduction, aboli par l'opération du strabisme primitif convergent, a été complétement rétabli.

En résumé, M. Guérin a opéré cinq sujets atteints de strabisme primitif et consécutif, lesquels ont donné lieu à neuf opérations, pour neuf yeux déviés. Dans les neuf cas, le redressement a été complet.

Ces résultats ont été obtenus par deux méthodes qui sont propres à M. Guérin, et ils ont confirmé de tout point les avantages qu'il leur attribue, à savoir :

Pour la méthode sous-conjonctivale ;

1° De ne pas donner lieu à des accidents inflammatoires;

2° De ne provoquer aucune végétation de la cicatrice;

3° De ne pas détruire la caroncule palpébrale;

4° De ne pas produire d'ouverture anormale des paupières, ni d'exophthalmos;

5° De ne pas abolir plus ou moins complétement les mouvements correspondants aux muscles divisés;

6° En un mot, de ne laisser aucune trace fâcheuse de son emploi :

Tous inconvénients observés trop souvent après d'autres méthodes.

Pour la méthode de traitement du strabisme consécutif :

1° De rétablir et de fixer dans leurs rapports normaux les membranes de l'œil et les extrémités des muscles, divisés et greffés, les uns et les autres, d'une manière vicieuse;

2° De rétablir le repli caronculaire plus ou moins complétement détruit;

3° De restituer à l'œil sa direction, sa forme, ses mouvements et son expression, altérés ou détruits par des applications vicieuses de la myotomie oculaire : le tout sans accidents capables de compromettre la santé des sujets ou l'intégrité de l'organe de la vision.

C'est ce que la commission a constaté dans les cinq cas qui précèdent.

II.

TORTICOLIS ANCIEN.

Cinq cas de torticolis ancien, appartenant à des catégories différentes de siége, de degré, d'ancienneté, de complications, ont été traités sous les yeux de la commission.

PREMIER CAS.

TORTICOLIS LATÉRAL A DROITE PAR RÉTRACTION EXCLUSIVE DU STERNO-MASTOÏDIEN DROIT, CHEZ UN ENFANT DE 7 ANS 1/2. — INCLINAISON INVERSE DE LA COLONNE CERVICALE, DÉPLACEMENT LATÉRAL DE LA TÊTE, DÉFORMATION ET RÉDUCTION DE LA MOITIÉ DROITE DE LA FACE, COURBURES LATÉRALES DU RACHIS, DITES DE BALANCEMENT. — SECTION SOUS-CUTANÉE DES STERNO ET CLÉÏDO-MASTOÏDIENS. — TRAITEMENT MÉCANIQUE CONSÉCUTIF. — REDRESSEMENT COMPLET.

Un jeune garçon de 7 ans 1/2, constitution un peu délicate, tempérament mixte, est présenté à la commission le 11 août 1844, pour un torticolis latéral droit, par rétraction du sterno-mastoïdien, sans participation apparente du chef claviculaire.

Cet enfant n'a jamais eu de convulsions ni de douleurs dans le cou. Ses parents sont exempts de toute difformité. C'est à l'âge d'un an qu'on s'est aperçu, pour la première fois, que la tête s'inclinait vers l'épaule droite. Depuis cette époque, la difformité a fait des progrès, mais avec des variations fréquentes et parfois assez brusques dans son degré. Elle augmente sensiblement par les temps humides.

Aucun traitement n'a encore été mis en usage.

Aujourd'hui, le torticolis offre les caractères suivants :

1° Inclinaison latérale de la tête à droite de 25° environ ;

2° Rotation de la tête à gauche de 18 à 20° ;

3° Inclinaison du cou à gauche, de 12°, avec flexion en avant d'environ 20°.

4° Diverses courbures alternes de la colonne. En procédant de haut en bas, le rachis présente trois courbures latérales : la première, à convexité gauche et à petit rayon, comprend les quatre premières cervicales ; la seconde, convexe à droite, s'étend de la cinquième cervicale à la dixième dorsale ; sa flèche est de 3 millimètres ; son segment supérieur est d'un rayon sensiblement plus petit que celui de l'inférieur et un peu brisé au niveau de l'articulation cervico-dorsale. La troisième courbure, à convexité gauche et d'une flèche presque inappréciable, comprend le reste de la colonne ; sa corde n'est pas sensiblement inclinée sur le sacrum, comme cela a lieu le plus souvent.

La colonne offre également trois courbures dans le sens antéro-postérieur, qui ne sont que l'exagération des courbures normales. De la première à la cinquième cervicale, incurvation très-prononcée; de la cinquième cervicale à la onzième dorsale, excurvation généralement arrondie, mais un peu brisée, à angle, au niveau de la septième cervicale et de la première dorsale, dont les apophyses épineuses sont très-saillantes; enfin légère incurvation de la colonne lombaire.

Le tronc est dans la verticale; mais le cou et la tête sont déjetés à droite. La distance de la fossette occipitale à la verticale est de 1 centimètre environ. Au contraire, par suite de la rotation de la tête, le menton est situé à gauche; une verticale abaissée de la symphyse tombe à 2 centimètres à gauche de la fourchette sternale.

5° Déformations multiples de la tête, du cou et du tronc.

Aplatissement sensible de la région fronto-syncipitale droite.

Demi-périmètre du crâne à droite, 24 centimètres 5 millimètres; à gauche, 25 centimètres.

Réduction du côté droit de la face.

Du tragus à la symphyse du menton à droite, 12 centimètres; à gauche, 12 centimètres 5 millimètres.

De l'angle externe de l'œil à la symphyse du menton à droite, 9 centimètres 8 millimètres; à gauche, 10 centimètres 2 millimètres.

Sourcil droit moins arqué que le gauche. Œil droit un peu oblique de haut en bas et de dedans en dehors (même en supposant la tête redressée), et situé un peu plus bas que le gauche. Nez dirigé obliquement de gauche à droite et décrivant une courbe à convexité gauche. Pas de déviation sensible des lèvres.

Col court en avant et à droite, plus long et plus arrondi à gauche et en arrière. Soulèvement de la masse musculaire postérieure gauche du cou; dépression de la droite. Situation profonde des vertèbres cervicales supérieures et de la fossette occipitale.

Épaule droite de 1 centimètre plus élevée que la gauche. Agrandissement de l'espace sus-scapulaire droit.

De l'apophyse proéminente à l'extrémité de l'acromion : à droite, 15 centimètres; à gauche, 14 centimètres 5 millimètres.

Léger soulèvement de la masse musculaire de la gouttière vertébrale droite dans les deux tiers supérieurs de la région dorsale, et bombement peu prononcé de toute la région thoracique postérieure correspondante. Dépression des mêmes parties à gauche. Au contraire, dans les régions dorsale inférieure et lombaire, soulèvement de la masse musculaire et des côtes gauches et dépression des parties droites. En avant rien à noter, si ce n'est que la clavicule droite est plus oblique de haut en bas et de dehors en dedans que la gauche, qui est presque horizontale.

Muscles. — Au repos, soulèvement et tension du sterno-mastoïdien, qui est dirigé plus verticalement qu'à l'état normal. Ramassé, grêle, dur au toucher, mais paraissant avoir conservé sa consistance charnue, sa tension augmente dès qu'on fait effort pour porter la tête dans l'inclinaison à gauche et la rotation à droite. Dans ces mouvements, comme au repos, le cléido-mastoïdien est dans un relâchement complet.

Mouvements. Réduction du mouvement d'inclinaison de la tête à gauche; la tête ne dépasse la verticale que de 8 centimètres environ.

Le mouvement de rotation à droite est tout au plus de 15 centimètres. Le sujet donne artificiellement plus d'étendue à ces deux mouvements, en fléchissant la tête en avant et élevant l'épaule droite. Liberté et étendue normales des mouvements d'inclinaison de la tête à droite, de rotation à gauche et de flexion en avant. Légère réduction du mouvement d'extension ou de renversement en arrière.

Pas d'autre difformité. Santé générale bonne.

Séance tenante, section sous-cutanée du sterno-mastoïdien, puis du cléido-mastoïdien, par deux ponctions en deux temps séparés. Après la section du premier seulement, la tension du second s'est manifestée. Ces deux opérations pratiquées suivant les règles de la méthode de l'auteur (pli à la peau, ponction à la base de ce pli, section en pressant, de manière à ne diviser que la corde tendue, sans intéresser les parties environnantes), n'ont occasionné ni douleur vive, ni hémorrhagie. — Redressement immédiat de la tête. Plus de tension aucune dans la direction des muscles. — Pansement des petites plaies par occlusion.

Après deux jours de repos au lit, sans fièvre ni douleur, sans la plus petite apparence de réaction locale ou générale, on commence le traitement mécanique consécutif. Il a pour objet : 1° de maintenir et même d'augmenter l'écartement des bouts des muscles divisés; 2° de redresser l'inclinaison de la colonne cervicale inverse à l'inclinaison de la tête; 3° de remédier au déplacement latéral de cette dernière; 4° de combattre les courbures de balancement du rachis. Trois appareils différents sont mis en usage pour remplir ces diverses indications. Le premier consiste en un collier à extension verticale; le second est une ceinture à flexion cervicale; le troisième, un lit orthopédique à casque mobile produisant l'extension, l'inclinaison et la rotation simultanées.

Ces appareils associés aux manipulations et aux mouvements provoqués du cou, sont distribués comme il suit: le matin et l'après-midi, 2 heures 1/2 chaque fois, sur le lit, extension élastique de 10 à 15 kilogrammes. Le reste de la journée, le collier à extension verticale, et plus tard, la ceinture à flexion cervicale. Dans l'intervalle, mouvements de rotation de la tête et d'inclinaison cervicale inverse. La nuit, décubitus sur le lit orthopédique.

Après six semaines de ce traitement suivi avec exactitude, la tête se maintient parfaitement droite. Il existe encore une légère inclinaison du cou et un léger déplacement latéral de la tête. Le mouvement de rotation à droite est entier ou peu limité. Les muscles divisés sont parfaitement réunis; mais le retrait de la cicatrice a reproduit un peu plus de tension que du côté opposé. Dans le but de prévenir un nouveau degré de raccourcissement et de hâter la guérison, on réitère la section sous-cutanée des deux tendons du sterno et du cléido-mastoïdien; mais cette fois, par une seule section au moyen du procédé de l'auteur, dit *procédé du doigt* (section des deux chefs musculaires à l'aide d'un myotome passé sous le muscle au moyen du doigt, qui lui sert de conducteur).

Cette seconde opération, qui ne produit pas plus d'accident que la première, interrompt à peine, pendant deux jours, le traitement mécanique. Dès le troisième jour, les piqûres de la peau étant cicatrisées, on a recours de nouveau à l'usage du collier et du lit.

Du 1er octobre à la fin de novembre, ce traitement est poursuivi avec soin. On voit progressivement disparaître les éléments primitifs et consécutifs de la difformité.

Le 24 novembre, c'est-à-dire après trois mois et demi de traitement, la commission constate les résultats suivants :

La tête et le cou sont complétement redressés. Les mouvements de flexion et de rotation sont tout à fait rétablis; la déformation de la face et l'irrégularité des traits du visage se sont notablement améliorés ; les épaules sont, à très-peu de chose près, à la même hauteur ; les scapula occupent la situation normale ; enfin les courbures consécutives de la colonne vertébrale ont disparu. Ces résultats n'ont fait que se compléter en se consolidant. Dans un dernier examen, le 4 mai 1845, c'est-à-dire huit mois après la cessation de tout traitement, la commission a retrouvé le sujet dans l'état suivant :

1° L'inclinaison de la tête était de 25 degrés environ. Aujourd'hui la tête est parfaitement horizontale; 2° la rotation à gauche était de 18 à 20 degrés; il n'y a plus de rotation; 3° l'inclinaison du col à droite était de 12 degrés : plus d'inclinaison; 4° la flexion en avant, était de 20 degrés environ; maintenant, flexion normale; 5° il y avait trois courbures latérales du rachis : le rachis est complétement droit; 6° la tête était portée à droite de 1 centimètre : elle est dans la verticale; 7° l'épaule droite était plus élevée que la gauche de 1 centimètre : les deux épaules sont de niveau; 8° le dos offrait des déformations en rapport avec les courbures de l'épine : il est à très-peu de chose près revenu à l'état normal; 9° le crâne, la face, offraient des déformations multiples, en rapport avec l'inclinaison de la tête et du col : ces déformations se sont grandement améliorées; 10° le sterno-mastoïdien droit était très-dur, tendu, saillant, ramassé, grêle : il n'est plus ni dur, ni tendu, ni saillant; au contraire, il est plus déprimé que celui du côté opposé; 11° les mouvements d'inclinaison à gauche et de rotation à droite, étaient très-bornés : ils sont aujourd'hui normaux. En un mot, la difformité, considérée dans chacun de ses principaux éléments comme dans son ensemble, n'a plus laissé que des traces imperceptibles.

Dans le cas qui précède, il s'agit d'un torticolis par rétraction du seul sterno-mastoïdien (chef sternal). Le cas suivant est relatif à un torticolis par rétraction du seul cléido-mastoïdien (chef claviculaire.)

DEUXIÈME CAS.

TORTICOLIS CONGÉNITAL LATÉRAL A GAUCHE PAR RÉTRACTION ISOLÉE DU CLÉIDO-MASTOÏDIEN, CHEZ UNE JEUNE FILLE DE 19 ANS. — INCLINAISON LATÉRALE, ROTATION ET RENVERSEMENT DE LA TÊTE EN ARRIÈRE. — INCLINAISON LATÉRALE INVERSE DE LA RÉGION CERVICALE. — DÉPLACEMENT LATÉRAL DE LA TÊTE A DROITE. — DÉFORMATIONS NOTABLES DE LA MOITIÉ GAUCHE DE LA FACE ET DES TRAITS. — DÉVIATION CONCOMITANTE DE LA COLONNE VERTÉBRALE. — CÉPHALALGIE HABITUELLE. — SECTION SOUS-CUTANÉE DU CLÉIDO ET DU STERNO-MASTOÏDIENS. — TRAITEMENT MÉCANIQUE CONSÉCUTIF. — REDRESSEMENT COMPLET DE LA TÊTE ET DU COU.

Une demoiselle âgée de 19 ans, constitution faible, tempérament lymphatico-nerveux, maigre et pâle, réglée depuis un an seulement, est présentée à la commission, le 14 juillet 1844, pour un torticolis latéral gauche par rétraction du seul cléido-mastoïdien.

Les parents croient, sans pouvoir l'affirmer, que la difformité est congénitale. En tout cas, elle n'est devenue bien prononcée qu'à l'âge de 7 ans, à la suite de convulsions douloureuses qui ont laissé une flexion des membres inférieurs. Cette flexion a duré quatre jours, puis a disparu tout à coup pendant la nuit. A la même époque, le cou est devenu lui-même douloureux, et les glandes de cette région se sont engorgées. Jusqu'à l'âge de 10 ans, des douleurs sont revenues fréquemment dans les membres inférieurs et dans le cou; l'engorgement ganglionnaire ne s'est aussi dissipé qu'à cette époque. Depuis, la malade est restée sujette aux maux de tête et à l'odontalgie. Elle a remarqué que, pendant la durée des douleurs du cou, l'inclinaison de la tête à gauche a fait des progrès rapides, et qu'après leur disparition, elle a sensiblement diminué, puis est restée stationnaire. Depuis dix ans environ, le cou s'incline graduellement à droite. Aujourd'hui, la difformité présente les caractères suivants :

1° Inclinaison de la tête à gauche, de 10 degrés;

2° Rotation de la tête à droite, suivant un arc de cercle de 18 à 20 degrés;

3° Renversement de la tête sur le cou, en arrière, de 20 degrés, en partie masqué par la flexion du cou, dont il sera question plus loin;

4° Légère inclinaison du cou à droite, de 5 à 6 degrés seulement, ayant son centre de mouvement à l'articulation cervico-dorsale. A partir de ce point jusqu'à la troisième cervicale, la colonne est à peu près rectiligne, un peu convexe cependant à gauche; mais les deux ou trois premières vertèbres dorsales décrivent une courbe prononcée à convexité droite.

La tête et le cou ont subi des déformations notables. Très-léger aplatissement du côté gauche du front, réduction un peu plus marquée de la moitié gauche de la face, et tiraillement des traits du même côté.

Du milieu du bord inférieur de l'orbite à la symphyse du menton.	à droite. . . .	9c	6mm.
Id.	à gauche. . .	9	»
Du tragus à l'extrémité du nez.	à droite. . .	14	»
Id.	à gauche. . .	13	»

L'œil gauche, en supposant la tête redressée, est situé 3 ou 4 millimètres plus bas que le droit; bouche un peu oblique de haut en bas et de droite à gauche; léger tiraillement de la lèvre inférieure qui déborde un peu la supérieure à gauche.

Le cou est un peu plus long et plus tendu à gauche qu'à droite. La même inégalité existe entre les espaces sus-scapulaires. De l'extrémité de l'acromion à la proéminente, à gauche, 15 centimètres 5 millimètres; à droite, 14 centimètres 8 millimètres. La clavicule gauche présente, au niveau de l'insertion du cléido-mastoïdien une convexité sensiblement plus prononcée qu'à droite.

Au repos, soulèvement, tension considérable du seul cléido-mastoïdien, le droit étant dans le relâchement normal, le premier devient plus tendu encore dans les mouvements d'inclinaison de la tête à droite, et de rotation à gauche; il est grêle, ramassé en corde, dur au toucher, et, en grande partie, privé de contractilité.

Longueur du cléido-mastoïdien.	à gauche. . .	5c	»mm.
Id.	à droite. . .	10	6
Longueur du sterno-mastoïdien.	à gauche. . .	6	»
Id.	à droite. . .	12	»

Rien de remarquable dans les autres muscles du cou.

Les mouvements de la tête sont considérablement gênés et réduits. L'inclinaison, directement latérale à droite, a lieu tout au plus dans le quart de son étendue normale.

Il en est de même de la rotation de la tête à droite; la ligne médiane de la face ne dépasse latéralement que de quelques centimètres l'axe médian du corps; mais la rotation peut aller beaucoup plus loin, si le sujet exagère préalablement l'inclinaison de la tête à gauche. Liberté et étendue normale des mouvements de flexion et d'extension, qui n'ont pas lieu toutefois suivant un plan directement antéro-postérieur; mais bien obliquement d'arrière en avant et de gauche à droite; en sorte que dans la flexion, le menton vient tomber à 4 centimètres environ à droite de la fourchette sternale.

Indépendamment de la difformité que nous venons de décrire, le sujet porte une déviation composée de l'épine dont les caractères viennent se fondre avec ceux des effets consécutifs du torticolis, mais qui paraît être primitive et essentielle. Ainsi, on observe : 1° Une courbure lombaire à convexité gauche, inclinée à droite de la verticale, suivant un angle de 4 à 5 degrés. 2° Une courbure latérale à convexité droite, étendue de la onzième dorsale à la proéminente, de 1 centimètre de flèche, et contre-balancée par l'inclinaison du cou à droite, dont il a été question plus haut. 3° Plusieurs courbures antéro-postérieures et alternes de la colonne, à savoir : une incurvation lombaire prononcée; une excurvation étendue de la onzième ou douzième dorsale à la quatrième cervicale, d'où résulte une flexion du cou en avant, qui masque en partie le renversement de la tête en arrière; enfin, une incurvation considérable des trois premières cervicales. 4° Une déviation du tronc en totalité à droite, de 8 centimètres au niveau du sommet de la grande courbure latérale, c'est-à-dire de la cinquième dorsale; la proéminente est ramenée à peu près dans la verticale par le segment supérieur de cette courbure.

5° Les caractères ordinaires de la torsion, au niveau de chaque courbure (soulèvement des muscles, des côtes, des scapula, etc.), du côté de la convexité, et dépression équivalente du côté de la concavité.

Les deux masses communes, et particulièrement le long dorsal droit, un peu tendues au repos, le deviennent d'une manière remarquable pour peu qu'on porte le tronc en avant. Alors elles sont séparées par un sillon vertical profond, et se détachent parfaitement des tissus voisins. La tension et la dureté sont sensiblement plus prononcées à droite qu'à gauche. Au repos, dans le décubitus sur le ventre, il n'y a pas de tension manifeste des masses communes. Cependant, lorsqu'on invite la malade à relever le tronc par le seul secours de la contraction des extenseurs de la colonne, la prédominance de tension et de dureté à droite continue à se manifester comme dans la station debout.

La flexion du tronc en avant est un peu empêchée; le tronc semble bridé par les faisceaux musculaires tendus. Le sujet marche le tronc incliné à droite, sous la double influence de l'inclinaison de la tête à gauche et de la déviation de la colonne en sens inverse.

Section sous-cutanée du cléido-mastoïdien, procédé sus-musculaire. Cette section achevée, la tête se redresse immédiatement d'une quantité notable; mais la tension consécutive du sterno-mastoïdien s'oppose à un redressement plus complet. Séance tenante, section sus-musculaire du sterno-mastoïdien. Nouveau degré de redressement. Point de douleur manifeste, quelques gouttes de sang seulement s'écoulent des deux piqûres. Occlusion de ces dernières à l'aide du diachylon gommé.

Deux jours de repos au lit. Dès le troisième jour, les plaies sont fermées : point de réaction locale ni générale. — Santé parfaite. — Traitement mécanique consécutif : manipulations, mouvements, collier à extension verticale et lit à casque mobile.

Après huit jours de traitement redressement complet de la tête. L'inclinaison cervicale seule persiste quoique déjà améliorée. Continuation du traitement pendant trois mois. — Disparition complète de cette inclinaison, diminution marquée des déformations du visage et amélioration de la déviation de l'épine, contre laquelle aucun traitement spécial n'avait été dirigé.

Le 24 avril 1845, six mois environ après la cessation de tout traitement, la commission a constaté les résultats qui suivent :

1° L'inclinaison de la tête à gauche a disparu;

2° Plus de rotation de la tête à droite;

3° Plus de renversement de la tête en arrière;

4° L'inclinaison du cou à droite n'offre plus que des traces imperceptibles;

5° Plus de déplacement latéral de la tête à droite;

6° Les déformations consécutives de la tête et de la face sont sensiblement améliorées.

7° Le cléido-mastoïdien n'est plus le siége d'aucune tension anormale; il n'est pas plus en relief que celui du côté opposé; au contraire, il est moins dessiné. En raison de l'allongement de l'apophyse mastoïde et du bombement de la clavicule de ce côté, il s'en faut de quelques millimètres que le cléido-mastoïdien gauche ait la même longueur que le droit. Mêmes particularités à l'égard du sterno-mastoïdien. Tous les deux se contractent très-bien.

8° Les mouvements de la tête, qui étaient considérablement réduits et gênés, ont, à peu de chose près, l'étendue et la liberté normales. L'inclinaison et la rotation sont moins souples et moins complètes que du côté opposé.

9° La déviation de l'épine, qui coïncidait avec le torticolis, n'a éprouvé qu'une légère amélioration. La myotomie rachidienne n'a pas été pratiquée, et le traitement mécanique n'a été suivi que 3 ou 4 mois.

Le cas suivant offre une troisième variété du torticolis latéral; la rétraction qui, dans les deux cas précédents, occupait isolément le sterno et le cléido-mastoïdiens, dans celui qui va suivre, occupe simultanément ces deux muscles.

TROISIÈME CAS.

TORTICOLIS ANCIEN LATÉRAL A GAUCHE PAR RÉTRACTION SIMULTANÉE DES STERNO ET CLÉIDO-MASTOÏDIENS, CHEZ UNE JEUNE FILLE DE 6 ANS. — CIRCONSTANCES HÉRÉDITAIRES. — INCLINAISON ET ROTATION DE LA TÊTE. — INCLINAISON INVERSE DE LA COLONNE CERVICALE. — DÉPLACEMENT LATÉRAL DE LA TÊTE A DROITE. — ÉLÉVATION DE L'ÉPAULE GAUCHE. — DÉFORMATION DE LA FACE ET DES TRAITS. — POINT DE DÉVIATION DE L'ÉPINE. — SECTION SOUS-CUTANÉE EN DEUX POINTS DIFFÉRENTS DES STERNO ET CLÉIDO-MASTOÏDIENS ET DU CHEF CLAVICULAIRE DU TRAPÈZE. — TRAITEMENT MÉCANIQUE CONSÉCUTIF. — RÉSULTAT DES PLUS COMPLETS.

Une petite fille, âgée de 6 ans, constitution moyenne, tempérament nerveux, présentait à sa naissance, au dire de la mère, une réduction du côté gauche de la face assez sensible pour être remarquée par les personnes présentes à l'accouchement; mais la tête était alors parfaitement droite et elle s'est maintenue telle jusqu'à l'âge de 4 ans. La mère assure qu'il y a deux ans seulement, à la suite d'une fièvre cérébrale légère pour laquelle on appliqua des sangsues sur le trajet de la jugulaire gauche, la tête commença à s'incliner sur l'épaule gauche. Cette inclinaison n'a pas cessé, depuis cette époque, de faire des progrès. Le père de l'enfant avait la tête un peu inclinée, on ne sait de quel côté; la mère elle-même, quoique n'offrant aucune déviation de la tête, a un côté du crâne et de la face plus petit que l'autre; mais c'est le côté opposé à celui qui est réduit chez son enfant. La moitié droite de la face de la mère est plus étroite, l'œil droit plus bas, la joue droite plus courte et plus ramassée que les parties correspondantes à gauche.

3 décembre 1843. Cette enfant est actuellement atteinte d'un torticolis latéral gauche, présentant les caractères suivants:

1° Inclinaison de la tête à gauche telle, qu'elle forme avec la verticale un angle d'environ 15 degrés, ouvert en haut;

2° Rotation de la tête à droite de 15 à 20 degrés;

3° Inclinaison de la colonne cervicale sur la colonne dorsale, à droite, de 25 à 30 degrés. Cette inclinaison a son centre de mouvement principalement à l'articulation cervico-dorsale; mais les dernières vertèbres cervicales et les quatre ou cinq premières dorsales décrivent néanmoins un arc de cercle convexe à gauche, un peu brisé au niveau de la septième cervicale.

Par suite de cette inclinaison, l'espace sus-scapulaire gauche est un peu agrandi aux dépens du droit.

Du sommet de l'acromion à la racine du cou.	à droite. . .	8°	5mm.
Id.	à gauche. . .	9	5

Enfin, cette inclinaison du cou, incomplétement balancée par celle de la tête, a pour résultat un déplacement de la totalité de la tête à droite de la ligne médiane du tronc. Ce déplacement est de 1 centimètre 5 millimètres environ. Une ligne verticale abaissée de la symphyse du menton passe à 2 centimètres à droite de la fourchette sternale. L'épaule gauche est un peu plus élevée.

Tout le côté gauche de la tête est réduit de volume, aplati et comme tiraillé de haut en bas et de droite à gauche. Dépression et un peu d'étroitesse de la moitié gauche du front; œil gauche abaissé de 5 millimètres environ (abstraction faite de l'inclinaison de la tête) et de plus dirigé obliquement de haut en bas et de dedans en dehors, tandis que le droit est dirigé horizontalement; joue gauche plus courte et moins arrondie que la droite; nez dirigé un peu obliquement de haut en bas et de droite à gauche, avec un peu d'abaissement; léger chevauchement des lèvres; direction très-peu oblique de l'ouverture de la bouche.

De la commissure des lèvres au lobule de l'oreille.	à droite. . .	8c	2mm
Id.	à gauche. . .	8	»

Muscles. Sterno et cléido-mastoïdiens gauches soulevés, tendus sous la peau, même au repos, séparés par un sillon profond jusqu'auprès de leur tiers supérieur.

A la moindre tentative de redressement, cette tension et cette saillie augmentent, et sont plus considérables dans le chef claviculaire que dans le chef sternal. Les deux muscles se détachent sous forme de deux cordes grêles, très-courtes, dures au toucher, qu'on peut cerner entre les doigts.

Longueur du sterno-mastoïdien.	à droite. . .	10c	3mm
Id.	à gauche. . .	7	»
Longueur du cléido-mastoïdien.	à droite. . .	7	2
Id.	à gauche. . .	5	5

Tous deux ont conservé une partie de leur contractilité.

Rien à noter sur les autres muscles du cou.

Les mouvements d'inclinaison de la tête à gauche et de rotation à droite sont complets; les mouvements opposés sont au contraire sensiblement bornés et ont perdu à peu près les deux tiers de leur étendue normale. — Mouvements de flexion et d'extension complets, mais ayant lieu suivant une direction oblique de haut en bas et de droite à gauche.

La colonne vertébrale est droite depuis le sacrum jusqu'en haut de la région dorsale; seulement, pendant la marche, le tronc s'incline légèrement à droite pour balancer l'inclinaison de la tête.

Léger strabisme convergent de l'œil droit.

Il y a en outre un peu de surdité.

Le même jour, section sus-tendineuse en deux points différents du sterno et du cléido-mastoïdiens. Après la section de ce dernier muscle, on sent en arrière et en dehors le chef claviculaire du trapèze dur et tendu sous la peau. Section facile de ce chef par l'ouverture faite pour la section du cléido-mastoïdien : redressement immédiat de la tête, mais déplacement latéral de celle-ci plus prononcé et plus manifeste qu'avant l'opération. Point de douleurs ni d'hémorrhagie. — Pansement ordinaire, cicatrisation immédiate; nul accident consécutif.

Deux jours de repos au lit. Le 6 décembre, occlusion des deux piqûres. Collier à extension verticale et lit à casque mobile, mouvements communiqués, manipulations. Quinze jours de ce traitement suffisent pour compléter le redressement de la tête. On insiste sur les mouvements de flexion latérale du cou imprimés avec les mains; ils suffisent pour amener le redressement de la colonne cervicale.

Le 31 décembre, la commission constate que le redressement est complet. Il ne reste plus qu'un peu de déformation de la face et d'asymétrie des traits du visage.

La commission la revoit le 10 mars 1844 : la guérison est parfaite. A partir de cette époque, tout traitement a été abandonné. Voici l'état dans lequel la commission a trouvé cette jeune fille, lorsqu'elle l'a examinée pour la dernière fois, le 4 mai 1845.

1° L'inclinaison de la tête à gauche a tout à fait disparu; 2° rotation de la tête à droite, nulle; 3° l'inclinaison de la colonne cervicale à droite, qui était de 25 à 30 degrés, a tout à fait disparu; 4° la différence des espaces sus-scapulaires, qui était de 1 centimètre 5 millimètres, est nulle aujourd'hui (12 centimètres 5 millimètres de chaque côté); 5° plus de déplacement latéral de la tête; 6° le reste de la colonne est droit; 7° les deux épaules sont de niveau; 8° les inégalités et les déformations de la tête et de la face sont réduites à des vestiges à peine perceptibles; 9° les muscles du cou au repos ont à droite et à gauche la même tension et le même relief. Ceux du côté gauche (côté opéré) sont plutôt moins tendus que ceux du côté droit. La fossette sus-sternale, parfaitement limitée à droite par le faisceau sternal, ne l'est qu'incomplétement à gauche par le bord antérieur du faisceau claviculaire, le faisceau sternal ne paraissant pas. En raison d'un peu d'élongation de l'apophyse mastoïde gauche, les sterno et cléido-mastoïdiens de ce côté sont restés de 1 centimètre (quantité équivalente) plus courts que ceux du côté opposé. Ils sont toujours aussi un peu moins développés qu'à droite. Cependant ils se contractent très-bien. La partie du trapèze qui a été divisée n'offre plus aucune tension ni dureté anormales; 10° tous les mouvements sont rétablis ou conservés au degré normal.

Le cas suivant offrant un exemple de torticolis ancien, porté au plus haut degré, montre, en même temps, la puissance de l'art orthopédique contre les éléments les plus profonds de cette difformité.

QUATRIÈME CAS.

TORTICOLIS LATÉRAL CONSIDÉRABLE, DATANT DE 20 ANS, PAR RÉTRACTION DES MUSCLES CLÉIDO ET STERNO-MASTOÏDIENS DROITS, DU PEAUCIER ET D'UNE PORTION DU TRAPÈZE DU MÊME CÔTÉ. — ÉTAT FIBREUX DE CES MUSCLES. — INCLINAISON ET ROTATION DE LA TÊTE. — FLEXION DU COU EN AVANT ET INCLINAISON A GAUCHE. — DÉFORMATION ET RÉDUCTION TRÈS-PRONONCÉES DE LA MOITIÉ DROITE DU CRANE ET DE LA FACE. — RÉDUCTION DE LA MOITIÉ DROITE DE LA MACHOIRE INFÉRIEURE. — ALLONGEMENT MARQUÉ DE L'APOPHYSE MASTOÏDE ET COURBURE DE LA CLAVICULE DROITE EN RAPPORT AVEC LA RÉTRACTION DU CLÉIDO-MASTOÏDIEN. — SECTION SOUS-CUTANÉE DES CLÉIDO ET STERNO-MASTOÏDIENS, DU PEAUCIER ET DE LA PORTION SUPÉRIEURE DU TRAPÈZE. — TRAITEMENT MÉCANIQUE CONSÉCUTIF. — REDRESSEMENT DE LA DIFFORMITÉ, AMÉLIORATION NOTABLE DES DÉFORMATIONS CONSÉCUTIVES.

Un jeune homme, âgé de 26 ans, de bonne constitution, est présenté à la commission, le 11 août 1844, pour un torticolis latéral considérable, à droite, par rétraction des muscles cléido et sterno-mastoïdiens droits, plus prononcée dans le premier.

La difformité a été aperçue vers l'âge de 7 ans pour la première fois; alors le maître d'école du jeune homme lui fit remarquer qu'il tenait la tête de travers. Depuis cette époque la difformité n'a cessé de faire des progrès. Jamais de convulsions, jamais de maladie aiguë, jamais de douleurs dans la région du cou.

Aucune circonstance d'hérédité.

Actuellement le torticolis présente à considérer les éléments suivants :

1° Inclinaison de la tête à droite, de 18 à 20 degrés.

2° Rotation de la tête à gauche, de 8 à 10 degrés seulement.

3° Forte flexion du cou en avant, de 45 à 50 degrés, accompagnée d'une légère inclinaison latérale, à gauche, d'environ 10 degrés.

4° Plusieurs courbures latérales et antéro-postérieures consécutives de la colonne, à savoir :

A. Trois courbures latérales. La première, à convexité gauche, comprenant les cinq premières cervicales; sa flèche est approximativement de 4 à 5 millimètres. — La seconde, à convexité droite et à grand rayon, étendue de la cinquième cervicale à la douzième dorsale, flèche, 1 centimètre; le segment supérieur de cette courbure est d'un plus petit rayon que l'inférieure et légèrement brisé à angle au niveau de l'articulation cervico-dorsale; la troisième courbure, à convexité gauche, comprend toute la colonne lombaire; sa flèche est d'environ 3 millimètres. Sa corde est inclinée sur le sacrum, à droite, de 5 à 6 degrés; elle disparaît complétement dans le décubitus.

B. Trois courbures antéro-postérieures. — De la première à la cinquième cervicale, incurvation prononcée de plus de 1 centimètre de flèche. De la cinquième cervicale à la douzième dorsale, excurvation arrondie, régulière, excepté à sa partie supérieure où elle est un peu brisée à angle, au niveau de l'articulation cervico-dorsale. Les apophyses épineuses des septième cervicale et première dorsale sont très-saillantes. Enfin, la colonne lombaire présente une incurvation assez prononcée.

Sous l'influence combinée de ces différents changements, dans la direction de la tête et du rachis, le tronc se trouve déjeté en totalité à gauche de la verticale. Cette déviation, mesurée au niveau de l'apophyse proéminente, est de 5 millimètres. Mais la fossette occipitale est ramenée un peu à droite de la verticale par la courbure cervicale supérieure. Au contraire, par suite de la rotation de la tête, le menton se trouve transporté à gauche; une verticale abaissée de la symphyse tombe à 3 centimètres environ de la fourchette sternale.

5° Nombreuses déformations de la tête, du cou et du tronc.

La déformation de la tête offre ceci de particulier, qu'elle est beaucoup plus prononcée à la région crânienne que dans la plupart des cas de torticolis. Le front en général est très-fuyant. Dépression considérable de la région fronto-syncipitale droite, s'étendant un peu au delà de la ligne médiane; bombement de la région correspondante à gauche. La région mastoïdienne, au contraire, est sensiblement plus bombée à droite qu'à gauche; l'apophyse mastoïde elle-même est volumineuse et allongée à droite, tandis qu'à gauche, elle est courte et réduite de volume. En mesurant cette déformation des deux moitiés du crâne en sens inverse l'une de l'autre, par le diamètre oblique, allant de la dépression frontale, d'un côté, au bombement de la région mastoïdienne de l'autre, on trouve :

Du milieu de la moitié droite du front à la racine de l'apophyse-mastoïde gauche.		15c	8mm.
Du milieu de la moitié gauche du front à la racine de l'apophyse mastoïde droit.		17	»
Les deux demi-périmètres horizontaux sont égaux : on trouve des deux côtés.		28	2
Le nœud des cheveux est transporté à gauche de la ligne médiane. De la racine de l'oreille au nœud des cheveux à droite.		16	5
Id.	à gauche.	14	5.
La moitié droite de la face est aplatie et réduite dans toutes ses dimensions.			
Du tragus à la symphyse du menton.	à droite.	13	»
Id.	à gauche.	16	»
Du tragus à l'angle de la mâchoire inférieure.	à droite.	5	4
Id.	à gauche.	6	2
Du tragus à l'angle externe de l'œil.	à droite.	8	8
Id.	à gauche.	9	3

Le sourcil droit est beaucoup moins arqué que le gauche. En supposant la tête redressée, l'œil droit a conservé sa direction horizontale; mais il est situé de 5 à 6 millimètres plus bas que le gauche. Nez dirigé très-obliquement de gauche à droite, et offrant ceci de particulier que, dans la situation habituelle de la tête, l'axe horizontal du nez, par suite de son inclinaison à droite, est tout à fait vertical. Horizontalité de la fente labiale; la moitié droite de la lèvre supérieure est un peu relevée, et l'inférieure la déborde un peu à droite.

Extrême brièveté du cou en avant; dans la position habituelle, le larynx est en partie caché derrière la mâchoire. Le cou est assez long et convexe en arrière, court et concave du côté droit, allongé et comme étalé du côté gauche. Situation profonde de la fossette occipitale. Soulèvement très-prononcé de la masse musculaire de la partie postéro-latérale gauche du cou. Dépression de la masse correspondante à droite.

Le tronc présente aussi de notables déformations. L'épaule droite est d'environ 5 centimètres plus élevée que la gauche. L'espace sus-scapulaire droit est agrandi aux dépens du gauche.

De l'extrémité de l'apophyse proéminente à l'acromion.	à droite. . .	23c	5mm.
Id.	à gauche. . .	22	5

Bombement de la fosse sus-épineuse droite et dépression de la gauche. Tout le dos est généralement convexe; mais on observe un bombement particulier de toute la région dorsale droite, avec soulèvement des masses musculaires de la gouttière vertébrale correspondante, et une dépression relative des mêmes parties à gauche. Le scapulum droit est légèrement basculé en avant, et son angle inférieur est de 5 centimètres plus élevé que celui du côté opposé. Cambrure des lombes sans signes de torsion de la colonne. En avant, léger bombement de la paroi thoracique gauche. Le sein de ce côté est situé plus bas et est un peu plus saillant que le droit. Clavicule droite oblique de haut en bas et de dehors en dedans, tandis que la gauche est oblique de haut en bas et de dedans en dehors; la première offre en outre au niveau et en dehors du cléido-mastoïdien, une convexité particulière qui n'existe pas du côté opposé. Sternum un peu oblique de haut en bas et de gauche à droite.

Muscles. — Au repos, soulèvement et tension très-considérable du muscle cléido-mastoïdien droit, lequel est dirigé verticalement, très-grêle, dur au toucher dans toute son étendue, et offrant tout à fait la consistance fibreuse. Le sterno-mastoïdien est beaucoup moins tendu, situé plus profondément; il a conservé en grande partie sa consistance charnue. Si l'on cherche à incliner la tête à gauche, la tension du cléido-mastoïdien augmente encore, tandis que celle du sterno reste à peu près la même. Au contraire, si l'on porte la tête dans la rotation à droite, la tension n'augmente sensiblement que dans le cléido-mastoïdien qui devient alors plus superficiel.

Rien à noter sur les autres muscles du cou et du tronc.

Mouvements physiologiques. — Le mouvement d'inclinaison directe de la tête à gauche est absolument impossible; le sujet ne peut même corriger que d'une quantité très-minime l'inclinaison pathologique à droite. Le mouvement de rotation à droite est possible dans la moitié à peu près de son étendue normale. Le sujet supplée à l'impossibilité du premier mouvement et à l'imperfection du second, en élevant l'épaule droite et fléchissant la tête sur la poitrine. L'inclinaison à droite et la rotation à gauche ont lieu dans l'étendue normale. Il en est de même de la flexion en avant. Mais le renversement en arrière est réduit de moitié environ.

Pas d'autre difformité et pas d'altération de la santé générale.

Section du cléido-mastoïdien d'abord, puis du sterno mastoïdien. Ces deux muscles étant divisés, on sent à travers la peau les faisceaux du peaucier, durs, ramassés et faisant obstacle à un redressement plus étendu de la tête; il en est de même du bord supérieur du trapèze qui forme un relief marqué entre la racine du cou et son insertion à l'épine de l'omoplate. Section sus-musculaire de ces faisceaux, ainsi que de quelques lamelles indurées du tissu cellulaire environnant. Redressement plus considérable; pansement des piqûres cutanées comme de coutume.

Point d'accidents primitifs ni consécutifs. Un peu d'ecchymose sans inflammation. Cicatrisation immédiate. Dès le troisième jour, application d'un collier à extension verticale et emploi du lit orthopédique à casque mobile. Le sujet se lève et se promène dans l'intervalle de ses séances sur le lit. L'extension cause quelques tiraillements douloureux dans les articulations de la tête avec la colonne cervicale et des vertèbres du cou entre elles. Les mouvements de rotation et de flexion communiqués avec la main produisent de petits craquements dans ces parties. Cependant le traitement mécanique peut être poursuivi avec la plus grande activité.

Du 15 au 31 août, continuation des mêmes moyens. Le redressement de la tête et du cou fait des progrès rapides. Cependant les aponévroses d'une part et les ligaments de l'autre, montrent une grande résistance. Déjà les sterno et cléido-mastoïdiens se sont réunis et forment un relief appréciable sous la peau. On prévoit dès lors que leur cicatrisation sera complète avant que l'extension mécanique ait triomphé des obstacles au redressement complet, et qu'une seconde section de ces mêmes muscles deviendra indispensable.

Tout le mois de septembre est néanmoins employé à distendre et allonger les parties qui s'opposent à un plus grand écartement des muscles divisés. A la fin de septembre, la tête étant complétement redressée, le cou n'offrait plus qu'un très-faible degré de flexion antérieure et d'inclinaison latérale ; mais les muscles divisés étaient manifestement tendus et résistants. Dès lors, on se décide à une réopération.

Le 5 octobre, section simultanée des deux muscles sterno et cléido-mastoïdiens, au niveau du point où ils se bifurquent et à l'aide du procédé du doigt. Cette opération n'est pas plus douloureuse que la première, mais donne lieu à un épanchement de sang assez abondant, résultant de la division du lacis vasculaire sous-cutané. Pansement comme de coutume : compression légère sur le siége de la section; deux jours de repos au lit : le temps jugé nécessaire pour la fermeture complète des plaies cutanées.

Point de réaction locale ni générale. Nulle apparence d'inflammation suppurative. Un peu d'empâtement entre les deux moignons musculaires, résultant de la matière plastique épanchée. Le traitement mécanique est repris comme avant cette réopération.

Le 15 octobre, le redressement de la tête et du cou était complet. Il ne restait plus de la difformité que les déformations consécutives, et déjà celles-ci avaient subi de notables améliorations. Le 24 novembre, le sujet était représenté à la commission, qui constatait ce qui suit :

1° Redressement complet de la tête et du cou; retour presque complet à leurs rapports normaux des espaces sus-scapulaires ; 2° rétablissement presque complet des mouvements de flexion et de rotation du cou; 3° diminution des courbures consécutives de la colonne; amélioration notable dans l'asymétrie des traits du visage. Un second plâtre parafé par la commission représente l'état actuel du sujet.

Depuis cette époque jusqu'au 1er juin 1845, où la commission a revu le sujet pour la dernière fois, tout traitement a cessé. Néanmoins les changements obtenus se sont complétés et consolidés, ainsi qu'on peut le voir par l'énoncé qui suit, des résultats définitifs constatés par la commission :

1° Inclinaison et rotation de la tête nulles;

2° L'inclinaison latérale a également disparu; plus de déplacement latéral de la tête;

3° L'inclinaison du cou en avant a sensiblement diminué : le cou s'est beaucoup allongé;

4° Les inflexions de balancement de la colonne ont un peu diminué;

5° Les deux espaces sus-scapulaires sont à peu près de même longueur : le droit est toujours un peu plus long que le gauche, 1 centimètre 2 millimètres de différence;

6° Les deux épaules sont à la même hauteur, et à très-peu de chose près également saillantes;

7° La désharmonie des yeux et l'asymétrie des deux moitiés de la face ont notablement diminué ; cependant, l'irrégularité des traits est encore très-considérable, et témoigne par sa persistance et sa profonde empreinte de l'existence antérieure de la difformité principale qui a disparu ;

8° Les muscles divisés sont parfaitement réunis, sans nodosités ni adhérences appréciables. Ils ne forment plus ni tension ni saillie anormales ; au contraire, ils sont mous, déprimés, et paraissent être insérés un peu plus en dehors et en arrière que ceux du côté opposé. Il en résulte que la fossette sus-sternale incomplétement accusée, manque de délimitation du côté droit. L'espèce d'apophyse claviculaire correspondante à l'insertion primitive du cléido-mastoïdien divisé est restée très-apparente. Il en est de même de l'apophyse mastoïde du même côté, dont la forme mamelonnée et l'allongement remarquable compensent ce qu'il reste de différence entre la longueur des muscles mastoïdiens droit et gauche ;

9° Les muscles divisés n'offrent plus la consistance ni la dureté qu'ils avaient avant l'opération ; ils sont plutôt mous ; et quoique encore peu développés, ils se contractent très-bien ;

10° Les mouvements de rotation, de flexion, d'inclinaison latérale sont rétablis dans tous les sens. L'inclinaison à gauche et la rotation à droite sont toujours un peu moins étendues et moins souples que du côté opposé ; mais cette différence n'empêche pas les mouvements habituels de la tête, et n'est appréciable que lors d'un examen comparatif très-rigoureux.

Les quatre cas qui précèdent ont été présentés par M. J. Guérin, comme quatre variétés plus ou moins différentes par le degré, l'ancienneté et les complications de la difformité, et surtout par le siége différent de la rétraction dans les différents muscles du cou ; le sterno, le cléido-mastoïdiens, le trapèze, le peaucier ; le cas suivant, dans lequel d'autres muscles encore étaient primitivement atteints, complète cette série présentée par l'auteur, comme une confirmation de ses vues sur les rapports étiologiques entre les variétés de siége de la rétraction et les variétés de difformités qu'elle occasionne.

CINQUIÈME CAS

TORTICOLIS ANCIEN COMPOSÉ PAR RÉTRACTION SIMULTANÉE DES SPLENIUS ET GRAND OBLIQUE DROIT ET PETIT OBLIQUE GAUCHE.—ROTATION DE LA TÊTE A DROITE ; RENVERSEMENT EN ARRIÈRE ET INCLINAISON LATÉRALE A GAUCHE.—INCLINAISON DE LA COLONNE CERVICALE A DROITE.—AFFAISSEMENT DES STERNO ET CLÉIDO-MASTOÏDIENS GAUCHES.—TENSION PAR ÉCARTEMENT DES DEUX POINTS D'INSERTION DU STERNO-MASTOÏDIEN DROIT.—ATROPHIE ET DÉFORMATION DE LA MOITIÉ GAUCHE DE LA FACE. — DÉVIATION LATÉRALE ESSENTIELLE DE LA COLONNE CONCOMITANTE PAR RÉTRACTION DU LONG DORSAL DROIT. — TRAITEMENT SPÉCIAL SÉPARÉ DU TORTICOLIS ET DE LA DÉVIATION DE L'ÉPINE. — SECTION DE TOUS LES MUSCLES TÉTRACTÉS. — TRAITEMENT MÉCANIQUE CONSÉCUTIF.—AMÉLIORATIONS DIVERSES.

Une jeune fille, âgée de 17 ans et demi, constitution délicate, tempérament lymphatico-nerveux, est présentée à la commission le 14 juillet 1844, pour un torticolis latéral gauche et une déviation latérale de l'épine : ces difformités étant toutes deux essentielles et indépendantes l'une de l'autre, quoique produites par la même cause.

Cette jeune personne qui, aux deux époques de la dentition, a eu des convulsions violentes, et de plus, vers l'âge de 8 ans, la coqueluche et la rougeole, a présenté, il y a quatre ans environ, la série des symptômes suivants : d'abord douleur dans les orteils, puis successivement dans les genoux, les aines, les poignets et les coudes. Ces douleurs accompagnées de fièvre, de rougeur et de gonflement des articulations, offraient ceci de particulier, qu'elles prenaient plus d'intensité à mesure qu'elles envahissaient de nouvelles parties, sans diminuer dans celles précédemment occupées : cette période de la maladie dura six semaines. A cette époque, et sous l'influence de bains de vapeur et de fumigations aromatiques, diminution lente, et enfin disparition des douleurs et du gonflement successivement dans l'ordre de leur apparition, c'est-à-dire de bas en haut. La douleur du coude n'avait pas encore complétement cessé, quand, tout à coup, la région cervicale et la partie postérieure de la tête, devinrent à leur tour excessivement douloureuses. Presque aussitôt, la tête s'inclina sur l'épaule gauche.

M. Guérin vit pour la première fois le sujet en janvier 1841. Les symptômes arthralgiques aigus avaient disparu. Il ne restait plus qu'une douleur sourde de la partie postérieure du cou, augmentant par la pression. Il existait alors un torticolis latéral gauche, avec rotation de la tête à droite et un peu de renversement en arrière. Le splénius droit offrait les signes de la contracture ; il était un peu douloureux, soulevé et tendu ; on pouvait par la percussion et le massage, le détendre et redresser momentanément la tête. Les muscles sterno et cléido-mastoïdiens, étaient dans l'état normal. On constata aussi, dès cette époque, une déviation latérale de l'épine à gauche commençante, et dont les parents ne s'étaient pas encore aperçus. Cette déviation de l'épine ne fut soumise à aucun traitement et on ne s'occupa que du torticolis. Sous l'influence d'embrocations avec l'huile camphrée et du massage sur le trajet du splénius droit, les dernières traces d'arthralgie disparurent, la douleur cessa complétement, la difformité diminua d'une petite quantité ; mais la tension du splénius devint permanente ; il prit une consistance plus ferme, et la difformité devint stationnaire.

Voici quel est aujourd'hui l'état du torticolis et de la déviation de l'épine.

Torticolis. — Cette difformité présente à considérer :

1° Une inclinaison de la tête à gauche de 8 à 10 centimètres ;

2° Une rotation de la tête à droite de 10 à 12 centimètres. Une verticale abaissée de la symphyse du menton, tombe à 5 centimètres 5 millimètres à droite de la fourchette sternale ;

3° Une inclinaison un peu anguleuse de la colonne cervicale sur la colonne dorsale à droite, sans renversement de la tête en arrière, ni flexion du cou en avant ;

4° Des déformations de la tête et du cou. Très-légère dépression du côté gauche du crâne. Réduction de la moitié gauche de la face et tiraillement des traits de ce côté.

Du milieu du bord orbitaire inférieur à la symphyse du menton.	à gauche.	8c	6mm.
Id.	à droite.	9	4
Du tragus à l'extrémité du nez.	à gauche.	13	»
Id.	à droite.	14	2

Œil gauche abaissé de 2 à 3 millimètres seulement. Tiraillement de l'aile gauche du nez, en bas et en dehors ; l'ouverture nasale de ce côté est plus petite que du côté opposé. Rien à noter sur la bouche et le menton. Allongement de l'espace sus-scapulaire gauche, aux dépens du droit.

De l'extrémité de l'acromion à l'apophyse proéminente.	à gauche.	17c	2mm.
Id.	à droite.	15	8

MUSCLES. — Les sterno et cléido-mastoïdiens gauches sont tout à fait mous, déprimés; et dans le mouvement en sens inverse de la difformité, ils n'offrent que le degré de résistance ordinaire. Le cléido-mastoïdien droit n'offre pas non plus de tension anormale; mais le sterno-mastoïdien droit, très-long, très-oblique, de bas en haut et de dedans en dehors, et formant une courbe à convexité externe, est habituellement tendu, même au repos. La tension augmente quand on exagère l'inclinaison et la rotation pathologiques de la tête.

Longueur du sterno-mastoïdien.	à droite. . .	17c 5mm.
Id.	à gauche. . .	12 5

Le splénius droit est aussi habituellement tendu, et il le devient davantage dans la condition inverse de la précédente : c'est-à-dire quand on incline la tête à droite ou qu'on la porte dans la rotation à gauche, on ne sent pas directement d'autre tension ou dureté musculaire.

Le mouvement d'inclinaison directe de la tête à droite est réduit des trois quarts. Il en est de même de la rotation à gauche. Mais si le sujet fléchit préalablement la tête en arrière, ces deux mouvements redeviennent possibles dans une grande partie de leur étendue; seulement ils ont toujours lieu moins facilement, moins librement qu'en sens opposé. Liberté complète et étendue normale des mouvements d'inclinaison à gauche et de rotation à droite, ainsi que du mouvement d'extension de la tête et du cou. Mais la flexion est un peu gênée et limitée. Le menton n'arrive pas sans peine au contact de la paroi thoracique qu'il vient toucher à 5 centimètres à droite de la fourchette sternale. Un plâtre moulé sur nature, représentant la tête et le cou du sujet, a été reconnu exact par la commission.

Dans le but de simplifier le traitement de la déviation de l'épine, on commence d'abord par le traitement du torticolis.

Extension préparatoire du cou et spécialement des muscles rétractés, au moyen du char à casque mobile; celui-ci est tourné en sens inverse de la difformité, de manière à distendre le splénius et le grand oblique droit et petit oblique gauche. On joint à l'action de ces appareils, les mouvements de rotation, de flexion, d'inclinaison avec la main dans un sens directement opposé aux principaux éléments corrélatifs de la difformité : un mois environ de traitement préparatoire est ainsi employé à assouplir les articulations et à distendre les muscles rétractés, à les mettre plus en relief.

Le 14 septembre, sections successives du splénius et du grand oblique droit. La division du splénius produit d'abord un degré marqué de dérotation de la tête. Mais c'est surtout après la section du grand oblique droit que ce mouvement augmente. Au moment où la section de ce muscle est achevée, la tête cède spontanément, et avec une secousse très-appréciable, aux efforts de rotation à gauche. La section de ces muscles n'a occasionné qu'une douleur très-modérée; mais il s'écoule par les ouvertures cutanées, une notable quantité de sang artériel et veineux (50 grammes environ), et après l'occlusion des petites plaies, il se forme un trombus assez volumineux. Repos au lit pendant trois jours, point de fièvre, ni d'apparence d'inflammation.

17 septembre. — Les petites plaies sont complétement fermées. On commence le traitement mécanique consécutif, collier à extension verticale et lit à casque mobile. La tête peut prendre immédiatement et d'une manière permanente la position qu'avant les sections musculaires elle ne pouvait atteindre qu'incomplétement et avec le sentiment d'une résistance insurmontable. Mouvements saccadés avec la main dans le sens opposé aux directions vicieuses de la difformité. La dérotation provoque des craquements dans les articulations de la tête avec le cou et dans différents points de la colonne cervicale. Ce traitement est encore continué jusqu'à la fin du mois. Pendant les derniers jours, on ne remarque plus d'amélioration, la tête est toujours un peu renversée en arrière, et le sujet dit sentir quelque chose qui l'empêche de s'incliner en avant. Le mouvement de rotation

de droite à gauche est d'ailleurs arrêté brusquement au milieu de sa course (la moitié environ de son étendue normale). En explorant la partie postérieure et supérieure du cou, on sent dans la direction du petit oblique gauche une légère saillie en forme de corde, qui varie de tension et de consistance suivant qu'on tourne le visage à droite ou à gauche.

Le 2 octobre, section sous-cutanée du petit oblique gauche. Cette section est annoncée par un petit craquement et le sentiment d'une résistance vaincue. Le sujet annonce lui-même la réussite de l'opération, en affirmant que le mouvement de rotation et de flexion de la tête peuvent atteindre un degré impossible avant l'opération. Point de douleur notable ni d'hémorrhagie. Occlusion de la piqûre cutanée. Point de fièvre, ni réaction locale.

Dès le lendemain l'opérée reprend son traitement mécanique. Elle affirme éprouver moins de résistance à l'action des appareils, le mouvement de rotation à gauche n'étant plus arrêté brusquement au milieu de sa course. Toutefois; ce mouvement n'est pas encore complet; il n'atteint, au plus, que les deux tiers de son étendue normale. Continuation des mêmes moyens jusqu'au 25, sans amélioration nouvelle appréciable. Dès lors, on s'occupe de la déviation de l'épine, sans discontinuer cependant les moyens propres à combattre les restes de la difformité du cou.

Le 29 décembre de la même année (1844), cette jeune fille, représentée à la commission, était, par rapport à son torticolis, trouvée dans l'état suivant :

La tête est redressée, son axe correspond à l'axe du tronc. La colonne cervicale est encore légèrement inclinée à droite, et le sterno-mastoïdien du même côté est encore tendu et saillant. L'asymétrie des traits de la face s'est considérablement améliorée. Les mouvements d'extension et de flexion s'exécutent librement. La rotation à droite est complète; à gauche, il s'en faut encore d'un quart environ qu'elle ait l'étendue normale. Un moule de l'état du sujet est parafé, à cette époque, par la commission.

Depuis lors, le traitement mécanique du torticolis est continué avec celui de la déviation de l'épine. Un appareil spécial a même été imaginé pour combattre plus directement l'inclinaison de la colonne cervicale opposée à l'inclinaison de la tête. Cet appareil, dit à flexion latérale du cou, est l'application au torticolis de la ceinture à flexion pour les déviations de l'épine. Au moyen de cet appareil et du lit à casque mobile, dont l'usage a été continué irrégulièrement pendant quatre à cinq mois environ, l'état du sujet s'est consolidé en s'améliorant encore. Voici le résultat du dernier examen de la commission, le 27 juillet 1845 :

1° La tête est redressée complétement.

2° La rotation a disparu.

3° L'inclinaison cervico-dorsale a notablement diminué.

4° Il existe encore un peu de déplacement latéral de la tête. Les rapports de la tête avec le tronc offrent encore une irrégularité notable.

5° L'asymétrie des traits a notablement diminué. La moitié gauche de la face a pris du développement. L'œil est un peu remonté; la traction oblique des traits n'existe plus; l'ensemble de la figure est presque normal.

6° Le sterno-mastoïdien gauche est toujours un peu atrophié : toutefois, il commence à se contracter; le droit est toujours un peu tendu. L'espace sus-sternal, circonscrit par les deux muscles est encore irrégulier. L'axe vertical de la face tombe au niveau de l'insertion sternale du sterno-mastoïdien droit, et l'extrémité inférieure de ce muscle est portée dans un plan plus antérieur. Les muscles divisés n'offrent rien de particulier.

7° Tous les mouvements existent au degré normal, à l'exception de la rotation à gauche, qui n'a récupéré que la moitié de son étendue.

Des cinq résultats qui précèdent, il n'y en a aucun qui ne témoigne de l'efficacité de l'orthopédie pour guérir ou améliorer le torticolis, et quatre d'entre eux peuvent être considérés comme de très-beaux succès, confirmant la justesse des vues et des principes orthopédiques proposés par M. J. Guérin, et attestant la valeur des appareils et des méthodes qu'il emploie.

Sous le rapport des principes, on sait que M. J. Guérin considère le torticolis comme un produit de la rétraction primitive des muscles du cou, lequel est susceptible de varier, de se modifier, de se compliquer en raison du siége, du degré, et de la combinaison de la rétraction dans tels ou tels muscles. De plus, il avait signalé dès longtemps un ordre de déformations secondaires, procédant de l'inclinaison consécutive du cou, inverse à l'inclinaison de la tête. Cette étiologie, ainsi précisée, a conduit le chirurgien à des indications aussi variées et aussi nouvelles que les éléments d'action de la cause auxquels le traitement doit satisfaire.

La méthode de traitement de M. J. Guérin comprend : 1° les sections musculaires sous-cutanées appropriées à chaque variété de la difformité; 2° trois ordres d'appareils nouveaux, lit orthopédique à casque mobile, collier à extension verticale et ceinture à flexion cervicale. Cette méthode lui a permis de produire des résultats nouveaux : notamment le redressement d'un torticolis par la section du splénius et du grand oblique droit, et du petit oblique gauche; et, dans tous les cas, le redressement complet ou la diminution considérable de l'inclinaison cervicale inverse à l'inclinaison de la tête, et l'amélioration, sinon la disparition entière des déformations subordonnées à cette inclinaison : tous résultats qui n'avaient pas été obtenus, ni même recherchés précédemment.

III.

DÉVIATIONS DE L'ÉPINE ET DE L'ÉPAULE.

On sait que pour M. J. Guérin la rétraction musculaire qui produit le strabisme, quand elle siége dans les muscles de l'œil, le torticolis, quand elle occupe les muscles du cou, produit les déviations de la colonne vertébrale, quand elle occupe les muscles rachidiens. Ce qui n'empêche pas ce chirurgien d'admettre et de reconnaître l'existence de déviations de l'épine, produites par d'autres causes, notamment des déviations rachitiques, tuberculeuses, etc.

On sait, en outre, qu'appliquant aux muscles du dos l'opération qu'il a généralisée pour toutes les difformités par rétraction musculaire, il combat les déviations spinales comme le strabisme, le torticolis, le pied-bot, etc., c'est-à-dire au moyen de la myotomie sous-cutanée, et d'un traitement mécanique consécutif.

Cette doctrine et cette pratique ont provoqué une opposition vive, qui s'est accrue encore à l'occasion des résultats consignés dans le relevé statistique de M. J. Guérin. Ces motifs, joints à l'importance réelle du sujet, ont engagé la commission à porter une attention toute spéciale sur ce point.

Les cas de déviations présentés par M. J. Guérin sont au nombre de neuf. *Quatre* existaient sans autres difformités essentielles, *un* était compliqué de dépression centrale de la base du thorax; *un* de courbure essentielle du sternum; *un* de torticolis latéral; *deux* de déviation essentielle du scapulum. Quant au *degré*, il y en avait sept du second et deux du troisième. *Siége :* deux occupaient la région dorsale supérieure, cinq la région dorsale moyenne, deux la région dorso-lombaire. Sept étaient à droite et deux à gauche.

Les muscles rétractés et divisés sont : les sacro-lombaire et long dorsal; le spinal proprement dit; les transversaires épineux; le trapèze, le rhomboïde, le splénius, les droits et obliques postérieurs de la tête, plusieurs muscles de l'épaule, l'angulaire les sus et sous-épineux, le grand rond.

Voici les observations relatives à chacun de ces cas.

PREMIÈRE CATÉGORIE.

DÉVIATIONS LATÉRALES SIMPLES.

PREMIER CAS.

DÉVIATION LATÉRALE DORSALE MOYENNE A DROITE, DEUXIÈME DEGRÉ CONSIDÉRABLE PAR RÉTRACTION DU LONG DORSAL DROIT PROPREMENT DIT; FLÈCHE DE LA DÉVIATION, 4 CENTIMÈTRES 8 MILLIMÈTRES. — TROIS COURBURES ALTERNES; FLÈCHE DE LA COURBURE MOYENNE, 3 CENTIMÈTRES. — TORSION MARQUÉE DE LA COLONNE DORSALE. — ÉLÉVATION DE L'ÉPAULE DROITE DE 2 CENTIMÈTRES. — GIBBOSITÉ DORSALE DE 3 CENTIMÈTRES 5 MILLIMÈTRES. — DÉPRESSION ÉQUIVALENTE DES CÔTES ET DU SCAPULUM GAUCHE. — SAILLIE ET TENSION MARQUÉES DU MUSCLE RÉTRACTÉ. — TRAITEMENT MÉCANIQUE PRÉALABLE, AMÉLIORATION. — SECTION DU LONG DORSAL DROIT ET DES FAISCEAUX SPINAUX DU LONG DORSAL GAUCHE. — REDRESSEMENT IMMÉDIAT DES TROIS QUARTS DE LA DIFFORMITÉ. — ALLONGEMENT NOTABLE DE LA COLONNE. — SECTION DES TRANSVERSAIRES ÉPINEUX GAUCHES : DISPARITION IMMÉDIATE DU RESTE DE LA GIBBOSITÉ. — TRAITEMENT MÉCANIQUE CONSÉCUTIF : GUÉRISON COMPLÈTE.

Une demoiselle âgée de 15 ans, atteinte d'une déviation latérale de l'épine à droite au deuxième degré, est présentée à la commission le 10 mars 1844.

Cette jeune fille, d'une constitution assez bonne, taille au-dessous de la moyenne, tempérament lymphatico-nerveux, est venue au monde bien conformée; elle n'a été atteinte ni de rachitisme, ni de scrofule dans son enfance; elle n'a jamais eu de maladie grave. Cependant elle dit avoir eu tous les ans, à l'époque du printemps, depuis plusieurs années, une légère éruption accompagnée d'un petit mouvement fébrile, et dont la durée a été chaque fois d'une huitaine de jours. Il y a deux ans, cette éruption a été plus intense et elle a offert tous les caractères de la rougeole. Vers la même époque on s'aperçut, pour la première fois, que le tronc penchait du côté gauche, et que l'épaule droite faisait saillie en arrière. Cette difformité, d'abord peu prononcée, est restée pendant quelque temps stationnaire; on ne la considérait d'abord que comme une mauvaise attitude; mais depuis, la croissance ayant été assez rapide, la difformité s'est accrue en proportion. La malade a une sœur déviée comme elle. Voici l'état actuel de cette jeune personne :

Déviation latérale de l'épine dorsale moyenne à droite, comprenant trois courbures alternes, accompagnées de déformations consécutives du dos et de la poitrine.

La première courbure, dite courbure inclinée lombo-dorsale, à convexité gauche, s'étend depuis la dernière vertèbre dorsale ou environ, jusqu'au sacrum. Cette courbure est inclinée à droite, de manière à ce que sa corde forme avec la verticale un angle de cinq degrés environ. La longueur de cette corde est de 12 centimètres. La flèche de la courbure est de 1 centimètre 1 millimètre.

La deuxième courbure, dorsale moyenne, à convexité droite, s'étend depuis la troisième dorsale jusqu'à la douzième. Sa corde est de 19 centimètres environ, sa flèche de 3 centimètres.

La troisième courbure cervico-dorsale, à convexité gauche, occupe les dernières vertèbres cervicales et les premières dorsales; elle est très-peu prononcée : sa flèche peut être évaluée à 3 ou 4 millimètres. Ces trois courbures forment des arcs réguliers.

Enfin, par suite de l'inclinaison de la courbure inférieure sur le sacrum, incomplétement balancée par les supérieures, le tronc en totalité est porté à droite, en dehors de la verticale, ce qui constitue la *déviation* proprement dite. Son degré d'écartement, calculé au point le plus distant de la verticale, c'est-à-dire au sommet de la courbure dorsale, est de 4 centimètres 8 millimètres; à son degré le plus rapproché, c'est-à-dire de la verticale au sommet de la courbure cervico-dorsale, il est de 3 centimètres.

Ces dispositions primitives et principales de la colonne ont donné lieu à un ensemble de déformations du thorax et du dos en particulier, consistant en saillies et dépressions alternatives qui varient avec les courbures dont elles dépendent, et suivant qu'on les observe au niveau de la convexité ou de la concavité des courbures. Ainsi l'épaule droite est plus élevée que la gauche de 2 centimètres environ. Elle est en outre projetée en arrière et plus saillante que celle du côté opposé de 3 centimètres 5 millimètres. Le scapulum, considéré de bas en haut, est oblique d'arrière en avant et de dehors en dedans. Son angle inférieur est plus saillant et porté plus en dehors que celui du côté opposé. L'espace sus-scapulaire gauche est légèrement plus proéminent que le droit. L'épaule gauche est déprimée et presque verticale. Le scapulum, considéré de bas en haut, est oblique de dedans en dehors. Il est beaucoup plus rapproché de la colonne que le droit.

De l'angle inférieur du scapulum gauche à l'épine, 2 centimètres; à droite 6 centimètres 8 millimètres.

Les huit ou neuf côtes inférieures correspondantes à la courbure dorsale, sont saillantes à droite et déprimées à gauche. L'inverse commence à se manifester dans les côtes supérieures.

A la région lombaire toutes les parties correspondantes à la convexité de la courbure sont saillantes et soulevées; celles du côté opposé sont déprimées. Le flanc gauche est rempli; la partie postérieure de la hanche est en quelque façon confondue avec les tissus superposés. Le contraire s'observe à droite. Toutefois, par suite du déplacement latéral du tronc, la partie latérale et supérieure de la hanche gauche proémine sous la peau qui est entraînée à droite par l'inclinaison du tronc; l'inverse se remarque à droite. Il faut noter encore, par suite de la même disposition, qu'une ligne verticale abaissée de l'aisselle gauche, tombe à peu près au milieu de l'espace compris entre le trochanter et le coccyx, et à 9 centimètres 5 millimètres de ce dernier point, tandis qu'à droite elle tombe complétement en dehors de la hanche et à une distance du coccyx de 16 centimètres 5 millimètres.

Longueur totale du rachis en suivant les courbures.		49c	2mm
Idem en ligne droite.		47	»
Idem de la taille.	1mèt	40	5

Le thorax offre une déformation générale multiple en rapport avec les différents éléments de la déviation. Il a subi en premier lieu un mouvement de révolution autour de son axe vertical, d'avant en arrière et de droite à gauche; d'où il résulte que sa moitié gauche est portée en avant et sa moitié droite en arrière. La paroi antérieure du thorax offre en effet à sa partie inférieure une saillie à gauche, formée par l'extrémité des côtes comprises dans la concavité de la courbure dorsale et refoulées en avant. Une disposition inverse commence à se remarquer du côté droit. Il y a d'ailleurs une réduction considérable dans la capacité du demi-thorax gauche par rapport au droit, laquelle peut être appréciée par les mesures suivantes :

Demi-périmètre du thorax en passant au-dessous de l'aisselle.	à gauche. . .	33c	3mm.
Id.	à droite. . .	35	5
Demi-périmètre en passant sous le mamelon.	à gauche. . .	30	»
Id.	à droite. . .	33	»

Les muscles de la région postérieure du tronc présentent les particularités suivantes :

Le sujet étant placé debout, dans l'attitude ordinaire, on ne remarque au premier aspect, aucune saillie, aucun relief, aucune tension anormale des muscles, ni dans le dos, ni dans les lombes, si ce n'est toutefois dans cette dernière région où l'on voit à gauche de la convexité de la courbure inférieure, une saillie assez sensible, qui est en partie constituée par la masse commune des muscles sacro-lombaires, soulevée avec toutes les autres parties molles de cette région; mais au toucher on s'assure bientôt que cette masse musculaire est molle, d'une consistance égale dans tous les points et qu'elle n'offre aucune tension, aucune résistance au doigt. Si l'on explore avec le doigt les muscles de la région correspondante du côté droit, on sent, au contraire, que ces muscles quoique plus déprimés en apparence et plus profondément situés que leurs homologues du côté gauche, sont tendus, durs et résistants au toucher. On remarque, toutefois, avec une plus grande attention, que la dureté n'est pas égale dans tous les faisceaux de la masse commune; mais qu'elle est bornée aux faisceaux internes seulement, ceux qui constituent le muscle long dorsal, proprement dit, tandis que les faisceaux externes du sacro-lombaire conservent leur consistance normale.

Cette disposition devient bien plus sensible encore lorsque, le bassin étant maintenu dans une situation fixe, on fait un léger effort de redressement du tronc, suffisant seulement pour le ramener dans la direction verticale. Ce n'est plus au toucher seulement alors, que la tension du long dorsal est sensible, mais à l'œil même. Il forme un relief très-prononcé sous la peau qu'il soulève à la manière d'une corde fortement tendue.

Un plâtre représentant l'état du sujet est reconnu exact et parafé par la commission.

Dès le 11 mars, le sujet est mis en traitement préparatoire, lequel consiste : 1° dans l'emploi de l'extension parallèle à 12 ou 15 kilogrammes pendant cinq heures de la journée et 6 ou 7 kilogrammes la nuit; 2° dans l'usage, pendant une heure et demie à deux heures par jour d'exercices gymnastiques, produisant l'extension de la colonne associée à la contraction simultanée des muscles spinaux; 3° dans l'usage de la ceinture à flexion le reste du temps.

Ce traitement, gradué convenablement et continué avec persévérance pendant trois mois et vingt jours, produit les résultats suivants:

	AVANT LE TRAITEMENT.		APRÈS 3 MOIS 20 JOURS de traitement mécanique.	
Déviation	4°	»mm.	3°	»mm.
Courbure supérieure	1	4	»	42
Courbure moyenne	3	»	2	7
Courbure inférieure	1	»	1	»
Corde générale	47	»	50	»
Gibbosité	3	5	3	1

La colonne a acquis une grande souplesse; toutefois le décubitus ne produit aucune diminution appréciable dans la courbure principale ni la gibbosité.

Le muscle long dorsal droit est beaucoup plus mince, plus dur, plus tendu qu'au début du traitement. Il est parfaitement distinct et isolé du sacro-lombaire proprement dit.

Un moule représentant exactement l'état du dos à cette époque, est parafé par la commission.

Le 30 juin 1844, le sujet étant couché horizontalement en pronation, et la tête et l'extrémité supérieure du tronc faisant effort pour se relever sans le secours des bras, dans le but de provoquer la contraction des muscles à diviser, M. J. Guérin pratique la section sous-cutanée du long-dorsal droit au niveau de la onzième vertèbre dorsale et la section du spinal gauche au niveau de la huitième dorsale. Ces deux sections s'opèrent très-facilement et s'annoncent par quelques craquements secs. On a vu immédiatement se former sous la peau, au niveau de la portion divisée, du long dorsal surtout, un espace déprimé entre les deux bouts du muscle divisé. On s'assure, en plaçant les doigts dans cet espace, qu'il y a un écartement de 2 centimètres au moins. Point de douleur notable ni d'hémorrhagie; quelques gouttes de sang seulement sortent des deux petites plaies. Occlusion des piqûres; légère compression sur le siége des opérations; pansement ordinaire.

Nulle trace d'inflammation locale ni fièvre. Après deux jours francs de repos au lit, on commence le traitement mécanique consécutif. Avant l'application d'aucune machine ni ceinture, la commission s'assure que la déviation a notablement diminué. On peut imprimer à la colonne avec la main, une direction presque normale qu'elle conserve momentanément, ce qui était complétement impossible avant l'opération. Un moule du dos pris dans ces conditions, est parafé par la commission. Elle constate en outre que les plaies ne sont le siége d'aucune inflammation. Il n'existe qu'un peu d'empâtement, résultant de l'épanchement des fluides, fournis par les parties divisées.

Les jours suivants, le traitement mécanique continue; il consiste, comme avant l'opération, dans l'emploi du lit à extension parallèle, de la ceinture à flexion, et surtout des manipulations faisant effort pour détordre la colonne dorsale. La marche est rigoureusement interdite. L'opérée est couchée sur le dos avec la ceinture une partie du temps qu'elle ne passe pas sur le lit orthopédique, ou bien elle reste le dos appuyé contre un fauteuil légèrement renversé en arrière.

Le 14 juillet, c'est-à-dire le quinzième jour de l'opération, la commission revoit la malade et constate les résultats suivants :

Persistance de l'amélioration constatée deux jours après l'opération : 1° redressement total du tronc ou de la déviation proprement dite; 2° diminution notable des courbures dont les supérieure et inférieure sont imperceptibles, et la moyenne ou principale est réduite à 3 ou 4 millimètres; 3° diminution notable de la saillie des côtes ou gibbosité; enfin, élongation considérable de la corde générale des courbures, qui, de 50 centimètres, s'est élevée, dans l'espace de quelques jours, à 53 centimètres.

La commission fait prendre et parafe un troisième plâtre représentant le sujet à cette époque.

On continue le même système de moyens et de précautions jusqu'à la fin de juillet. A cette époque, l'opérée commence à marcher dans l'appartement, soutenue sur un bras et avec la ceinture. On constate que l'amélioration qui existait le 15 n'a pas fait de sensibles progrès. Les manipulations ne parviennent pas à triompher complétement du reste de la gibbosité. D'ailleurs, plus de résistance aucune à la région lombaire; les bouts du muscle sont réunis à l'aide d'une substance intermédiaire, dont la consistance est déjà très-appréciable à travers la peau.

Le 5 août, dans le but de triompher plus aisément et plus complétement des dernières traces de la torsion de la colonne et du bombement des côtes, on pratique la section sous-cutanée de trois transversaires épineux, au niveau des sixième, cinquième et quatrième vertèbres dorsales, et à l'aide de trois ponctions distinctes. Les incisions ont lieu obliquement de dedans en dehors et de bas en haut, en partant de la sixième apophyse épineuse de la région dorsale. Cette division est accompagnée d'un craquement fibreux. La douleur de l'opération, quoique modérée, est plus prononcée que pour la section du long dorsal. Il s'écoule aussi une quantité de sang artérioso-veineux beaucoup plus considérable que la première fois. La section du deuxième transversaire donne lieu à un trombus assez développé. On laisse couler un peu de sang au dehors avant d'appliquer le diachylon sur les piqûres, et l'on provoque l'expulsion d'une certaine quantité de celui qui s'est épanché sous la peau. Compression et pansement ordinaires.

Le reste de la journée, douleur au niveau du point opéré, un peu de gêne dans la respiration, mais absence complète de fièvre et de symptômes d'inflammation locale. Nuit bonne. Le lendemain, plus de douleur aucune : état de calme et de santé parfait. Les petites plaies sont complétement fermées. Le trombus s'est en grande partie résorbé.

Le 8 août, on reprend le traitement mécanique. Le reste de la gibbosité cède avec la plus grande facilité aux pressions postéro-antérieures, au point qu'on peut même rendre la saillie des côtes de ce côté moins prononcée qu'à gauche. Le siége des petites plaies n'est marqué que par un peu d'empâtement et de coloration de la peau en jaune violet. Dès ce moment, plus de trace véritable de la difformité. Le traitement continue avec la plus grande régularité jusqu'à la fin de décembre, époque où la commission revoit la malade et constate les résultats suivants :

1° La déviation proprement dite a complétement disparu. Le tronc est plutôt un peu reporté à gauche; 2° un fil appliqué le long de la colonne vertébrale rencontre toutes les apophyses épineuses; 3° plus de gibbosité dorsale ni lombaire. L'épaule droite seule est peut-être encore un peu plus bombée que la gauche. Un troisième plâtre, représentant parfaitement l'état du sujet, est parafé par la commission. Depuis cette époque, tout traitement régulier a cessé. De temps en temps, usage momentané de la ceinture orthopédique, et décubitus horizontal pendant une heure ou deux de la journée. Le 20 juillet 1845, la commission a revu cette jeune fille pour la dernière fois; elle l'a trouvée dans l'état qui suit :

1° Déviation. — A disparu; le tronc est dans la verticale.

2° Courbures. — Les trois courbures ont également disparu : un fil à plomb, appliqué sur le trajet de la colonne, rencontre toutes les apophyses épineuses, à l'exception peut-être des quatrième, cinquième et sixième qui débordent le fil à droite de 1 à 2 millimètres environ.

3° Gibbosité. — Plus de gibbosité dorsale ni lombaire : seulement, l'angle inférieur du scapulum droit est encore un peu plus saillant que celui du côté opposé, et les côtes correspondantes un peu plus bombées.

4° Épaules. — Les épaules sont de niveau; les omoplates ont la direction normale.

5° Thorax. — La paroi antérieure du thorax est régulière; le sternum est droit; les deux seins sont à la même hauteur et également saillants; la conformation générale du thorax est régulière.

6° Muscles. — Le long dorsal droit et le spinal gauche, qui ont été divisés, sont exactement réunis. Ils n'offrent ni adhérences, ni nodosités, ni tension anormale; ils se contractent très-bien et sans douleur. Les mouvements du tronc sont réguliers.

7° Les forces générales et locales ont augmenté. La jeune personne peut faire de longues courses et se livrer à ses occupations ordinaires sans gêne ni malaise; sa santé est excellente.

Un dernier plâtre, représentant l'état du dos à cette époque, est reconnu exact et parafé par la commission.

Ce premier cas a été présenté par M. J. Guérin, comme le type des déviations de l'épine qui réclament indispensablement la myotomie rachidienne, et comme un exemple frappant de l'action immédiate et de l'efficacité propre de cette méthode. Le résultat constaté trois jours après la première opération et le résultat définitif du traitement, n'ont laissé aucun doute à cet égard dans l'esprit de la commission.

Le cas suivant offre à peu près, sous tous les rapports, la confirmation de celui qui précède.

DEUXIÈME CAS.

DÉVIATION LATÉRALE DE L'ÉPINE DORSALE MOYENNE A DROITE, DEUXIÈME DEGRÉ AVANCÉ, PAR RÉTRACTION SIMULTANÉE DU LONG DORSAL DROIT PROPREMENT DIT ET DU SPINAL GAUCHE. — TROIS COURBURES ALTERNES ET GIBBOSITÉ DORSALE TRÈS-DÉVELOPPÉE. — ÉPAULE DROITE PLUS ÉLEVÉE, BASCULE EN AVANT DU SCAPULUM DROIT. — DÉFORMATION GÉNÉRALE DU THORAX. — CARACTÈRES PROPRES A LA RÉTRACTION SIMULTANÉE DES DEUX SYSTÈMES ASCENDANTS. — MOUVEMENTS DE FLEXION DE LA COLONNE GÊNÉS. — TRAITEMENT MÉCANIQUE PRÉPARATOIRE PENDANT DEUX MOIS, AMÉLIORATION. — SECTION SOUS-CUTANÉE DU LONG DORSAL DROIT ET DU SPINAL GAUCHE, REDRESSEMENT IMMÉDIAT PRESQUE COMPLET. — RÉSULTAT PLUS MARQUÉ EN TROIS JOURS PAR LA MYOTOMIE QU'EN DEUX MOIS PAR LES MOYENS MÉCANIQUES. — TRAITEMENT CONSÉCUTIF; GUÉRISON PRESQUE PARFAITE.

Une demoiselle, âgée de 15 ans et demi, de bonne constitution, cheveux blonds, yeux bleus, est présentée à la commission le 10 novembre 1844, pour une déviation latérale de l'épine à droite.

Cette jeune fille, venue au monde bien conformée, n'a jamais fait de maladie grave et n'a jamais eu de convulsions. Elle a eu la rougeole à 11 ans; et c'est à peu près à cette époque, mais sans qu'on possède de renseignements précis à cet égard, qu'on s'est aperçu pour la première fois que l'épaule droite devenait plus saillante que la gauche. La difformité n'a d'abord fait que des progrès très-lents; mais depuis un an, le sujet ayant beaucoup grandi, la saillie de l'épaule a notablement augmenté, et la mère a remarqué que le tronc se déjetait à droite.

Aucune circonstance d'hérédité.

État actuel. — La difformité présente aujourd'hui les caractères suivants :

1° Courbure inclinée à convexité gauche, comprenant toute la colonne lombaire et les trois dernières vertèbres dorsales. La corde de cette courbure, longue de 17 centimètres, est inclinée de 4 millimètres environ à droite de la verticale. Flèche de 9 millimètres.

2° Deux courbures latérales de balancement : la première, à convexité droite, s'étend de la neuvième à la quatrième dorsale; sa corde est de 19 centimètres 5 millimètres, sa flèche, au niveau de la sixième dorsale, de 1 centimètre. La seconde courbure, à convexité gauche, comprenant tout le reste de la colonne, n'a que 3 à 4 millimètres de flèche.

La corde générale ou longueur de la colonne, mesurée de la base du sacrum, est de 37 centimètres 5 millimètres; sa flèche de 1 centimètre 4 millimètres.

3° Déviation du tronc en totalité à droite de la verticale. Cette déviation, mesurée au niveau de la sixième dorsale, est de 1 centimètre 8 millimètres environ. Le tronc revient dans la verticale au niveau de la troisième dorsale; puis la partie supérieure de la colonne se déjette à gauche. Ce déjettement au niveau de l'apophyse proéminente est de 3 à 4 millimètres.

Point de courbures anormales de la colonne dans le sens antéro-postérieur, si ce n'est un peu de cambrure dans la colonne lombaire.

4° Déformation du tronc. Pas d'inégalité marquée entre les deux côtés du cou. Léger bombement des trois premières côtes gauches et dépression proportionnée des côtes droites correspondantes. Bombement beaucoup plus marqué du reste de la région postérieure droite du thorax avec soulèvement des muscles de la gouttière vertébrale; dépression de la région correspondante à gauche. L'épaule droite est plus saillante de 2 centimètres. Le scapulum droit a basculé en avant, de telle sorte que sa face postérieure regarde fortement en haut, et que son angle inférieur, soulevé du plan costal, fait une saillie considérable sous la peau. Il a subi en outre un mouvement de pivotement suivant son axe longitudinal, par suite duquel sa face postérieure est tournée en dehors. A gauche, au contraire, le scapulum regarde directement en arrière et même un peu en bas. Son angle inférieur est plutôt enfoncé que saillant. Enfin, l'omoplate droite est plus éloignée de la ligne des apophyses épineuses et surtout de la *verticale* que celle du côté opposé.

Distance de l'angle supérieur de l'omoplate à la colonne.	à droite. . .	6c	5mm.
Id.	à gauche. . .	6	»

La distance du même point à la verticale est la même par suite de la confusion en ce point de la verticale et de la ligne des apophyses épineuses.

Distance de l'angle inférieur de l'omoplate à l'épine.	à droite. . .	7c	»mm.
Id.	à gauche. . .	4	»
Id. de la verticale.	à droite. . .	8	»
Id.	à gauche. . .	3	5

A la région lombaire, soulèvement uniforme de la masse musculaire gauche, sans tension ni dureté au toucher, et très-différent de celui que nous indiquerons tout à l'heure dans la masse commune droite.

Latéralement, toute la région thoracique droite est bombée, tandis que la gauche est aplatie. En outre, du premier côté, un pli profond se remarque au-dessus et dans la direction de la crête iliaque.

Enfin, en avant, l'on constate un bombement notable de la moitié inférieure gauche du thorax, et, au contraire, une dépression de la région correspondante à droite.

Muscles. — Au repos, on remarque que la masse commune droite est mieux circonscrite, plus détachée des parties voisines que la gauche, sans prédominance de tension bien prononcée; mais si l'on incline le tronc en avant et surtout si on le porte à gauche, en maintenant le bassin, les faisceaux transversaires du côté droit, en même temps qu'ils se soulèvent davantage, deviennent très-tendus, et on les suit facilement à travers la peau, jusqu'aux neuvième et dixième vertèbres dorsales. Ils offrent en outre une grande dureté au toucher. La tension des faisceaux costaux ou du sacro-lombaire proprement dit est beaucoup moins prononcée.

Les mouvements de flexion de la colonne en avant sont un peu roides, et le sujet y supplée en fléchissant les genoux. Un plâtre représentant l'état du dos est reconnu exact et parafé par la commission.

Traitement mécanique préparatoire dans le double but de rendre les muscles rétractés plus saillants et plus distincts, et pour montrer ce que peut le traitement mécanique dans un temps donné comparativement à l'opération chirurgicale, dans un temps beaucoup plus court.

Le traitement mécanique se compose, comme dans le cas précédent, de l'extension parallèle de 10 à 15 kilog., et de la ceinture à flexion : la première pendant six heures du jour et toute la nuit, la seconde le reste du temps.

Le 27 décembre, après deux mois environ de traitement mécanique sans interruption, on moule le sujet et l'on constate l'état où il se trouve le jour même où l'opération doit être pratiquée.

	AVANT LE TRAITEMENT.		APRÈS 2 MOIS DE TRAITEMENT.	
La déviation.	1°	8mm.	1°	4mm.
1re Courbure.	0	4	0	2
2e Courbure.	1	0	0	8
3e Courbure.	0	9	0	8
La corde générale.	37	5	39	2
La gibbosité.	2	0	1	8

La colonne est beaucoup plus souple qu'avant le traitement mécanique : toutefois, la gibbosité ne diminue en aucune façon dans le décubitus horizontal, et les faisceaux musculaires rétractés conservent, même dans cette position, leur caractère de dureté et de tension spéciale.

Section successive du long dorsal droit au niveau de la onzième dorsale, et des faisceaux spinaux du long dorsal gauche au niveau de la huitième vertèbre dorsale. Ces deux sections s'exécutent avec le secours de la contraction volontaire, le sujet faisant effort pour relever la tête et l'extrémité du tronc, sans l'aide des bras. La section s'opère d'une manière aussi nette que rapide. Il se forme, entre les bouts musculaires divisés, un écartement de 2 centimètres environ. Point d'hémorrhagie ni de douleur vive : quelques gouttes de sang seulement s'écoulent de la plaie du côté gauche. Diachylon gommé sur les piqûres; légère compression sur les plaies.

Point d'apparence de réaction locale ou générale, pas le plus petit malaise. L'extension mécanique a été employée et la ceinture orthopédique appliquée dans l'après-midi du second jour de l'opération. Le dimanche matin, 29 décembre, on prend le moule du sujet. La commission en constate la parfaite identité avec l'état de l'opérée et s'assure : 1° que la déviation du tronc a presque complétement disparu; 2° que les courbures et la torsion sont considérablement diminuées; 3° que ce résultat, produit en quarante-huit heures par l'opération et un commencement de traitement consécutif, est de beaucoup supérieur à celui obtenu par deux mois de traitement mécanique, ainsi que cela résulte des mesures qui suivent :

	AVANT LE TRAITEMENT.		APRÈS LE TRAITEMENT mécanique de 2 mois.		APRÈS 48 HEURES de l'opération.	
Déviation.	1°	8mm.	1°	4mm.	0°	6mm.
Courbure supérieure.	0	4	0	2	0	0
Courbure moyenne.	1	0	0	8	0	4
Courbure inférieure.	0	9	0	8	0	3
Corde générale.	37	5	39	2	42	0
Gibbosité dorsale.	2	0	1	8	0	6

Les petites plaies sont réunies; l'intervalle entre les bouts musculaires est rempli par de la matière plastique.

Le traitement est continué; on insiste sur les manipulations. Pendant les quinze premiers jours, suspension complète de la marche et de la station debout. Décubitus, même avec la ceinture, dans l'intervalle des séances sur le lit orthopédique.

Au bout de six semaines seulement, on permet au sujet quelques essais de marche, mais soutenu par un bras et constamment muni de sa ceinture à flexion. Tous les éléments de la difformité s'amoindrissent graduellement, et les forces musculaires se rétablissent en même temps que la cicatrisation des muscles divisés se consolide.

Rien de particulier à noter jusqu'au 20 juillet 1845. A cette époque, la commission a constaté les résultat qui suivent, obtenus après huit mois environ de traitement.

1° Déviation. — A disparu; le tronc est plutôt un peu reporté à gauche.

2° Courbure. — Traces à peine sensibles des courbures dorsale et lombaire. Un fil à plomb tendu aux deux extrémités de la colonne vertébrale, rencontre toutes les apophyses épineuses, à l'exception des deux premières lombaires et des quatrième, cinquième et sixième dorsales, qui le débordent à peine de 2 à 3 millimètres.

3° Gibbosité. — Plus de gibbosité dorsale ni lombaire.

4° Épaules. — Également élevées. Les omoplates ont recouvré leur direction normale. Toutefois, l'angle inférieur de la droite est encore un peu plus accusé qu'à gauche; mais l'ensemble du dos offre l'aspect normal.

5° Thorax. — La paroi antérieure est régulière. Sternum droit, seins également saillants et à la même hauteur. Conformation générale régulière.

6° Muscles. — Les muscles divisés sont réunis et n'offrent ni tension ni dureté anormales. Ils se contractent très-bien; ils ne sont le siége d'aucune douleur ni faiblesse. Les mouvements du tronc sont faciles et réguliers. Marche libre.

7° Forces. — Les forces générales et locales ont beaucoup augmenté. Développement remarquable du sujet. Santé générale excellente.

Un dernier plâtre représentant l'état définitif du sujet est parafé par la commission.

Le traitement mécanique consécutif a été continué pendant quelques semaines encore, après quoi le sujet est retourné chez ses parents dans un état plus satisfaisant encore, et qui n'a fait que se consolider depuis.

Les deux cas qui précèdent offrent des exemples de déviation du type le plus ordinaire au deuxième degré avancé. Le cas qui suit est du même type parvenu au troisième degré, avec toutes les altérations primitives et consécutives qui appartiennent à ce degré.

TROISIÈME CAS.

DÉVIATION LATÉRALE DORSALE MOYENNE A DROITE, AU TROISIÈME DEGRÉ, DATANT DE HUIT ANS, CHEZ UNE JEUNE FILLE DE 15 ANS. — DÉVIATION DE 4 CENTIMÈTRES. — TROIS COURBURES ALTERNES. — GIBBOSITÉ CONSIDÉRABLE. — DÉFORMATIONS MULTIPLES DU THORAX. — RÉTRACTION SIMULTANÉE DU LONG DORSAL DROIT, DU SPINAL GAUCHE ET DES TRANSVERSAIRES ÉPINEUX DORSAUX DU CÔTÉ GAUCHE. — TRAITEMENT MÉCANIQUE PRÉPARATOIRE. — SECTION SUCCESSIVE DU LONG DORSAL DROIT, DU SPINAL GAUCHE, DES TRANSVERSAIRES ÉPINEUX DU MÊME CÔTÉ, ET DE QUATRE LIGAMENTS INTERÉPINEUX. — GRANDE AMÉLIORATION IMMÉDIATE, TRAITEMENT MÉCANIQUE CONSÉCUTIF INSUFFISANT : RÉDUCTION CONSIDÉRABLE DE TOUS LES ÉLÉMENTS DE LA DIFFORMITÉ.

Une demoiselle, âgée de 15 ans et demi, assez bonne constitution, tempérament mixte, taille élancée, habituellement bien portante et réglée seulement depuis deux mois, est présentée à la commission le 26 mai 1844, pour une déviation latérale de l'épine, d'origine musculaire.

Cette jeune fille est venue au monde en apparence bien conformée. Élevée à la campagne, elle n'est revenue chez ses parents qu'à l'âge de 7 ans, et déjà la taille était un peu déviée : les parents ajoutent que dès sa plus tendre enfance elle avait les *reins faibles*, et que de légères convulsions ont eu lieu à la première dentition. Cette jeune fille n'a, du reste, jamais eu d'autre maladie qu'une variole bénigne; elle a grandi rapidement depuis trois ans, et depuis cette époque aussi, on a remarqué une augmentation notable de la difformité.

Actuellement, le rachis est le siége d'une déviation latérale à droite, offrant les caractères suivants :

1° Courbure inclinée à droite, à convexité gauche, étendue de la cinquième lombaire à la onzième dorsale. La corde de cette courbure, longue de 12 centimètres 7 millimètres, forme, avec la verticale élevée de la base du sacrum, un angle de 15° ouvert en haut; sa flèche, au niveau de la troisième lombaire, est de 1 centimètre 5 millimètres.

2° Courbure de retour, dorsale, à convexité droite; et à grand rayon, étendue de la onzième à la quatrième dorsale. Longueur de la corde 17 centimètres 5 millimètres. Flèche au niveau de la septième vertèbre dorsale 1 centimètre 6 millimètres.

3° Légère courbure dorso-cervicale, à convexité gauche, étendue de la quatrième dorsale au sommet de la colonne, et de 3 à 4 millimètres de flèche.

4° Déviation de tout le tronc, à droite de la verticale. Cette déviation est de 4 centimètres au niveau de la septième dorsale, et de 1 centimètre 8 millimètres, au niveau de la vertèbre proéminente. La tête est ramenée dans la verticale par le segment supérieur de la courbure dorso-cervicale.

La corde générale des courbures inférieure et moyenne, mesurée du sacrum à la proéminente, est de 37 centimètres 2 millimètres.

Le thorax présente des déformations considérables. L'épaule droite est d'environ 2 centimètres plus élevée que la gauche. L'espace sus-scapulaire est dirigé plus horizontalement que le gauche qui présente une assez forte obliquité de haut en bas et de dedans en dehors. Néanmoins l'espace sus-scapulaire gauche est un peu plus bombé que le droit. L'omoplate droite est plus élevée et située plus en dehors que la gauche.

Différence de hauteur entre les deux angles inférieurs.		2c	5mm
Distance du milieu du bord spinal à l'épine.	à droite. . .	6	5
Id. *Id.*	à gauche. . .	3	5
Distance du même bord à la verticale élevée du sacrum . . .	à droite. . .	10	»

Le bord spinal gauche tombe juste sur la verticale. En outre le scapulum droit a subi un mouvement de bascule qui a porté son bord supérieur en avant, et son angle inférieur en arrière; sa face postérieure regarde en haut et en dehors, tandis que la face postérieure du scapulum gauche regarde directement en arrière et même un peu en bas. Bombement considérable de la partie postérieure des côtes droites, depuis la quatrième ou la cinquième jusqu'à la dernière; le rebord costal est séparé de la crête iliaque par un sillon transversal assez profond. Dépression profonde des mêmes côtes à gauche; de ce côté existe un sillon plus profond encore que le précédent, et qui, partant de l'angle inférieur de l'omoplate, va obliquement de haut en bas et de dedans en dehors, se perdre dans le flanc gauche. Il y a en outre habituellement une assez forte cambrure de la région lombaire.

En avant, la clavicule droite est un peu plus oblique de haut en bas, et de dehors en dedans que la gauche qui se rapproche davantage de l'horizontale. Sein gauche et plan costal sous-jacent plus saillant qu'à droite. Sternum oblique de haut en bas et de gauche à droite.

Muscles. — Le sujet étant debout, au repos et pendant que la cambrure existe, on n'aperçoit d'abord, à droite ou à gauche, aucun relief ni tension musculaire anormale. Ce n'est que quand le sujet se redresse que la portion la plus interne de la masse commune droite est un peu plus tendue que la gauche. Mais cette prédominance de tension devient surtout manifeste dès que le sujet penche un peu le tronc en avant. On voit alors se dessiner sous la peau, et l'on peut suivre plus facilement encore avec le doigt, une corde dure et tendue, qui remonte jusque vers la sixième vertèbre dorsale, et paraît constituée par un faisceau transversaire du long dorsal. Le sacro-lombaire droit et la masse commune gauche n'offrent pas de tension ni de dureté anormales.

Un plâtre représentant la difformité est reconnu exact et parafé par la commission.

Du 26 mai à la fin de juillet, traitement mécanique préparatoire ayant pour but de procurer le redressement partiel de la difformité, et la tension plus considérable des faisceaux musculaires rétractés. Ce double résultat est en effet obtenu. Tous les éléments de la difformité ont assez notablement diminué, et le long dorsal droit, qui n'était relativement tendu par rapport à celui du côté opposé que dans certaines conditions et attitudes, l'est dans toutes les attitudes, dans le décubitus comme debout, quoique dans toutes les attitudes le sacro-lombaire proprement dit conserve la consistance charnue ordinaire.

Le 2 août, section sous-cutanée du long dorsal droit, du spinal gauche et des transversaires épineux gauches au niveau des troisième, quatrième, cinquième et sixième dorsales. Les deux premières opérations ne produisent ni douleur ni épanchement de sang notables; mais la section des transversaires épineux produit une douleur assez vive et un peu de dyspnée; elle est suivie d'un trombus assez considérable. On évacue une partie du sang épanché. Compresses longuettes le long de l'épine à gauche, assujetties à l'aide d'un bandage assez serré. Une heure après l'opération, plus de dyspnée. La douleur n'existe plus que pendant les mouvements du tronc.

Les suites de ces opérations n'offrent rien de particulier : point d'inflammation suppurative ni fièvre. Le troisième jour, il ne restait du trombus qu'un peu d'empâtement et une assez forte coloration de la peau, comme si elle avait été contuse.

Extension mécanique, ceinture, manipulations. L'amélioration produite par l'opération est sensible, mais à un moindre degré que dans les cas précédents. Le traitement comme de coutume.

Le 10 août, les pressions manuelles ont obtenu la réduction de la gibbosité et ne produisent plus de résultats sensibles; la main est repoussée comme par un obstacle insurmontable. On se décide à faire la section sous-cutanée de quatre ligaments interépineux au niveau des troisième, quatrième, cinquième et sixième dorsales. Ces opérations, pratiquées au moyen de quatre piqûres distinctes, ne produisent aucune douleur marquée et ne donnent lieu à aucun épanchement de sang. Aussitôt la dérotation des vertèbres est rendue plus facile. Les côtes, surtout les cinquième, sixième et septième, cèdent d'une manière remarquable, mais elles ne gardent pas complétement la situation qu'on leur imprime avec la main. Traitement mécanique continué comme auparavant. Le sujet ne marche ni ne se tient debout.

Jusqu'à la fin d'août, amélioration progressive. Les courbures et la torsion ont notablement diminué depuis l'opération; mais, à partir de cette époque, plus de diminution notable de la torsion. La résistance des côtes reparaît, et l'on sent, au niveau des ligaments interépineux divisés, des nodosités qui durcissent à mesure que la cicatrisation fait des progrès. Cependant la déviation proprement dite cède à tel point que le tronc s'incline du côté droit.

Dans les trois derniers mois de 1844 jusqu'au 15 janvier 1845, le traitement mécanique est assez irrégulièrement suivi; la jeune fille étant obligée de travailler pour vivre ne consent pas à s'y assujettir plus longtemps. Elle ne fait plus usage que de la ceinture.

Le 20 juillet 1845, la commission a revu cette jeune personne pour la dernière fois, et l'a trouvée dans l'état suivant :

Déviation. — Le tronc est complétement redressé; le fil à plomb de l'équerre passe sur les deux extrémités de la colonne. Au milieu, le point le plus distant des apophyses épineuses ne s'éloigne du fil que de 3 à 4 millimètres.

Courbures. — Les courbures supérieure et inférieure n'offrent plus que des traces imperceptibles. Cependant la courbure dorsale a encore 11 à 12 millimètres de flèche. Les apophyses épineuses, entre lesquelles les ligaments interépineux ont été divisés, sont un peu plus marquées à l'œil et au toucher.

Torsion. — De la gibbosité dorsale considérable qui existait à droite, il ne reste plus qu'un bombement modéré des côtes et une saillie médiocre du scapulum, principalement de son angle inférieur.

Épaules. — Sont à la même hauteur. Les omoplates ont, à très-peu de chose près, la direction normale. L'angle inférieur de la droite offre seul un peu de saillie. A part ces irrégularités, l'ensemble du dos offre un aspect régulier : plus de cambrure anormale.

Muscles. — Point de tension ni dureté anormales dans les muscles divisés. Ils sont très-bien réunis et se contractent comme ceux du côté opposé. Point de tiraillement douloureux ni faiblesse.

Mouvements. — Ils ont l'étendue et la liberté normales; la marche est facile, sans gêne ni douleur. Les forces générales et l'embonpoint ont augmenté. Santé parfaite. Un second plâtre, reconnu exact et parafé par la commission, représente l'amélioration obtenue.

Dans le cas qui précède, on avait affaire à une déviation dorsale moyenne à droite, au troisième degré, avec gibbosité considérable, produite par la rétraction du long dorsal droit et des transversaires épineux dorsaux à gauche. Le cas suivant offre un exemple d'une autre variété de déviation, de la déviation latérale à gauche, dorso-lombaire également au troisième degré, par rétraction du long dorsal et du sacro-lombaire proprement dit, et des transversaires épineux du côté opposé, avec gibbosité proportionnée.

QUATRIÈME CAS.

DÉVIATION LATÉRALE A GAUCHE DORSO-LOMBAIRE AU TROISIÈME DEGRÉ PAR RÉTRACTION EXTRÊME DE LA MASSE COMMUNE SACRO-LOMBAIRE ET LONG-DORSAL GAUCHES ET DES TRANSVERSAIRES ÉPINEUX CORRESPONDANTS DU CÔTÉ OPPOSÉ. — TROIS COURBURES ALTERNES, GIBBOSITÉ CONSIDÉRABLE. — FLÈCHE DE LA DÉVIATION 3 CENTIMÈTRES 8 MILLIMÈTRES. — TRAITEMENT MÉCANIQUE PENDANT DIX-HUIT MOIS AVANT L'OPÉRATION. — SECTION COMPLÈTE DU SACRO-LOMBAIRE ET DU LONG DORSAL GAUCHE ET DES FAISCEAUX SPINAUX DU LONG DORSAL DROIT. — AMÉLIORATION PLUS CONSIDÉRABLE EN QUINZE JOURS QU'EN DIX-HUIT MOIS PAR LE TRAITEMENT MÉCANIQUE. — TROIS MOIS PLUS TARD SECTION DES TRANSVERSAIRES ÉPINEUX DORSO-LOMBAIRES DU CÔTÉ DROIT. — NOUVELLE AMÉLIORATION. — TRAITEMENT MÉCANIQUE CONSÉCUTIF INTERROMPU.

Un jeune homme, âgé de 14 ans, taille de 1 mètre 53 centimètres 5 millimètres, présenté à la commission le 3 mars 1844, offre une déviation latérale de l'épine, à trois courbures par rétraction musculaire.

Cet enfant, d'une assez bonne constitution, d'un tempérament nerveux, eut, vers l'âge de 10 ans, une fièvre scarlatine intense avec délire, perte de connaissance, et pendant plusieurs jours avec convulsions. Cette maladie laissa après elle une faiblesse considérable, qui dura environ dix-huit mois. On ne sait si dans cet espace de temps, le sujet a grandi outre mesure. C'est vers l'âge de 11 ans ou 11 ans et demi, qu'on s'est aperçu pour la première fois que le tronc penchait d'un côté qu'on ne peut bien déterminer. Ce signe est non seulement le premier, mais encore le seul qui ait attiré l'attention des parents, et, notamment, on n'avait jamais remarqué d'asymétrie des épaules. La difformité continua à faire des progrès jusqu'à ce que l'enfant fût confié aux soins de M. J. Guérin, en septembre 1842. Un traitement mécanique approprié, a diminué la difformité, et a eu surtout pour effet de mettre en évidence les obstacles musculaires au redressement.

Aujourd'hui la difformité consiste en une déviation latérale à trois courbures alternes. Dans la station, la première courbure à convexité droite, étendue de la cinquième à la deuxième lombaire, est inclinée de 18° sur le sacrum à gauche (courbure inclinée). Sa flèche est de 2 millimètres. La seconde ou courbure moyenne à convexité gauche s'étend de la deuxième lombaire à la sixième dorsale; sa corde est de 17 centimètres et sa flèche (au niveau de la onzième dorsale), de 1 centimètre 5 millimètres. Enfin, la troisième courbure à convexité droite à grand rayon, étendue de la sixième dorsale à la quatrième cervicale, a une corde de 18 centimètres et une flèche (au niveau de la deuxième dorsale) de 6 millimètres. Le tronc, à sa partie inférieure, est incliné à gauche de la verticale. La flèche de cette déviation, prise au niveau de la onzième dorsale est de 3 centimètres 8 millimètres; mais, à sa partie supérieure, le tronc est ramené un peu à droite par le segment supérieur de la courbure moyenne, de telle sorte que l'apophyse épineuse de la septième cervicale est située à 5 millimètres à droite de la verticale. La hauteur de la colonne mesurée en suivant ses courbures, est de 45 centimètres. En ligne droite elle n'est plus que de 43 centimètres 5 millimètres.

Le décubitus horizontal et la suspension diminuent d'une manière assez sensible le degré des courbures et de la déviation du tronc. Ces différences sont indiquées dans le tableau suivant:

	DEBOUT.		SUSPENDU.		COUCHÉ.	
Angle d'inclinaison de la colonne sur le sacrum (par rapport à la verticale)	18°		10°		12°	
Flèche de la courbure inclinée	0 cent.	2 mil.	inappréciable.		inappréciable.	
Corde de la courbure principale	17	0	16	0	16	5
Flèche *idem.* (au niveau de la 11ᵉ dorsale)	1	5	0	9	1	2
Corde de la courbure supérieure	18	0	11	0	11	5
Flèche *idem.* (au niveau de la 2ᵉ dorsale	0	6	inappréciable.		0	4
Flèche de la déviation du tronc à gauche de la verticale (au niveau de la 11ᵉ dorsale)	3		1	02	1	5
Flèche de la déviation du tronc, à droite de la verticale (au niveau de la 7ᵉ cervicale)	0	5	0	3	inappréciable.	

On voit, par ce tableau, que la corde de la courbure principale ou dorso-lombaire, loin d'augmenter quand le sujet est couché ou suspendu, diminue légèrement. Cette circonstance tient à ce que, dans ces deux dispositions, la colonne tend à passer de l'excurvation à l'incurvation, et qu'ainsi l'allongement de la corde de la courbure qui pourrait résulter de la diminution de sa flèche est plus que compensé par le rapprochement de ses extrémités, suite de l'incurvation. De même, le raccourcissement de la corde de la courbure supérieure tient au renversement de la tête en arrière. Enfin, les mêmes circonstances ne permettent pas de mesurer d'une manière satisfaisante la hauteur de la colonne dans le décubitus et la suspension.

Indépendamment de ces changements de direction de la colonne, la difformité présente des caractères particuliers que nous examinerons de haut en bas, et successivement à la partie postérieure du tronc, à sa partie antérieure et sur ses parties latérales.

En arrière, le moignon de l'épaule gauche est un peu plus élevé que le droit; et cependant, à l'inverse de ce qui a lieu ordinairement en pareil cas, l'espace sus-scapulaire gauche est aplati, déprimé, tandis que le droit est notablement bombé; en outre cet espace mesuré du sommet de l'acromion à l'apophyse proéminente, est plus large à gauche (19 centimètres) qu'à droite (17 centimètres 5 millimètres). Cette contradiction apparente dans les faits, c'est-à-dire la coexistence d'une élévation de l'épaule gauche avec dépression et agrandissement de l'espace sus-scapulaire, et d'un abaissement de l'épaule droite, avec bombement et rétrécissement du même espace, tient à ce que le segment supérieur de la courbure moyenne, incliné à droite sur le segment inférieur, et terminé en haut à la sixième dorsale, a élevé l'épaule gauche, en même temps que la courbure supérieure à convexité droite a déterminé, par la torsion qui l'accompagne, le soulèvement de l'espace sus-scapulaire droit et la dépression du gauche. De l'épine de l'omoplate au rebord costal, le thorax est bombé à gauche et aplati à droite. Ce bombement et cet aplatissement augmentent graduellement à mesure qu'on descend, de telle sorte que les dernières côtes gauches font un relief très-prononcé sous les téguments, tandis que les droites sont enfoncées et rentrent dans l'abdomen. Le scapulum gauche est un peu plus élevé que le droit. Le premier est dirigé de haut en bas, de dedans en dehors, et un peu d'arrière en avant; son bord interne est très-oblique de dedans en dehors, et à peu près parallèle à la corde du segment supérieur de la courbure moyenne; sa face postérieure regarde un peu en haut, et son angle inférieur appuie directement sur les côtes. Le scapulum droit est dirigé à peu près verticalement, et regarde directement en arrière. Son bord interne s'éloigne de plus en plus de la colonne à mesure qu'on descend; son angle inférieur est soulevé et saillant. Par suite de ces dispositions, l'omoplate gauche est plus éloignée de l'épine que la droite à sa partie supérieure; elle en est au contraire plus rapprochée à sa partie inférieure. On trouve en effet, au niveau de la racine de l'épine de l'omoplate, à gauche 9 centimètres 5 millimètres, à droite 6 centimètres 5 millimètres; au niveau de l'angle inférieur à gauche 7 centimètres, à droite 9 centimètres. Les parties molles offrent, de chaque côté, des modifications en rapport avec les courbures et la torsion de la colonne : soulevées et tendues au niveau des convexités, elles sont relâchées et déprimées, et comme effacées au niveau des concavités. Cette double disposition se remarque surtout au niveau de la convexité et de la concavité de la courbure principale.

En avant, le thorax a subi des déformations inverses de celles qu'il présente en arrière. La portion sous-claviculaire est un peu déprimée à droite et bombée à gauche. Aussi la clavicule du premier côté est-elle plus détachée des parties profondes, plus saillante que du côté opposé. Elle est en outre plus oblique de haut en bas et de dedans en dehors. Dans le reste de la paroi antérieure du thorax, c'est au contraire la moitié droite qui est bombée, tandis que la gauche est fortement déprimée. Cette double disposition existe dans une largeur d'autant moindre, qu'on l'examine plus inférieurement. Ainsi, à droite, toute la région du sein étant largement soulevée, l'extrémité cartilagineuse des dernières vraies côtes, forme seule un relief allongé. A gauche, la région du sein est assez aplatie pour qu'on puisse voir le soulèvement produit par le choc du cœur et en compter les battements, tandis qu'en bas, la dépression n'occupe qu'un espace très-limité en dehors du sternum. Cet os est généralement oblique de haut en bas et de droite à gauche. Il a subi en outre un mouvement de rotation sur lui-même, qui a porté sa face antérieure un peu à gauche. Enfin il décrit de haut en bas une courbe à convexité droite, se prononçant d'autant plus qu'on se rapproche de son extrémité inférieure, de telle sorte que l'appendic xyphoïde est fortement incliné à gauche.

Latéralement, le thorax est aplati à gauche et bombé à droite. Du premier côté, la crête iliaque est débordée de quelques millimètres par le rebord costal dont elle est distante verticalement, de 1 centimètre environ, tandis que du côté opposé, c'est le rebord costal qui est débordé de 3 centimètres au moins par la crête iliaque, en même temps qu'il desceud au même niveau horizontal.

Les muscles de l'épine offrent à considérer les particularités suivantes : au repos, pendant la station verticale, tension assez marquée de toute la masse commune gauche. La droite est flasque et affaissée. Si le sujet se penche en avant, les muscles gauches se tendent davantage, se soulèvent et s'isolent jusqu'à un certain point des parties profondes, et acquièrent une dureté extrême. Les muscles droits se tendent et se soulèvent aussi, mais d'une manière beaucoup moins prononcée. De plus, pour les mêmes muscles, la tension, loin d'être uniforme dans toute la masse musculaire, est principalement accentuée dans les deux ou trois faisceaux costaux inférieurs du long dorsal. Les faisceaux spinaux et transversaires de ce muscle, ainsi que tout le sacro-lombaire correspondant, sont évidemment moins tendus. Si, enfin, le sujet se suspend par les deux mains, on observe, à un degré très-prononcé, les mêmes dispositions que pendant l'inclinaison du tronc en avant.

Rien à noter relativement aux autres muscles de l'épine.

Les mouvements de la colonne ne sont pas manifestement limités. Le mouvement de flexion, en particulier, paraît complet. On remarque seulement alors, que le tronc, au lieu de se pencher directement en avant, s'incline un peu à gauche.

Un moule pris avant le commencement du traitement mécanique, et un second moule représentant l'état du sujet immédiatement avant l'opération, sont parafés par la commission.

Le 7 avril, section sous-cutanée du sacro-lombaire et du long dorsal gauche, par une seule et même petite plaie; puis section des faisceaux spinaux du long dorsal droit. Ces deux opérations, la première surtout, sont accompagnées d'un bruit de craquement net et distinct. Aussitôt les muscles divisés se séparent et leurs bouts laissent entre eux un intervalle de 2 à 3 centimètres, dans lequel plusieurs membres placent les doigts. La peau, déprimée sur ces points, s'applique contre le fond de la plaie. Point de douleur notable. A peine quelques gouttes de sang s'échappent des plaies : pansement comme de coutume. Immédiatement après l'opération, on constate un redressement notable du tronc. La courbure principale dorso-lombaire a également diminué.

Dès le troisième jour de l'opération, on commence le traitement mécanique consécutif. Lit à extension parallèle; ceinture à flexion, et fauteuil à extension et flexion combinées. Ces trois appareils sont employés alternativement dans la journée.

Dès les sixième et huitième jours de l'opération plusieurs membres de la commission viennent s'assurer qu'il n'existe aucune trace d'inflammation dans les plaies, et que la difformité a notablement diminué dans la plupart de ses éléments.

Un examen plus régulier et plus complet a lieu le 21 avril, quinze jours après l'opération, par tous les membres de la commission réunis. Ce jour-là on constate que l'amélioration qui s'est effectuée depuis l'opération est beaucoup plus considérable que celle qui avait été obtenue pendant les dix-huit mois de traitement mécanique antérieur. Un plâtre moulé la veille représente exactement l'état du sujet.

Le siége des plaies est occupé par de la matière plastique épanchée entre les bouts des muscles divisés; principalement à gauche, où cette matière forme une tuméfaction sous la peau, sans douleur aucune à la pression.

Le traitement mécanique continue les semaines suivantes sans interruption et avec la plus grande activité. L'extension parallèle est portée jusqu'à 20 kilogrammes, et n'est jamais moindre de 18. Point de douleur ni malaise. Après trois mois de traitement consécutif, on remarque que depuis quelques semaines déjà aucune amélioration nouvelle n'est produite par le traitement mécanique. On se décide à pratiquer la section de quelques transversaires épineux du côté droit, au niveau de la courbure dorso-lombaire. La section d'un de ces muscles surtout donne lieu à un bruit de craquement aponévrotique. La gibbosité lombaire, qui n'avait plus diminué depuis plus d'un mois, peut être déprimée tout à coup d'une quantité notable. On continue le traitement mécanique dès le troisième jour de cette nouvelle opération. Il produit peu de changements nouveaux. Après cinq ou six semaines, état stationnaire. On continue néanmoins l'usage des appareils, du fauteuil à flexion surtout.

Le 1er août 1844, on s'assure que les muscles primitivement divisés sont encore durs, tendus; qu'ils font saillie sous la peau, notamment le sacro-lombaire et le long dorsal droit. La cicatrice de ces muscles est dure; elle est manifestement raccourcie. On propose de réitérer la section des mêmes muscles un peu au-dessus de l'ancienne. La famille du sujet s'oppose à cette réopération. On continue le traitement mécanique. Le sujet se promène tous les jours à pied. Point de douleur ni faiblesse. La taille s'est notablement allongée; la marche modérée ne donne lieu à aucune fatigue; mais le traitement mécanique n'apporte plus aucun changement à l'état du sujet. Pendant deux mois environ, état stationnaire.

Le 29 décembre, le sujet est de nouveau examiné par la commission, immédiatement avant son retour dans sa famille. Voici l'état constaté à cette époque :

Déviation. — Redressement presque complet du tronc. La déviation, mesurée au plus grand degré d'écartement, était de 3 centimètres 8 millimètres; elle n'est plus que de 1 centimètre 3 millimètres.

Courbures. — Ont diminué notablement.

Gibbosité. — La gibbosité lombaire gauche a presque complétement disparu.

Tout l'ensemble du tronc a subi des modifications profondes qui sont fidèlement rendues par le moule en plâtre parafé par la commisson.

Le traitement n'a pu être poussé plus loin par des circonstances indépendantes de la volonté de M. J. Guérin et de la commission.

Les quatre premiers cas qui précèdent constituent une première catégorie : celle des déviations de l'épine sans autres difformités concomitantes. Les résultats obtenus par la myotomie rachidienne, quoique différents dans chacun de ces cas, ne laissent aucun doute sur l'utilité rationnelle et sur l'efficacité particulière de cette méthode. Les cas qui suivent mettront de plus en plus en évidence ce double fait.

DEUXIÈME CATÉGORIE.

DÉVIATIONS DE L'ÉPINE, COMPLIQUÉES D'AUTRES DIFFORMITÉS ESSENTIELLES DE MÊME ORIGINE.

CINQUIÈME CAS.

DÉVIATION LATÉRALE COMPOSÉE A DROITE, DEUXIÈME DEGRÉ, PAR RÉTRACTION SIMULTANÉE DES DEUX SACRO-LOMBAIRES ET LONGS DORSAUX, PLUS PRONONCÉE A DROITE. — TROIS COURBURES ALTERNES, TORSION ET SAILLIE CONSIDÉRABLE DES CÔTES ET DE L'ÉPAULE DROITE. — EXCAVATION CENTRALE DE LA BASE DU STERNUM. — TRAITEMENT MÉCANIQUE PRÉPARATOIRE PENDANT UNE ANNÉE, AMÉLIORATION. — SECTION SOUS-CUTANÉE DES MUSCLES RÉTRACTÉS, REDRESSEMENT IMMÉDIAT, INCLINAISON EN SENS INVERSE ET ALLONGEMENT CONSIDÉRABLE DE LA COLONNE. — TRAITEMENT MÉCANIQUE CONSÉCUTIF, PERSISTANCE ET CONSOLIDATION DU REDRESSEMENT. — TRACES IMPERCEPTIBLES DE TORSION.

Un jeune garçon, âgé de 8 ans, constitution délicate, teint basané, est présenté à la commission, le 30 juin 1844, pour une déviation latérale à droite de l'épine, compliquée d'une difformité essentielle de la poitrine.

On ne possède aucun renseignement précis sur l'origine et le développement de ces difformités. Le médecin qui a adressé cet enfant, lui faisait subir depuis longtemps un traitement antiscrofuleux, qui avait amené, a-t-il dit, une grande amélioration dans l'état général, sans modifier aucunement la déviation.

L'enfant commença un traitement, le 11 août 1843. A cette époque, la difformité de l'épine était très-considérable et à trois courbures, dont la principale, à convexité droite, occupait la région dorsale, et les deux autres les régions lombaire et dorso-cervicale. Élévation de l'épaule droite, soulèvement considérable des côtes du même côté, sauf les trois ou quatre dernières qui étaient, au contraire, un peu enfoncées. Dépression des côtes moyennes gauches et soulèvement marqué des côtes inférieures. Un peu de saillie de la masse commune droite qui devient très-tendue dans la flexion du tronc en avant. Sous l'influence d'un traitement mécanique continué jusqu'à ce jour (extension parallèle, ceinture, gymnastique), et qui a par conséquent duré près d'un an, les principaux éléments de la difformité ont diminué. Les trois courbures, mais principalement la moyenne, se sont ouvertes; l'épaule droite est moins saillante; le bombement des côtes moyennes droites et la dépression des côtes inférieures ont un peu diminué. Il en a été de même des dispositions inverses à gauche. Il en est résulté, d'une part, que la différence de saillie entre les deux côtés est moins considérable; et, d'autre part, que chaque côté présente, depuis l'épine de l'omoplate jusqu'au rebord costal, une disposition à peu près uniforme. En outre, la masse commune droite est devenue plus saillante, plus détachée des parties voisines, plus dure, et la masse commune gauche s'est à son tour soulevée et tendue.

L'état primitif et l'état actuel sont représentés par deux plâtres, moulés sur la difformité aux deux époques différentes.

État actuel. — La déviation de l'épine présente aujourd'hui les caractères suivants :

1° Courbure inclinée à droite, à convexité gauche, étendue de la cinquième lombaire à la douzième dorsale. La corde de cette courbure forme avec la verticale, élevée du milieu de la base du sacrum, un angle de 10 degrés, ouvert en haut. Longueur de cette corde, 7 centimètres 5 millimètres; flèche au niveau de la troisième lombaire, 3 millimètres.

2° Courbure dorsale, à convexité droite, étendue de la douzième à la quatrième vertèbre dorsale. Longueur de la corde, 15 centimètres; flèche au niveau de la huitième dorsale, 1 centimètre 5 millimètres.

3° Courbure dorso-cervicale, à convexité gauche, étendue de la quatrième dorsale au sommet de la colonne, et de 5 millimètres de flèche au niveau de la vertèbre proéminente.

Au niveau de chaque courbure, soulèvement des muscles situés du côté convexe.

Longueur de la colonne, de la proéminente à la cinquième lombaire, en suivant les courbures, 30 centimètres 5 millimètres; longueur en droite ligne ou *corde générale* des courbures, 29 centimètres 2 millimètres; la flèche de cette corde, mesurée au niveau de la huitième dorsale, est de 2 centimètres.

Le tronc, en totalité, est dévié à droite. Cette déviation est de 2 centimètres 5 millimètres au niveau de la huitième dorsale, et de 2 ou 3 millimètres au niveau de la proéminente ; de telle sorte que la courbure supérieure elle-même se trouve à droite de la verticale.

Le tronc est le siége de déformations considérables. L'épaule droite est plus élevée que la gauche de 2 centimètres au moins. Cependant l'espace sus-scapulaire gauche est sensiblement plus saillant, plus bombé que le droit. Au contraire, toute la partie postérieure droite du thorax est fortement bombée, tandis que la gauche est aplatie. L'omoplate droite a subi un mouvement de bascule tel, que sa face postérieure regarde un peu en haut, et que son angle inférieur, porté en arrière, soulève la peau et se trouve éloigné de 2 centimètres, 2 millimètres du plan costal. Le scapulum gauche a subi un déplacement inverse ; de telle sorte que sa face postérieure regarde directement en arrière, et même un peu en bas, et que son angle inférieur rentre un peu en avant. L'angle inférieur droit est de 1 centimètre plus élevé que le gauche. En outre, les omoplates, considérées à leur bord spinal, sont obliques en sens inverse l'une de l'autre; la droite de bas en haut et de dehors en dedans, et la gauche de bas en haut et de dedans en dehors. Enfin, le scapulum droit est situé plus en dehors que le gauche.

Distance de la base de l'acromion à l'épine.	à droite.	4c	6mm.
Id. *Id.*	à gauche.	4	2
Id. — à la verticale.	à droite.	6	»
Id. *Id.*	à gauche.	4	»
De l'angle inférieur du scapulum à l'épine.	à droite.	5	2
Id. *Id.*	à gauche.	4	»
Id. *Id.* — à la verticale.	à droite.	7	2
Id. *Id.*	à gauche.	1	6

Latéralement, le thorax est bombé à droite et déprimé à gauche dans toute sa hauteur. En avant, on n'observe pas de différence bien sensible entre les deux côtés dans toute la région des vraies côtes; à droite comme à gauche, la paroi thoracique est plate, et l'on voit distinctement les pulsations du cœur. Mais toute la région des fausses côtes est notablementrenflée à gauche et déprimée à droite, et cette différence se prolonge d'une manière remarquable dans toute la hauteur du ventre jusqu'au bassin.

Diamètre antéro-postérieur du thorax (vers le milieu du sternum)	12c	7mm.
Diamètre transverse (sous les aisselles)	18	2
Id. au niveau des dernières côtes	20	4
Du sommet de la gibbosité postérieure droite au sommet de la saillie des côtes gauches (*grand diamètre oblique*)	19	5
Du centre de la dépression postérieure gauche à celui de la dépression antérieure droite (*petit diamètre oblique*)	17	5

Au repos, le sujet étant debout, les deux masses communes ramassées en corde, forment deux reliefs prononcés, parfaitement détachés des parties voisines et séparés par un sillon profond. Elles sont dures et tendues au toucher, principalement la droite. Cette saillie et cette tension augmentent beaucoup quand on fléchit le tronc en avant; mais elles disparaissent complétement pendant le décubitus horizontal.

Dans son attitude habituelle, l'enfant se tient fortement cambré, la jambe gauche un peu portée en arrière, comme pour ramener dans ce sens le côté gauche du ventre et de la région antérieure du thorax, plus saillant que le droit. Pas de gêne notable dans les mouvements de la colonne. La marche a quelque chose de gêné; le tronc oscille dans différents sens comme pour rétablir son équilibre incessamment troublé, mais il n'existe point de claudication.

La difformité essentielle de la poitrine consiste en une dépression centrale circonscrite au niveau de l'appendice xyphoïde. Cet appendice est enfoncé dans la cavité thoracique et l'extrémité antérieure des fausses côtes, ainsi que l'extrémité inférieure du sternum, s'infléchissent pour contribuer avec lui à former un enfoncement régulier capable de loger le doigt. Cet enfoncement n'augmente pas sensiblement, mais devient plus large pendant les mouvements d'inspiration; il n'est modifié en rien par les mouvements d'expiration.

Enfin, cet enfant porte une hydrocèle congénitale du côté droit, et vers l'extrémité du coccyx, une cicatrice qu'on pourrait considérer comme la trace d'un ancien hydrorachis.

Le 30 juin, section sous-cutanée des sacro-lombaire et long dorsal droits, au niveau de la douzième vertèbre dorsale et du long dorsal, gauche, au niveau de la première vertèbre lombaire. Section des faisceaux spinaux du même côté, au niveau de la neuvième dorsale. Ces diverses sections, pratiquées avec la plus grande facilité et netteté, sont suivies d'un écartement notable des bouts musculaires. Aucune hémorrhagie. Dépression de la peau au niveau des sections. Pansement ordinaire. Repos au lit pendant deux jours. Extension élastique, 6 kilogrammes, quatre heures par jour; le reste du temps, ceinture à flexion et décubitus sur le dos.

Dès le troisième jour de l'opération, la commission constate l'état suivant :

Redressement complet du tronc. La colonne est légèrement renversée en sens opposé. Diminution notable des courbures, à tel point que le fil à plomb rencontre presque toutes les apophyses épineuses. La gibbosité dorsale a notablement diminué, et la gibbosité lombaire tout à fait disparu.

On continue le traitement mécanique comme ci-dessus : la colonne acquiert en peu de jours une extrême flexibilité; on peut imprimer aux côtes par la simple pression de la main des directions opposées à celles qui existaient avant les opérations. Le tronc s'allonge surtout d'une manière très-remarquable. Du reste aucun accident ni malaise.

Le 14 juillet, la commission revoit ce sujet et constate la persistance de l'amélioration qui existait le troisième jour de l'opération. La mobilité de la colonne ne permet pas de prendre rigoureusement des mesures. Toutefois, l'on reconnaît de nouveau qu'une amélioration considérable s'est opérée dans l'ensemble comme dans chacun des éléments de la difformité (déviation, courbures, torsion, gibbosité); le tout attesté par un second plâtre parfaitement exact. On s'assure néanmoins que la corde générale des courbures, qui était avant l'opération de 29 centimètres 2 millimètres, s'est élevée à 31 centimètres 8 millimètres.

On sent au niveau des sections musculaires un peu d'empâtement sans rougeur ni douleur. Le sujet peut rester debout; il fait même quelques pas sans éprouver autre chose qu'un peu de faiblesse. Continuation du même traitement.

A la fin de juillet, on sent déjà quelque résistance au niveau des plaies musculaires. On redouble de précautions pour empêcher le sujet de rester debout ou de marcher.

Pendant une partie du temps où il n'est pas soumis à l'extension, il reste encore couché sur le dos, avec la ceinture à flexion.

L'amélioration continue ainsi sans interruption ni accidents jusqu'à la fin de l'année. Dès le mois de septembre, le sujet avait repris l'habitude de la marche. Il se livrait à des exercices modérés, tels que la promenade, un peu de gymnastique (les nageoires et le tremplin).

Le 29 décembre, quelques jours avant qu'il soit rendu à sa famille, la commission constate les résultats suivants :

1° Le tronc est complétement redressé; plutôt un peu incliné à gauche qu'à droite;

2° Les courbures et la torsion n'offrent plus que des traces imperceptibles : un fil à plomb rencontre toutes les apophyses épineuses, à l'exception de celles des quatrième, cinquième et sixième dorsales, qui s'en écartent de 2 à 3 millimètres au plus.

3° Tous les mouvements du tronc sont libres et normaux;

4° L'excavation de la base du sternum a un peu diminué; elle est moins large et moins profonde.

Un plâtre moulé le jour même représente exactement l'état actuel du sujet. On s'assure, en comparant ce plâtre avec celui qui a été pris il y a six mois, quelques jours après l'opération, que le traitement mécanique n'a presque rien ajouté aux résultats immédiats de l'opération; il n'a fait que maintenir et consolider ce résultat.

SIXIÈME CAS.

DÉVIATION LATÉRALE COMPOSÉE A DROITE, DEUXIÈME DEGRÉ TRÈS-PRONONCÉ, PAR RÉTRACTION DU LONG DORSAL DROIT, DU SPINAL ET DES TRANSVERSAIRES ÉPINEUX DORSAUX GAUCHES. — TROIS COURBURES ALTERNES. — — TORSION CONSIDÉRABLE DE LA COLONNE ET SAILLIE PROPORTIONNÉE DES CÔTES DROITES. — COURBURE ESSENTIELLE EXTÉRIEURE DU STERNUM PAR RÉTRACTION PRÉSUMÉE DU TRIANGULAIRE DU STERNUM. — TRAITEMENT MÉCANIQUE PRÉPARATOIRE DURANT TROIS MOIS : AMÉLIORATION. — SECTION DU LONG DORSAL DROIT, DU SPINAL ET DES TRANSVERSAIRES ÉPINEUX GAUCHES. — REDRESSEMENT IMMÉDIAT DU TRONC ET AMÉLIORATION CONSIDÉRABLE DES AUTRES ÉLÉMENTS DE LA DIFFORMITÉ. — TRAITEMENT MÉCANIQUE CONSÉCUTIF. — PERSISTANCE D'UN PEU DE SAILLIE DES CÔTES DROITES : NOUVELLE SECTION DE 2 TRANSVERSAIRES ÉPINEUX GAUCHES : NOUVELLE AMÉLIORATION IMMÉDIATE. — CONSOLIDATION PAR LE TRAITEMENT MÉCANIQUE CONSÉCUTIF. — AMÉLIORATION DE LA DIFFORMITÉ ESSENTIELLE DU STERNUM.

Une jeune demoiselle âgée de 13 ans, de faible constitution, pâle et maigre, est présentée à la commission le 29 septembre 1844, pour une déviation latérale de l'épine par rétraction musculaire, et une difformité essentielle du thorax de même origine.

Cette jeune fille n'a jamais eu d'autre maladie que le croup, vers l'âge de 4 ans, et peu de temps après une rougeole bénigne. Jamais de fièvre cérébrale ni de convulsions; seulement elle est sujette, depuis son enfance, à des douleurs avec des sentiments de tension au niveau du sinus frontal; douleurs qui reviennent environ tous les mois, et sont accompagnées d'enchifrènement et d'une sécrétion abondante de la muqueuse nasale. Depuis neuf mois il s'y est joint un peu de surdité.

C'est vers l'âge de 5 ans qu'on s'est aperçu pour la première fois que l'épaule droite était un peu plus saillante que l'autre. La difformité a fait d'abord des progrès très-lents; mais depuis un an (l'enfant ayant beaucoup grandi), elle paraîtrait avoir marché plus rapidement. Depuis cette époque seulement, les parents ont remarqué que la jeune fille se tenait penchée du côté droit.

Quant à la difformité du thorax, elle existait dès la naissance; elle a fait avec le temps des progrès lents, mais continus.

I. DÉVIATION DE L'ÉPINE.

La déviation de l'épine offre à considérer :

1° *Une courbure inclinée* à droite à convexité gauche, étendue de la cinquième lombaire à la douzième dorsale inclusivement et compliquée d'une légère inclinaison du sacrum à gauche. La corde de cette courbure est inclinée de 12 à 15 degrés à droite de la verticale; sa longueur, mesurée de la base du sacrum à la douzième dorsale, est de 12 centimètres; sa flèche, au niveau de la troisième lombaire, est de 1 centimètre;

2° Deux courbures latérales alternes de la colonne dorso-cervicale. La première, ou courbure principale à convexité droite, s'étend de la douzième à la troisième dorsale. Longueur de la corde, 19 centimètres; flèche au niveau de la septième dorsale, 2 centimètres 2 millimètres. La seconde courbure à convexité gauche, comprend le reste de la colonne; sa flèche n'est que de 4 millimètres.

Par suite de ces courbures, la colonne est sensiblement raccourcie. Sa corde générale ou sa hauteur mesurée de la base du sacrum à la proéminente est de 36 centimètres 8 millimètres, tandis que mesurée en suivant les courbures, sa longueur est de 39 centimètres. En outre le tronc est dévié en totalité à droite. Cette déviation est de 3 centimètres 5 millimètres au sommet de la courbure principale, c'est-à-dire au niveau de la septième vertèbre dorsale, et de 5 millimètres seulement au niveau de la proéminente.

Pas de courbures anormales dans le sens antéro-postérieur;

3° Déformation du tronc. Épaule droite de 3 centimètres plus élevée que la gauche, agrandissement sensible de l'espace sus-scapulaire droit.

De l'extrémité de l'acromion à la proéminente.	à droite. . .	16c	8mm
Id. . . . . *Id.*	à gauche. . .	15	8

La fosse sus-épineuse gauche est un peu plus bombée que la droite. Au contraire, tout le reste de la région thoracique gauche postérieure, est considérablement déprimé, surtout au niveau des cinq ou six dernière côtes, où existe un sillon large et assez profond, obliquement dirigé de haut en bas et de dedans en dehors. A droite dans la même étendue, soulèvement prononcé des masses musculaires de la gouttière vertébrale et bombement de tout le plan costal. Le scapulum gauche, situé plus bas que le droit, a suivi par sa portion inférieure la paroi thoracique refoulée en avant, de telle sorte que sa face postérieure regarde un peu en bas, et que la saillie de son angle inférieur est entièrement effacée. Le droit, au contraire, refoulé en arrière par le bombement des côtes, a basculé en sens inverse du premier : sa face postérieure regarde un peu en haut, et son angle inférieur, soulevé de 1 centimètre au moins du plan costal, proémine fortement et dépasse en arrière d'environ 2 centimètres le niveau de l'angle inférieur du côté opposé. En outre, l'omoplate droite est située plus en dehors que la gauche.

Distance de l'angle supéro-interne de l'omoplate à la ligne des apophyses épineuses. . .	à droite. . .	5c	5mm.
Id.	à gauche. . .	4	8
Id. . . . . de l'angle inférieur	à droite. . .	4	2
Id.	à gauche. . .	4	2
Distance de l'angle supéro-interne à la verticale.	à droite. . .	6	5
Id.	à gauche. . .	4	»
Id. . . . . de l'angle inférieur	à droite. . .	6	8
Id.	à gauche. . .	2	5

A la région lombaire et dorsale inférieure, soulèvement considérable de la masse musculaire gauche, qui forme un relief convexe, allongé, et suivant jusqu'à un certain point la courbure de cette portion de la colonne. A droite, la masse musculaire est au contraire déprimée et située sur un plan plus antérieur.

Latéralement, la paroi thoracique abdominale gauche, est généralment aplatie et concave de haut en bas, tandis que la droite est arrondie et convexe.

Enfin, antérieurement, bien que la déformation du thorax consécutive à la déviation, soit en partie masquée par la difformité essentielle et primitive, cependant il est facile de constater un aplatissement marqué de la partie inférieure droite du thorax et un bombement de la partie correspondante à gauche. De ce côté, la partie antérieure du rebord costal est soulevée et se dessine à travers la peau, tandis qu'il est enfoncé du côté opposé.

Demi-périmètre du thorax au niveau de l'attache sternale de la quatrième côte. . .	à droite. . .	33c	2mm.
Id.	à gauche. . .	31	5

Quant au bassin, on constate une saillie prononcée de la crête iliaque gauche, qui est en outre située 1 centimètre 5 millimètres environ plus bas que la droite.

État des muscles. — Au repos, le sujet étant debout, l'on ne constate aucune tension particulière des muscles de l'épine. Mais quand on incline le tronc en avant, à l'instant les faisceaux internes de la masse commun une droite se soulèvent et apparaissent plus tendus, plus durs, plus détachés des parties voisines que ceux du côté opposé. Cette différence se prononce davantage encore, quand on incline le tronc alternativement à droite et à gauche, et un peu en avant. Dans toutes ces manœuvres, les faisceaux externes de la masse commune offrent sensiblement le même degré de tension des deux côtés. Rien à noter dans le reste du système musculaire de la colonne : pas de tension appréciable des faisceaux situés dans la concavité des courbures supérieures.

Les mouvements de la colonne jouissent à peu de chose près de leur intégrité.

II. Difformité essentielle du thorax.

Cette difformité consiste en une voussure considérable du sternum, de haut en bas, avec enfoncement de la région épigastrique.

Le sternum décrit, de haut en bas, une courbure à convexité antérieure, un peu brisée, à angle tronqué, au niveau des troisième et quatrième côtes. L'angle formé par la rencontre des deux segments est de 112 à 115°. La hauteur du sternum, en ligne droite, ou la *corde* de la courbure (de la fourchette à la base de l'appendice xyphoïde) est de 9 centimètres 4 millimètres, tandis que sa longueur, en suivant la courbure, est de 11 centimètres.

Les trois premières côtes ont leur extrémité antérieure portée en avant, d'où il résulte que la partie correspondante du thorax regarde fortement en haut. Aux deux premières, le cartilage suit la direction générale de la côte; mais à la troisième, il se courbe à angle sur l'extrémité costale. La quatrième côte offre les mêmes dispositions que la troisième : leurs cartilages, également inclinés sur l'os et situés sur un même plan antérieur, correspondent, comme nous l'avons dit déjà, à l'angle tronqué de la courbure sternale. De la quatrième à la septième, les extrémités antérieures des côtes, au lieu de se porter en avant, se courbent de plus en plus d'avant en arrière; et leurs cartilages, refoulés au dedans du thorax, forment avec la côte un angle à sinus postérieur d'autant plus aigu, qu'on les examine plus inférieurement. Les extrémités antérieures des fausses côtes, sans offrir de pliures aussi prononcées, s'infléchissent fortement en arrière, en remontant vers l'appendice xyphoïde. Les portions ascendantes des deux bords costaux sont très-rapprochées, presque en contact; et il faut les écarter pour toucher l'appendice xyphoïde refoulé et caché derrière elles.

De ces dispositions résulte, à la région épigastrique, une dépression en godet, ovalaire de haut en bas, parfaitement limitée par la pliure du sternum et la série des angles d'inclinaison des cartilages costaux sur les diaphyses costales. Cette dépression commençant à la quatrième côte, se termine en bas par un sillon vertical, qui descend entre les deux bouts costaux rapprochés. En traçant une ligne qui continue et complète l'ovale au niveau de cette légère interruption, l'on a ainsi un enfoncement régulier dont il devient facile de mesurer les différentes dimensions. Or on trouve :

Pour le diamètre vertical	7c	»mm.
Id. transversal	5	»
Pour la plus grande profondeur	2	»

Dans les mouvements inspiratoires, la courbure du sternum reste invariable, mais la portion excavée suit jusqu'à un certain point le mouvement ampliatif du thorax en avant; son fond se soulève, et ainsi elle devient moins profonde et plus large.

Diamètre antéro-postérieur du thorax au niveau du sommet de la courbure sternale	14c	5mm.
Id. au niveau de la dépression épigastrique	12	5
Diamètre bilatéral sous les aisselles	18	5

Un peu de dyspnée, surtout dans la marche ascendante. Pas de toux habituelle. Palpitations fréquentes. L'impulsion du cœur se voit à travers les parois thoraciques, et ses bruits un peu éclatants s'entendent tout à fait superficiellement. Murmure respiratoire normal.

Bâillements fréquents. Digestions lentes, difficiles, presque toujours accompagnées de pesanteur épigastrique, selles ordinairement assez régulières.

Durant tous les mois d'octobre, novembre et décembre, traitement mécanique appliqué avec le plus grand soin. Extension parallèle élastique, 10 à 12 kilogrammes, six heures par jour, et 6 à 7 kilogrammes toute la nuit. Le reste du temps ceinture à flexion. Jamais d'interruption. Ce traitement produit dans tous les éléments de la difformité une amélioration attestée par un second plâtre moulé sur le sujet.

Le 27 décembre, section sous-cutanée du long dorsal droit, du spinal gauche et des quatre transversaires épineux au niveau des troisième, quatrième, cinquième et sixième apophyses épineuses du dos. Les deux premières sections ne causent pas de douleur notable, et ne donnent lieu à aucun écoulement de sang. Les sections des transversaires épineux du quatrième et du cinquième principalement donnent lieu à un trombus assez considérable et à une douleur assez vive. Cependant la section de ces muscles se fait nettement, et est accusée par un bruit de craquement et le sentiment d'une résistance vaincue. Les six piqûres sont recouvertes de morceaux de diachylon gommé ; un petit tampon de linge comprime le trombus dorsal.

L'opérée reste au lit pendant deux jours. Six à huit heures après l'opération, elle n'éprouve plus de douleur que par le mouvement. Point de fièvre ni inflammation locale.

Le troisième jour, 29 décembre, les petites plaies sont parfaitement fermées. A la place du trombus dorsal, large ecchymose sans gonflement notable. Plus de douleur même au toucher.

La commission revoit l'opérée ce jour-là, et constate un changement considérable dans la difformité; le tronc est presque complétement redressé; les courbures et la torsion sont considérablement amendées. L'amélioration produite en deux jours par l'opération est beaucoup plus considérable que celle obtenue en trois mois par le traitement mécanique.

On continue le traitement mécanique sans interruption pendant deux mois, en y faisant concourir les manipulations quotidiennes, tendant à refouler en avant les côtes saillantes à droite, et à ramener en arrière celles du côté opposé. A mesure que la cicatrisation des muscles divisés s'opère, on éprouve de nouvelles résistances. Du 1er au 30 mars, ces moyens ne produisent plus de résultats sensibles.

Le 1er avril, nouvelle section de deux transversaires épineux au niveau des quatrième et cinquième apophyses épineuses dorsales. Aussitôt diminution notable dans la résistance des côtes, et la gibbosité s'affaisse immédiatement d'une nouvelle quantité. Cette section, pratiquée avec le soin de ne pas diviser les parties sous-jacentes, vaisseaux et nerfs, ne produit pas, à beaucoup près, la douleur ni l'épanchement de sang qui ont accompagné les précédentes sections.

Dès le 2 avril l'opérée reprend son traitement mécanique, et le continue jusque dans le mois de juillet. Le 27 de ce mois elle est visitée pour la dernière fois par la commission, qui constate les résultats suivants :

Déviation. — Redressement complet du tronc.

Courbures. — Des trois courbures, la moyenne seule est encore appréciable à la direction des apophyses épineuses. Les six ou sept vertèbres de la région dorsale moyenne débordent encore le fil à plomb de 10 à 12 millimètres.

Torsion. — Plus de gibbosité; toutefois, il reste encore un certain degré de bombement des côtes à droite, et le bras gauche est encore un peu plus distant du tronc que le droit.

Épaules. — Sont à la même hauteur. Cependant le scapulum droit est encore un peu plus saillant que celui du côté opposé, son angle inférieur surtout.

L'ensemble du dos, comparé à l'état primitif, offre une amélioration des plus considérables.

La paroi antérieure du thorax, ainsi que toute la cage thoracique, offrent toujours les dispositions qui résultent de la courbure essentielle du sternum, laquelle n'a obtenu qu'une faible amélioration.

Muscles. — Les muscles divisés sont réunis sans nodosités ni adhérences appréciables. Ils ne sont plus le siége d'aucune tension ni dureté anormales; ils se contractent très-bien.

Mouvements. — Ont l'étendue et la liberté normales. La marche ne provoque ni douleurs ni malaises. Les forces et la santé générales se sont plutôt accrues qu'elles n'ont diminué.

Les deux cas qui précèdent ont été présentés par M. J. Guérin, comme offrant des exemples de déviations musculaires essentielles de l'épine, accompagnées de difformité du thorax de même origine. Dans les deux qui suivent, on verra des exemples plus manifestes encore de déviations musculaires de l'épine, compliquées de déviations primitives du scapulum.

SEPTIÈME CAS.

DÉVIATION LATÉRALE A DROITE DE LA COLONNE PAR RÉTRACTION DU LONG DORSAL DROIT. — DEUXIÈME DEGRÉ AVANCÉ. — TROIS COURBURES ALTERNES. — TORSION, GIBBOSITÉ DORSALE COMMENÇANTE. — DÉVIATION ESSENTIELLE DU SCAPULUM DU MÊME CÔTÉ PAR CONTRACTURE DES SUS ET SOUS-ÉPINEUX, ET DE LA PLUPART DES AUTRES MUSCLES DE L'ÉPAULE. — TRAITEMENT SÉPARÉ DES DEUX DIFFORMITÉS ET APPROPRIÉ A LA DIFFÉRENCE DES ÉTATS MUSCULAIRES. — FRICTIONS STIBIÉES ET MOXAS CONTRE LA CONTRACTURE, ET SECTION DU LONG DORSAL CONTRE LA RÉTRACTION. — TRAITEMENT MÉCANIQUE CONSÉCUTIF DE LA DÉVIATION DE L'ÉPINE. — GUÉRISON COMPLÈTE DES DEUX DIFFORMITÉS.

Une demoiselle, âgée de 14 ans, d'assez bonne constitution, tempérament nerveux, est présentée à la commission le 5 mai 1844, pour une double difformité essentielle : *déviation latérale de l'épine et déplacement composé du scapulum*, produits l'un et l'autre, et chacun pour son propre compte, par la rétraction musculaire primitive.

Ces deux difformités remontent à 1839. A cette époque, sans cause connue, des douleurs assez vives se développèrent dans la région dorsale supérieure et dans la région sus-scapulaire. Elles duraient depuis huit à dix mois, quand on s'est aperçu pour la première fois que l'épaule droite était saillante et déformée. Trois semaines plus tard, le 6 janvier 1840, la jeune personne fut amenée à la consultation de l'hôpital des enfants. On reconnut une déviation latérale de l'épine et un déplacement de l'omoplate, tout à fait semblable (sauf le degré, qui était un peu plus considérable) à celui qu'on observe aujourd'hui : toute la région de l'épaule était endolorie; on remarquait une rigidité des muscles de cette région et du bras lui-même, du trapèze, des pectoraux, du deltoïde, du biceps, du coraco-brachial, mais surtout des sus et sous-épineux, qui étaient durs, tendus, ramassés. Cet état et la difformité de l'épaule qui en résultait disparurent sous l'influence des frictions avec la pommade de d'Autenrieth et des moxas superficiels. La guérison se maintint pendant quatre ans. Seulement la malade ressentait encore de temps à autre un peu de douleur dans la gouttière vertébrale droite, vers les septième et huitième vertèbres dorsales, particulièrement lorsqu'elle se livrait longtemps aux travaux de l'aiguille. Cependant la déviation, qui était trop peu prononcée à cette époque pour réclamer un traitement orthopédique, fut abandonnée à elle-même; elle persista et fit beaucoup de progrès depuis. Quant à la déviation essentielle du scapulum, elle ne s'est reproduite que depuis un mois, sous l'influence d'une courbature générale, à la suite d'une grande fatigue.

Voici, du reste, l'état dans lequel se trouvent aujourd'hui ces deux difformités :

I. DÉVIATION LATÉRALE DE L'ÉPINE.

Cette difformité présente à considérer :

1° Une *inclinaison* de 11 degrés, de la colonne lombaire sur le bassin, à droite, avec une légère courbure inclinée à convexité gauche;

2° Une *courbure* à convexité droite et à grand rayon, comprenant toute la longueur de la colonne dorsale. Flèche, 1 centimètre 6 millimètres;

3° Une *courbure cervicale* à convexité gauche, appréciable seulement par un léger degré de torsion;

4° *Déjettement latéral du tronc à droite* tel que le sommet de la courbure moyenne au niveau de la septième dorsale est à 3 centimètres 5 millimètres de la verticale, et l'apophyse proéminente à 3 millimètres. Soulèvement assez considérable des six ou sept dernières côtes à droite; dépression correspondante du côté opposé. Un peu d'aplatissement latéral des deux côtés. L'épaule gauche est sensiblement plus élevée que la droite; clavicule gauche oblique de haut en bas et de dehors en dedans, tandis que la droite est horizontale. Dépression sous-claviculaire plus prononcée à droite qu'à gauche. Voussure du sternum avec légère saillie des cartilages costaux;

5° *Tension du long dorsal droit*. Sensible même au repos, et augmentant notablement dans l'inclinaison du tronc en avant. Lorsque les deux masses communes entrent en contraction simultanée par cette inclinaison, on remarque toujours dans le long dorsal droit un excès de tension sur celle du muscle correspondant du côté opposé. Sa consistance paraît augmentée. Le même résultat est appréciable dans toutes les positions.

II. DÉVIATION DU SCAPULUM.

Il y a un mois environ qu'après avoir traîné une brouette très-lourde, le sujet fut pris d'une courbature générale intense, sans douleur d'épaule; et dès le lendemain le père s'aperçut que l'épaule était renversée et saillante. Depuis ce jour, la difformité n'a paru faire aucun progrès.

État actuel. — Cette difformité consiste actuellement en un déplacement du scapulum droit, lequel a exécuté sur lui-même un double mouvement de bascule : l'un de ces mouvements ayant eu lieu autour d'un axe fictif antéro-postérieur, qui passerait à peu près par le centre de l'os, a élevé son angle inférieur, abaissé son angle supérieur externe, et rendu son bord interne supérieur; l'autre a fait pirouetter le scapulum sur son axe longitudinal, de manière à porter sa face postérieure en dehors. Par suite de ce double déplacement, l'angle inférieur est de 7 centimètres plus élevé que le gauche; en outre, dans sa position habituelle, le bras pendant, il est soulevé et s'éloigne du plan costal de 3 centimètres environ, tandis que cette distance n'est à gauche que de 1 centimètre 5 millimètres; le bord spinal regardant en haut ne forme avec l'horizon qu'un angle de 45 à 50° à sinus interne. Enfin, la face postérieure tournée en dehors rencontre le plan postérieur du dos, sous un angle de 120 à 125° ouvert en avant, tandis que le même angle est à gauche de 150 à 155°.

Le bras est habituellement dans la position normale. Si, lorsqu'on le maintient pendant et appliqué contre le thorax, on cherche à abaisser avec la main l'angle inférieur de l'omoplate, on éprouve une résistance extrêmement considérable, et c'est à peine si l'on parvient à lui imprimer un léger mouvement. Au contraire, quand on élève le bras, le scapulum suit le mouvement sans la moindre résistance, et la difformité disparaît complétement; mais si alors on fixe avec la main l'omoplate ainsi redressée, on ne parvient à abaisser le bras qu'au moyen d'un effort considérable, et la main est repoussée par l'angle inférieur de l'os. Il suffit de la retirer pour voir la difformité se reproduire à l'instant.

Au repos, tension habituelle et très-prononcée du sus et du sous-épineux, surtout du premier, qui est dur au toucher, saillant et comme renflé. Quand on lève le bras passivement et brusquement, de manière à prévenir de la part de ces muscles toute contraction physiologique, la tension et la dureté diminuent sensiblement, principalement dans le sus-épineux. Elles diminuent encore dans la rotation du bras en dehors et augmentent au contraire dans la rotation en dedans. Cette rigidité musculaire, quoique permanente, varie d'un moment à l'autre pour le degré, et il est des instants où le sous-épineux paraît presque dans le relâchement normal. Rien à noter sur les autres muscles : absence de douleur dans cette région.

Tous les mouvements de l'épaule et du bras s'exécutent dans leur étendue physiologique, à l'exception du mouvement en arrière, qui est notablement moins étendu que du côté opposé : aucun de ces mouvements n'est douloureux.

Traitement. — Ces deux difformités, de date différente, l'une produite et entretenue par la rétraction des muscles de l'épine, l'autre par la contracture des muscles de l'épaule, sont soumises à deux ordres de moyens. On commence par la déviation du scapulum, et l'on n'entreprendra le traitement orthopédique proprement dit, contre la déviation de la colonne, qu'après la mise hors de cause de la difformité de l'épaule et de la contracture qui l'entretient.

Frictions trois fois le jour sur toute la région scapulaire droite avec une pommade stibiée, double dose (une partie de tartre stibié sur quatre parties d'axonge); d'ailleurs, légers purgatifs pour entretenir le ventre libre et ouvrir l'appétit.

Les frictions, commencées le 6 mai, sont continuées jusqu'au 12 mai sans éruption marquée. A partir du 12 il se développe quelques pustules isolées. On continue les frictions, et l'éruption devient générale vers le 15 mai. Dès lors, résolution marquée de la contracture musculaire. A mesure que les pustules se multiplient, les muscles s'assouplissent et le scapulum reprend sa position normale. Toutefois, le relâchement musculaire n'est pas permanent d'abord. Le 16 ou le 17, le sujet dit ressentir de petits frémissements dans les muscles contracturés, et le scapulum reprend encore de temps à autre sa situation anormale. Ce n'est qu'à partir du 20 mai que la résolution de la contracture se maintient complète, et la réduction du scapulum reste fixe.

Le 26, le sujet est représenté à la commission, qui constate :

1° Que la difformité propre de l'épaule droite a tout à fait disparu, quoique la déviation de l'épine ait peu diminué;

2° Que ce qu'il reste de la saillie du scapulum, en arrière, tient à la déviation de l'épine et se trouve parfaitement en rapport de siége et de degré avec le siége et le degré de la courbure principale dorsale à droite;

3° Que ce résultat a été obtenu en quatre semaines par le seul secours des applications de pommade stibiée.

A partir du 27 mai, on commence le traitement orthopédique proprement dit. Extension élastique à 10 kilogrammes six heures par jour, et à 7 kilogr. la nuit. Dans l'intervalle, ceinture à flexion. Ce traitement, poursuivi sans interruption pendant cinq semaines, ne produit qu'une très-faible diminution de la déviation de l'épine; mais il a pour résultat principal de mieux isoler le long dorsal droit, de le mettre en relief, de le tendre davantage.

Un deuxième plâtre représente exactement l'état du sujet avant l'opération.

Le 5 juin, section sous-cutanée du long dorsal droit, au niveau de la onzième dorsale. La section s'opère facilement et avec la plus grande netteté. Point de douleur ni d'épanchement de sang appréciable. Il se manifeste entre les deux bouts du muscle divisé un intervalle de 2 centimètres au moins. Pansement ordinaire.

Dès le surlendemain, le traitement mécanique consécutif peut être repris. Extension élastique, ceinture à flexion et manipulations. Dès le lendemain de la reprise du traitement mécanique, la colonne est complétement redressée et les côtes en grande partie réduites. On continue l'emploi des mêmes moyens pendant six semaines. Au bout de ce temps, la guérison est à peu près complète. Cependant on remarque du côté gauche une tension un peu plus prononcée de quelques faisceaux transversaires et spinaux du long dorsal, qui paraissent reproduire de temps en temps un certain degré de la courbure dorsale.

Le 9 août, on pratique la section de ces faisceaux (deux ou trois seulement), au niveau de la dixième vertèbre dorsale. Cette opération, des plus simples, n'interrompt pas même tout traitement mécanique. L'opérée reste couchée avec sa ceinture l'après-midi, et dès le lendemain elle reprend son traitement comme auparavant. Extension, ceinture et manipulations. Ce qui restait de la saillie des côtes, à droite, disparaît comme par enchantement. Cependant décubitus constant, même dans l'intervalle des séances, sur le lit à extension. On attend, pour permettre à la malade de s'asseoir, que la cicatrisation des muscles divisés ait eu le temps de s'opérer.

Le 15 septembre, il ne restait plus aucune trace de la déviation de l'épine. Cet état continue et se consolide jusqu'à la fin de l'année, époque où le sujet rentre dans sa famille, pour n'y continuer que l'usage de la ceinture. Voici l'état où la commission a trouvé cette jeune fille le 29 décembre 1844, c'est-à-dire après sept mois de traitement orthopédique :

1° La guérison de la difformité essentielle du scapulum s'est parfaitement maintenue; 2° la déviation de l'épine a totalement disparu; 3° il n'existe plus de traces de courbures ni de torsion; 4° la rectitude de la colonne et la symétrie des deux moitiés du tronc sont complètes.

Cet état s'est maintenu et consolidé sans interruption aucune. La commission s'est assurée de la persistance de la guérison le 27 juillet, c'est-à-dire six mois après la cessation de tout traitement. Voici le résultat de son dernier examen :

Déviation. — A complétement disparu : le tronc est parfaitement dans la verticale.

Courbures. — Plus de traces de courbures. Un fil à plomb, maintenu aux deux extrémités de la colonne, rencontre toutes les apophyses épineuses.

Torsion. — Plus de saillie aucune des côtes, ni des parties molles correspondantes aux anciennes courbures.

Épaules. — Également élevées, également saillantes. La déviation essentielle du scapulum droit a complétement disparu; les deux omoplates offrent la direction normale.

Symétrie du tronc. — Les deux moitiés du dos sont complétement symétriques. La paroi antérieure du thorax offre l'aspect normal; il en est de même de toute la cage thoracique.

Muscles. — Les muscles contracturés et les muscles divisés n'offrent ni tension, ni dureté, ni nodosités, ni adhérences anormales; les sus et sous-épineux droits sont restés un peu plus maigres que du côté opposé. Du reste, tous se contractent très-bien.

Mouvements. — Les mouvements du tronc sont faciles et complets. Le sujet fait de longues courses à pied, sans fatigue ni douleur.

Ce cas avait été présenté par M. J. Guérin comme propre à établir plusieurs points scientifiques et pratiques nouveaux :

1° Comme un premier et remarquable exemple de déviation musculaire essentielle du scapulum, type de difformité non décrite jusqu'ici par les auteurs ;

2° Comme un fait destiné à établir la liaison de la déviation musculaire de l'épine avec les autres difformités de même origine ;

3° Enfin comme une difformité complexe offrant à considérer deux modes distincts de la rétraction musculaire, *la contracture aiguë* et *la rétraction* proprement dite, réclamant deux méthodes de traitement différentes : la contracture, des moyens propres à modifier l'élément nerveux générateur du spasme musculaire; et la rétraction, des moyens qui s'adressent directement au raccourcissement définitif et permanent du muscle. On a pu voir jusqu'où l'expérience a justifié les prévisions et confirmé les préceptes de la théorie.

Le cas qui suit, appartenant à la même catégorie de difformités multiples, offre un exemple de déviation de l'épine compliquée de déviation du scapulum : l'une et l'autre, cette fois, produites par contracture musculaire ancienne, c'est-à-dire *rétraction* proprement dite.

HUITIÈME CAS.

DÉVIATION LATÉRALE DE L'ÉPINE, A DROITE, DORSALE SUPÉRIEURE DEUXIÈME DEGRÉ, PAR RÉTRACTION DU TRAPÈZE ET DU RHOMBOÏDE DU MÊME CÔTÉ. — DÉPLACEMENT ET COURBURES DES APOPHYSES ÉPINEUSES CORRESPONDANTES AUX INSERTIONS DU RHOMBOÏDE. — TROIS COURBURES ET TORSION PROPORTIONNÉE DE LA COLONNE. — DÉVIATION ESSENTIELLE ET FIXITÉ EN HAUT ET EN DEDANS DU SCAPULUM PAR RÉTRACTION DU RHOMBOÏDE DE L'ANGULAIRE, DU GRAND ROND ET DE PRESQUE TOUS LES MUSCLES DE L'ÉPAULE ET DU TISSU CELLULAIRE QUI UNIT LA FACE POSTÉRIEURE DU SCAPULUM AUX CÔTES. — PARALYSIE INCOMPLÈTE DU GRAND DENTELÉ CORRESPONDANT. — TRAITEMENT MÉCANIQUE PRÉPARATOIRE. — SECTION SOUS-CUTANÉE DES MUSCLES RÉTRACTÉS ET TRAITEMENT MÉCANIQUE CONSÉCUTIF, MANIPULATIONS : REDRESSEMENT COMPLET DU TRONC, GRANDE AMÉLIORATION DE TOUS LES ÉLÉMENTS ANATOMIQUES ET PHYSIOLOGIQUES DE LA DOUBLE DIFFORMITÉ.

Une jeune fille, âgée de 12 ans, de bonne constitution, est présentée à la commission le 15 mai 1844, pour une déviation latérale essentielle de l'épine coïncidant avec une déviation essentielle de l'épaule droite (déplacement du scapulum), produites l'une et l'autre par la rétraction des muscles de la région dorsale supérieure et scapulaire droite.

Ces deux difformités datent d'environ quatre ans. La malade ressentit à cette époque, dans toute la région de l'épaule droite, des douleurs vives, qu'on attribua à l'habitude de porter un enfant sur le bras. Toujours est-il que cette dernière circonstance amena ultérieurement plus d'acuïté dans les douleurs. On ne tarda pas à remarquer que l'épaule droite devenait plus saillante et plus élevée que celle du côté opposé. La malade cessa au bout de quelques mois de porter l'enfant ; mais il ne paraît pas en être résulté aucun soulagement. L'épaule devint même de plus en plus douloureuse et saillante. Ce n'est que depuis assez peu de temps que les douleurs ont disparu entièrement.

Actuellement, l'état de cette jeune fille présente à considérer deux difformités essentielles de même origine : une *déviation de l'épine* et une *déviation* du *scapulum*.

I. DÉVIATION DE L'ÉPINE.

Cette difformité date de la même époque que la déviation du scapulum ; mais on n'a sur l'une ni sur l'autre aucun renseignement propre à fixer leur ordre de développement. Quoi qu'il en soit, la déviation de l'épine offre à considérer :

1° Une courbure principale, cervico-dorsale, à convexité droite, étendue de la sixième ou septième cervicale à la huitième ou neuvième dorsale, et dont la flèche générale, mesurée au niveau de la quatrième dorsale, est de 3 centimètres 5 millimètres. Cette courbure n'est pas régulière : son segment supérieur est d'un rayon sensiblement plus petit que celui de son segment inférieur. Les septième cervicale, première, deuxième et troisième dorsales forment même entre elles une courbure légèrement anguleuse. En outre, les vertèbres qui la composent présentent des saillies et des enfoncements alternatifs. La première et la deuxième dorsale sont enfoncées ; la troisième et la quatrième sont saillantes et hors rang. De la cinquième à la neuvième, saillie normale et régulière des apophyses ;

2° Seconde courbure à convexité gauche, étendue de la huitième ou neuvième dorsale au sacrum et de 1 centimètre de flèche ;

3° Une légère inclinaison du rachis sur le sacrum, à gauche, et une déviation de totalité du tronc, à droite, de 3 centimètres 5 millimètres au niveau de la quatrième dorsale.

Saillie notable de l'épaule droite qui paraît liée à la déviation ; soulèvement de toutes les côtes en arrière ; la première se sent distinctement et superficiellement au-dessus de la fosse sus-épineuse. Dépression des côtes gauches. Léger aplatissement latéral du thorax. Pas de saillie prononcée de la portion antérieure des côtes ; un peu plus de relief pourtant à gauche du sternum qu'à droite ; sternum oblique de haut en bas et de gauche à droite. La ligne blanche décrit une courbe à convexité gauche. Rien à noter sur les muscles des deux systèmes ascendants de l'épine ; ils n'offrent aucune tension, aucun relief général ou partiel.

II. DIFFORMITÉ DE L'ÉPAULE.

Date également de quatre ans ; elle présente à considérer un double déplacement de l'omoplate, résultant d'un double mouvement de bascule. L'un de ces mouvements ayant eu lieu autour d'un axe transversal, a porté le bord supérieur de l'os en avant et son angle inférieur en arrière ; l'autre ayant eu lieu autour d'un axe antéro-postérieur, a porté son angle inférieur en dedans et en haut, et son angle supéro-externe en dehors et en bas. Ce double déplacement a amené dans les rapports de l'omoplate droite avec la gauche et avec les parties voisines, des changements notables. Sa face postérieure est oblique de haut en bas, d'avant en arrière, et forme avec la verticale un angle de 35° environ, ouvert en haut, tandis que la face correspondante à gauche (considérée dans sa portion sous-épineuse) est à peu près verticale. Son angle inférieur est plus élevé que l'angle inférieur de l'omoplate gauche de 6 centimètres 5 millimètres, et soulevé de 3 centimètres au moins du plan costal. La peau, en cet endroit, est plus tendue qu'à gauche et un peu rouge. L'épine de l'omoplate droite portée en avant, est oblique de dedans en dehors et de haut en bas, tandis que l'épine de l'omoplate gauche est oblique au contraire de dedans en dehors et de bas en haut. Enfin, le bord spinal du scapulum droit tend à devenir supérieur, le gauche étant à peu près vertical et même regardant un peu en bas.

Le bras étant au repos et pendant, on ne peut déplacer latéralement, surtout de dedans en dehors, l'angle inférieur du scapulum que d'une quantité peu considérable, sensiblement moindre que du côté gauche. Dans l'élévation des bras, le scapulum droit ne se porte que très-légèrement en dehors, et se trouve brusquement arrêté pendant que l'autre suit, sans résistance, le mouvement du bras. Il en est de même quand le sujet croise les bras en avant. Enfin, si, le bras droit étant élevé, on l'abaisse en même temps qu'on maintient avec la main l'angle inférieur de l'omoplate immobile, ce mouvement s'opère avec la plus grande facilité, et la main n'est pas repoussée comme cela avait lieu chez le sujet de l'observation précédente.

Au repos, aucune tension musculaire appréciable ; mais quand le sujet croise les bras en avant, on voit apparaître entre le bord spinal de l'omoplate et la colonne, et dans la direction du rhomboïde, des cordes transversales dures et tendues qui tiennent manifestement l'os bridé et s'opposent à son déplacement de dedans en dehors. Aucune tension ni dureté appréciables dans les muscles sus et sous-épineux, et les autres muscles de l'épaule. Cependant il paraît exister dans le tissu cellulaire et la portion d'aponévrose qui sépare la face antérieure du scapulum du plan costal un retrait général qui maintient ces parties très-rapprochées.

Le mouvement d'élévation du bras droit est notablement gêné et réduit. Le membre n'est pas encore arrivé à la direction horizontale que le sujet est obligé, pour le porter plus haut, de fléchir fortement le tronc à gauche, encore le bras ne s'élève-t-il pas verticalement sur le côté de la tête comme à gauche, mais se porte involontairement en avant. Rien de remarquable dans les autres mouvements.

Dans le but de faire ressortir la différence entre la rétraction proprement dite, cause de la déviation du scapulum dans ce cas, et la contracture aiguë, cause de la même difformité dans le cas qui précède, on a eu recours, à partir du 16 mai, à des frictions de pommade stibiée double dose. Ces frictions n'ont produit, dans les premiers jours, qu'une éruption lente et discrète. Continuées pendant un mois sans interruption, elles ont fini par donner lieu à une éruption complète, couvrant toute la région inférieure et supérieure de l'épaule. Cependant il ne s'est manifesté aucun changement dans les muscles ni dans la difformité. La commission ayant revu la malade le 30 juin, s'est assurée que le scapulum était à la même place qu'auparavant; que les muscles, agents principaux de la difformité, notamment le rhomboïde et l'angulaire de l'omoplate, sont aussi tendus qu'avant les frictions avec la pommade stibiée.

Dès lors, et dans le but de montrer l'efficacité réelle et plus appropriée de la ténotomie à la rétraction proprement dite, M. J. Guérin procède le même jour, sous les yeux de la commission, à la section de la portion supérieure du trapèze de l'angulaire de l'omoplate et du rhomboïde. Ces trois sections sont rendues plus faciles à l'aide de la contraction physiologique et de la distention mécanique. Elles s'exécutent du reste sans grande difficulté ni douleur notable. A peine sont-elles effectuées que le scapulum descend d'une certaine quantité, et surtout peut être porté en dehors dans sa portion supérieure, principalement par le mouvement du bras en avant, ce qui était complétement impossible avant l'opération. Toutefois, l'élévation du bras reste aussi limitée qu'auparavant. On s'aperçoit que cette élévation a pour effet d'entraîner l'omoplate en dehors et en avant : alors on s'assure que ce déplacement est dû au grand rond, lequel est manifestement plus court, plus tendu que le grand rond du côté opposé. On fait aussitôt la section sous-cutanée de ce muscle, et immédiatement après, le bras qu'on tenait élevé pour produire une tension plus grande du muscle à diviser, cède d'une certaine quantité, comme débarrassé de l'obstacle qui le retenait. On panse les petites plaies comme de coutume.

Point de réaction locale ni générale. Le 3 juillet les piqûres sont cicatrisées. Pour ne pas laisser le temps aux muscles divisés de se cicatriser avec un écartement insuffisant, on cherche à détruire par des incisions sous-cutanées les adhérences celluleuses aponévrotiques qui unissent la face antérieure du scapulum aux côtes. A cet effet, un ténotome à lame courte et à talon très-allongé, est introduit entre les côtes et l'omoplate, et divise toutes les brides qui empêchent le glissement de ce dernier. Aussitôt on peut refouler la peau entre les côtes et l'angle inférieur du scapulum, et imprimer à ce dernier des mouvements en tous sens. L'élévation du bras est encore rendue plus facile.

Le 6 juillet, cicatrisation complète de la dernière plaie. Dans le but de prévenir la réunion intempestive des parties, on commence à faire exécuter des mouvements à l'épaule et aux bras, on imprime au scapulum, avec la main, des déplacements de haut en bas et de dedans en dehors. Tous ces mouvements spontanés et communiqués s'exécutent sans douleur notable.

A partir de ce jour, on institue un traitement mécanique orthopédique, propre tout à la fois à produire le redressement de la colonne vertébrale et un nouveau degré d'abaissement de l'épaule et du scapulum. Cette indication est remplie à l'aide du lit à extension à casque mobile, auquel sont adaptées des courroies qui tirent et entraînent l'épaule en bas. Dans l'intervalle des séances, ceinture à flexion.

Ce système de traitement est suivi sans le moindre obstacle et avec des améliorations toujours manifestes, pendant les mois de juillet et d'août. Mais à mesure que la cicatrisation des muscles divisés se consolide, l'omoplate, quelque effort qu'on fasse, remonte d'une certaine quantité et fait perdre ainsi, quant à la difformité de l'épaule, une certaine quantité du bénéfice produit par les opérations. Toutefois l'étendue du mouvement récupéré est conservée. Le bras continue à pouvoir s'élever presque aussi directement que celui du côté opposé, et la courbure cervico-dorsale de l'épine conserve l'amélioration obtenue. Il en est de même de la torsion et du soulèvement des premières côtes droites qui en dépendent.

Cependant, lorsque le sujet commence à se tenir debout et à marcher, on s'aperçoit que malgré la diminution notable de la courbure supérieure, la déviation proprement dite (déplacement latéral du tronc) a peu diminué. L'écartement de la colonne de la verticale au point le plus distant est toujours de près de 3 centimètres. Quand on fait des efforts avec la main pour corriger ce déplacement, en repoussant le tronc à gauche, on aperçoit le long dorsal isolé, tendu et faisant manifestement obstacle à ce redressement. On continue néanmoins, pendant tout le mois de septembre encore, l'extension élastique à 10 kilogrammes et la ceinture à flexion. Ces efforts n'amènent aucun résultat sensible dans l'écartement latéral du tronc. Les autres éléments des deux difformités restent stationnaires.

Le 6 octobre, section sous-cutanée du long dorsal droit au niveau de la onzième dorsale. Écartement spontané de 2 centimètres au moins entre les deux bouts du muscle divisé. Point de douleur notable ni d'hémorrhagie. Pansement ordinaire.

Dès le lendemain de l'opération, traitement mécanique consécutif. Extension à 6 kilogrammes et ceinture à flexion.

Le 10, la petite plaie est complétement cicatrisée. La trace de l'opération n'est marquée que par un peu d'empâtement. Tout déplacement latéral du tronc a complétement disparu. On continue le traitement; le sujet est constamment couché sur le dos, même dans l'intervalle des séances d'extension.

Rien de particulier jusqu'à la fin de novembre. A cette époque, le tronc s'était maintenu dans la verticale. La courbure de l'épine et la difformité de l'épaule étaient restées à peu près ce qu'elles étaient. Le sujet reprenait graduellement l'habitude de la marche; la santé était parfaite; lorsque, vers le 15 décembre, une fièvre typhoïde des plus intenses atteignit le sujet, mit ses jours en grand danger, et força d'interrompre tout traitement orthopédique pendant plusieurs mois.

Ce n'est que vers le mois de mai qu'il a été possible de le reprendre. A cette époque, cependant, les améliorations obtenues précédemment n'avaient pas été diminuées d'une manière sensible. L'épine et l'épaule étaient à peu près dans le même état qu'avant l'invasion de la maladie.

A partir du 15 mai, emploi régulier de l'extension élastique et de la ceinture à flexion jusqu'à la fin de juillet, où la commission revoit le sujet pour la dernière fois, et constate les résultats suivants :

Déviation de l'épine. — Le tronc est replacé dans la verticale.

Courbures. — Les trois courbures n'offrent plus que de faibles traces. La courbure principale supérieure est encore caractérisée par une irrégularité de superposition des apophyses épineuses qui ne se suivent pas absolument en ligne droite.

Torsion. — Plus de disproportion marquée entre la saillie des côtes droites et gauches.

Épaules. — Les épaules proprement dites (moignons) sont à la même hauteur; mais le scapulum droit est toujours plus élevé et plus porté en dedans que le gauche, et son angle inférieur plus saillant. Toutefois, la surélévation qui était de 6 centimètres 5 millimètres est réduite à 5 centimètres; et l'excès de saillie qui était de 3 centimètres n'est plus que de 1 centimètre : sa position est d'ailleurs moins irrégulière.

L'ensemble du dos. — A part, ce qui reste du déplacement du scapulum offre un aspect beaucoup moins anormal. La paroi antérieure du thorax et toute la cage thoracique ont recouvré leur régularité.

Muscles. — Tous les muscles divisés sont réunis et n'offrent point d'adhérences ni de nodosités anormales : ils se contractent très-bien.

Mouvements. — Les mouvements de l'épaule droite se sont considérablement accrus : l'élévation du bras, qui ne dépassait pas l'horizontale, peut être portée au delà de 45°. Ils sont d'ailleurs beaucoup plus souples et plus libres. Les mouvements propres du scapulum se sont accrus dans la même proportion. Il était presque fixe, et maintenant il glisse de dedans en dehors et de haut en bas dans une assez grande étendue. Les mouvements du tronc ont la liberté et l'étendue normales. Ils n'occasionnent ni douleurs ni malaises. Marche facile et naturelle.

La santé générale du sujet commence à redevenir ce qu'elle était avant la fièvre typhoïde.

Ce cas a été présenté par M. J. Guérin, comme un nouvel exemple de déviation propre du scapulum par rétraction musculaire, et, en raison de sa coïncidence avec une déviation de l'épine, comme un nouveau témoignage en faveur de l'unité de cause de ces deux difformités. Au point de vue pratique, ce fait a été en outre présenté par M. J. Guérin, comme propre à montrer la différence fondamentale qui existe entre la *contracture* et la *rétraction*, soit pour l'indication, soit pour le remède.

Le fait qui va suivre, relatif à un cas de difformité double : torticolis et déviation simultanée de l'épine, chez un même sujet, complète la série des faits propres à établir : 1° la communauté d'origine de ces difformités, différentes seulement par le siége; 2° et l'efficacité de la même méthode de traitement à leur opposer : myotomie et traitement mécanique.

NEUVIÈME CAS.

DÉVIATION LATÉRALE DE L'ÉPINE DORSALE A GAUCHE, DEUXIÈME DEGRÉ, PAR RÉTRACTION DU SPINAL DROIT. QUATRE COURBURES ALTERNES, TORSION MARQUÉE, COMPLIQUÉE DE TORTICOLIS COMPOSÉ. — TRAITEMENT SÉPARÉ DES DEUX DIFFORMITÉS PAR LA MYOTOMIE ET LES MOYENS MÉCANIQUES. — REDRESSEMENT COMPLET DE LA DÉVIATION ET DES COURBURES DE L'ÉPINE.

Une demoiselle, âgée de 17 ans et demi, constitution délicate, tempérament lymphatico-nerveux, est présentée à la commission, le 14 juillet 1844, pour un torticolis latéral gauche et une déviation latérale de l'épine.

Cette déviation offre les caractères suivants :

1° Courbure lombaire à convexité droite, avec inclinaison du rachis, sur le sacrum à gauche. Cette courbure comprend toute la hauteur du sacrum et les trois dernières lombaires ; sa flèche, au niveau de la première apophyse sacrée, est de 1 centimètre. La corde de son segment supérieur, appartenant au rachis, est inclinée de 6 centimètres environ à gauche de la verticale ;

2° Quatre courbures latérales alternes : la première, lombo-dorsale, de 4 à 5 millimètres de flèche ; la seconde, dorsale inférieure à convexité droite, étendue de la douzième à la huitième dorsale, et dont la flèche, au niveau de la dixième dorsale, est de 3 à 4 millimètres ; la troisième, dorso-cervicale, à convexité gauche ; allant de la huitième dorsale à la cinquième cervicale ; flèche au niveau de la troisième dorsale, 1 centimètre ; la quatrième enfin, comprenant le reste de la colonne, est de 6 à 7 millimètres de flèche.

De ces deux dernières courbures, l'une, dorso-cervicale, contribue, par son segment supérieur, à l'inclinaison du cou à droite, et se trouve un peu brisée à angle, au niveau de l'articulation dorso-cervicale ; l'autre, cervicale inverse, contribue à l'inclinaison de la tête à gauche.

La corde générale de ces courbures (de la base du sacrum à la fossette occipitale) est de 51 centimètres, tandis que, en suivant les courbures, la longueur du rachis est de 53 centimètres. Flèche de la corde générale, au niveau de la troisième dorsale, 1 centimètre 5 millimètres.

3° Déviation du tronc en totalité à gauche de la verticale (élevée du sacrum). Cette déviation mesurée à son plus grand degré d'écartement, au niveau de la sixième dorsale, est de 3 centimètres 5 millimètres.

4° Déformations multiples du tronc. La hanche droite est située un peu plus bas, et est un peu plus saillante en dehors que la gauche. Longueur égale des deux membres inférieurs. De l'épine iliaque antéro-supérieure au cou, le sujet étant debout, on trouve des deux côtés 89 centimètres. On observe de bas en haut, à droite et à gauche, des soulèvements et des dépressions alternes des muscles des gouttières vertébrales et de la partie postérieure des côtes. Ainsi, léger bombement de la région lombaire gauche et légère dépression de la droite; soulèvement plus léger encore de la région dorsale inférieure droite et aplatissement proportionnel de la gauche, bombement très-prononcé, au contraire, de la région dorsale supérieure gauche, y compris la fosse sus-épineuse et dépression de la droite; enfin, soulèvement assez marqué de la région cervicale droite dans sa moitié supérieure et dépression des parties correspondantes à gauche. L'épaule gauche est plus élevée que la droite de 3 à 4 centimètres; l'espace sus-scapulaire gauche est plus horizontal que le droit, lequel se rapproche plus de la verticale qu'à l'état normal. Le scapulum gauche regarde directement en arrière; et son bord spinal est dirigé verticalement; le droit un peu basculé en avant à sa partie supérieure regarde légèrement en haut, et son bord spinal est oblique de haut en bas et de dehors en dedans. Enfin, l'angle inférieur de l'omoplate gauche, porté un peu en arrière et en haut, est de 3 centimètres environ plus élevé que le droit.

Distance entre l'angle inférieur du scapulum à la série des apophyses épineuses.	à droite.	2c	5mm.
Id.	à gauche.	3	6
Id. à la verticale.	à droite.	3	»
Id. *Id.*	à gauche.	3	1
De l'angle supérieur à l'épine.	à droite.	6	»
Id.	à gauche.	4	6
Id. à la verticale.	à droite.	6	5
Id. *Id.*	à gauche.	4	1

Latéralement, le thorax est plus convexe à gauche qu'à droite. En avant, léger bombement de la partie supérieure droite et dépression correspondante à gauche; sein gauche un peu plus élevé que le droit; sternum un peu oblique de haut en bas et de droite à gauche; clavicule gauche sensiblement plus oblique de haut en bas que la droite, qui est horizontale.

Diamètre antéro-postérieur du thorax à la partie moyenne du sternum.	4c	6mm.
Diamètre transverse (sous les aisselles).	21	5
Id. à la base du thorax.	19	»

Muscles. — Dans la station debout, le sujet gardant son attitude habituelle, les deux masses communes paraissent également affaissées et n'offrent aucun relief sous la peau; mais pour peu qu'on provoque par le plus léger mouvement d'inclination du tronc en avant la contraction des extenseurs, on voit aussitôt apparaître et se détacher des faisceaux environnants, un faisceau du long dorsal droit parfaitement dessiné sous la peau et s'étendant de la portion la plus inférieure du sacrum à l'extrémité postérieure de la dixième côte. On peut suivre du doigt et à la simple vue le trajet de ce faisceau musculaire; il est plat, tendu et d'une consistance qui contraste avec celle des autres parties des deux masses communes, qui, dans la même attitude, sont également contractées. Cette prédominance de tension dans le faisceau du long dorsal continue à se manifester dans la contraction horizontale aussi bien que dans la contraction verticale.

Rien de particulier dans les autres muscles du dos, si ce n'est qu'ils obéissent dans toute la longueur de l'épine au soulèvement et à la dépression des côtes et de la colonne consécutifs à la torsion.

Le sujet vu debout et en face offre à un haut degré l'apparence extérieure des deux difformités dont elle est affectée : les déviations inverses de la tête et du tronc. Ces deux difformités deviennent encore plus saillantes pendant la marche : il s'établit alors une sorte de lutte permanente entre les différentes portions du tronc pour rétablir l'équilibre incessamment troublé, qui rend la démarche chancelante et irrégulière.

Traitement du torticolis d'abord, mais simultanément extension préparatoire de la colonne vertébrale destinée à mieux isoler les muscles rétractés. Après deux mois de ce traitement, pendant lequel la myotomie et les moyens mécaniques ont considérablement réduit la difformité du cou, section sous-cutanée du long dorsal droit.

Cette opération, pratiquée en septembre, produit un redressement immédiat du tronc et de la plus grande partie de la courbure principale dorsale inférieure. En raison du parfait isolement du muscle rétracté et de sa consistance fibreuse, l'opération est des plus simples et des plus rapides, et ne donne lieu à aucun épanchement de sang. Dès le troisième jour, la plaie était complétement fermée et l'extension mécanique pouvait être continuée comme avant l'opération, concurremment avec l'extension et la flexion du cou. Extension à 10 kilog. Dix jours après l'opération, la courbure principale était complétement effacée, et le tronc était un peu dévié en sens opposé à la déviation primitive.

Le traitement mécanique continué sans interruption jusqu'à la fin de l'année, complète la disparition des derniers éléments de la déviation de l'épine. Avant le départ du sujet de l'établissement de M. J. Guérin, la commission constate les résultats suivants :

Le tronc est complétement redressé. Les courbures et la gibbosité ont complétement disparu. Un fil tendu entre les extrémités de la colonne, rencontre toutes les apophyses épineuses. Tous les mouvements sont libres et normaux.

La jeune personne retourne ensuite dans sa famille ; elle continue l'usage des moyens contentifs, propres à maintenir et à consolider les résultats obtenus. La commission a pu la revoir six mois après, c'est-à-dire le 29 juillet 1845. Voici le résultat de son dernier examen :

Déviation. — A tout à fait disparu. Le tronc est dans la verticale.

Courbures. — N'offrent plus que des traces à peine perceptibles. Le fil à plomb, tendu entre la proéminente et la dernière lombaire, n'est débordé à gauche, région dorsale supérieure, et à droite, région dorsale lombaire, que de 1 à 2 millimètres.

Torsion. — Plus de différence appréciable entre le bombement des côtes à droite et à gauche.

Épaules. — Sont à la même hauteur. Les omoplates sont dans la situation et dans la direction normales. L'omoplate gauche toujours un peu plus en relief.

L'ensemble du dos. — Est d'une remarquable symétrie, tant sous le rapport des deux moitiés, que sous celui des proportions.

La paroi antérieure du thorax est encore un peu irrégulière dans sa partie supérieure, la moitié interne de la clavicule droite est sur un plan plus antérieur que celle du côté opposé ; et celle-ci plus en relief. Le sternum et le haut du thorax sont un peu bombés dans le point correspondant.

Muscles. — Tous les muscles du dos ont le même relief, la même tension. Le muscle divisé n'offre aucune particularité anormale. Il se contracte comme les autres.

MOUVEMENTS. — Les mouvements du tronc sont libres et faciles.
La marche ne provoque aucune douleur ni malaise.

En présentant les deux catégories de déviations de l'épine qui précèdent, M. J. Guérin a eu en vue d'établir :

1° Qu'il existe des déviations de l'épine produites par la rétraction musculaire, au même titre que le pied-bot, le torticolis, le strabisme, etc.

2° Que ces déviations, sans préjudice de celles produites par d'autres causes, offrent, comme le pied-bot, le strabisme et le torticolis, des caractères qui leur sont propres, et qui ne permettent pas de les confondre avec les déviations d'une nature différente.

3° Qu'en principe, la déviation de l'épine, produite par la rétraction musculaire, réclame, comme le pied-bot, le torticolis et le strabisme, la section des muscles rétractés, et le concours auxiliaire des moyens mécaniques.

4° Que les déviations musculaires, diversifiées à l'infini par le siége, le degré et les combinaisons de la rétraction, impliquent, en raison de ces différences, des applications différentes de la myotomie.

5° Que les résultats de la myotomie rachidienne, quoique généralement moins favorables et plus difficiles à obtenir que ceux produits par la section des muscles du pied, de la jambe, du cou, de l'œil, etc., sont tels, néanmoins, qu'il est impossible de méconnaître l'efficacité de cette méthode.

6° Qu'il est possible, quel que soit le degré d'amélioration obtenu par le traitement chirurgical et mécanique combiné, de reconnaître l'efficacité réelle de la myotomie, et de la distinguer de celle produite avec le concours des appareils.

7° Finalement, qu'il est possible de guérir complétement et dans l'acception la plus rigoureuse du mot, certaines déviations latérales de l'épine, au moyen de la myotomie rachidienne et du traitement mécanique combinés.

Les faits qui précèdent ont paru à la commission propres à justifier de tout point ces différentes propositions.

IV.

LUXATIONS CONGÉNITALES DU FÉMUR.

La commission a eu à examiner cinq cas de luxations congénitales du fémur, sous trois points de vue différents :

1° Sous le point de vue de la rétraction musculaire, considérée par M. J. Guérin comme cause de cette difformité et comme indication à la myotomie pelvienne;

2° Sous le point de vue de cette application nouvelle de la myotomie;

3° Sous le point de vue de la guérison définitive de la difformité, ou d'un genre d'amélioration qui n'avait été ni prévu ni réalisé jusque-là.

De ces cinq cas de luxation quatre existaient d'un seul côté; le cinquième était double.

1° LUXATIONS SIMPLES.

PREMIER CAS.

LUXATION CONGÉNITALE DU FÉMUR DROIT. — CARACTÈRES ANATOMIQUES PRONONCÉS DE LA LUXATION. — RACCOURCISSEMENT DE 2 CENTIMÈTRES 5 MILLIMÈTRES. — CLAUDICATION POSTÉRO-LATÉRALE TRÈS-MARQUÉE. — EXTENSION MÉCANIQUE PENDANT HUIT MOIS. — PERSISTANCE DU RACCOURCISSEMENT. — TENTATIVES INFRUCTUEUSES DE RÉDUCTION. — CORDES MUSCULAIRES APPRÉCIABLES DANS LE TRAJET DU TENSEUR APONÉVROTIQUE DU MOYEN FESSIER ET DE LA PARTIE ANTÉRIEURE DU GRAND FESSIER. — SECTION SOUS-CUTANÉE DE CES MUSCLES : DESCENTE IMMÉDIATE DE LA TÊTE DU FÉMUR AU NIVEAU DE LA CAVITÉ COTYLOÏDE. — RÉDUCTION FACILE HUIT JOURS APRÈS L'OPÉRATION. — TRAITEMENT MÉCANIQUE CONSÉCUTIF. — REPRODUCTION DE LA LUXATION : NOUVELLE RÉDUCTION. — FINALEMENT, LÉGER DÉPLACEMENT VERTICAL CONSÉCUTIF, COMPENSÉ PAR UN PEU D'ALLONGEMENT RÉEL DU MEMBRE. — SCARIFICATIONS PÉRI-ARTICULAIRES. — DÉVELOPPEMENT PROBABLE D'UNE ARTICULATION NOUVELLE. — DÉVIATION CONSÉCUTIVE DU GENOU DROIT EN DEDANS PAR INSUFFISANCE DE LONGUEUR DE L'APONÉVROSE FASCIA-LATA. — SECTION SOUS-CUTANÉE DU TENDON DE CETTE APONÉVROSE. — REDRESSEMENT. — MARCHE FACILE SANS CLAUDICATION APPARENTE.

Une jeune fille, âgée de sept ans, d'une bonne constitution, a été présentée à la commission, le 3 décembre 1843, pour une luxation coxo-fémorale droite, d'origine congénitale. Le sujet, au rapport des parents, boitait dès la plus tendre enfance; jamais elle n'a fait de chute grave, ni présenté aucun symptôme de coxalgie, et il n'existe, du côté de la hanche, ni cicatrice, ni aucun autre indice de maladie articulaire ancienne.

Aucune circonstance d'hérédité.

Les caractères directs de la luxation sont les suivants :

1° Si une main étant appliquée derrière le grand trochanter, on imprime à la cuisse des mouvements de flexion et d'extension, l'on sent, aux limites de la flexion, la tête du fémur rebondir dans la main. Dans chacun de ces mouvements, la tête fémorale, au lieu de tourner sur elle-même, décrit de haut en bas un arc de cercle assez étendu. On ne la sent d'ailleurs pas lorsqu'on la cherche pendant ces mouvements au niveau de la cavité normale.

2° Le grand trochanter droit est remonté de 2 centimètres environ :

De l'épine iliaque à la malléole externe.	à droite. . .	55c	5mm.
Id.	à gauche. . .	58	»

3° Si, le sujet étant couché sur le dos, les jambes et les cuisses fléchies, on rapproche les deux genoux, le droit est débordé par le gauche de 2 centimètres. La cuisse droite est aussi plus oblique de dehors en dedans et située sur un plan notablement plus élevé.

4° La fesse droite est plus large, plus globuleuse, sa face externe plus saillante qu'à gauche ; son pli inférieur est un peu remonté et oblique de dedans en dehors. La saillie du grand trochanter est aussi plus accentuée et le pli inguinal plus profond à droite qu'à gauche. Pas de rotation sensible du bassin, mais légère élévation à droite.

Les deux membres inférieurs n'offrent pas le même volume ni la même fermeté. Le droit est un peu amaigri. Les chairs en sont molles, mais surtout à la jambe. La longueur des pièces réunies du squelette de la cuisse et de la jambe n'offre pas de différence appréciable. Du sommet du grand trochanter à la malléole externe, à droite comme à gauche, 54 centimètres.

Longueur du tibia.	à droite. . .	23c	5mm.
Id.	à gauche. . .	23	6

Mais en rapprochant les deux membres étendus (les deux épines iliaques antéro-supérieures étant de niveau) l'on constate que la malléole interne droite est située à 2 centimètres 5 millimètres plus haut que la gauche.

Les muscles qui environnent la hanche présentent une tension et un relief plus considérables à droite qu'à gauche, notamment le tenseur du fascia-lata, les petit et moyen fessiers.

La colonne vertébrale, examinée dans le décubitus horizontal, est dans la rectitude. Pendant la marche, elle s'infléchit à droite par suite de la brièveté du membre abdominal droit.

Rien à noter quant aux mouvements du membre inférieur droit : ils jouissent à peu près de leur liberté et de leur étendue normales. Cependant, la marche est difficile et accompagnée d'une claudication postéro-latérale droite très-prononcée. La jambe gauche est demi-fléchie pendant la marche. Il n'y a ni adduction ni rotation du pied en dehors.

Le traitement est commencé immédiatement. Il consiste d'abord dans l'extension continue élastique du membre luxé, à l'aide d'une machine opérant simultanément l'extension et la contre-extension. Cette machine, dont l'action est continue, consiste en deux parties qui réalisent la combinaison d'un levier du premier genre avec un levier du deuxième genre. La première partie, formant levier du premier genre, est destinée à produire l'extension du membre; le point d'appui est au bassin, la résistance est dans le membre, et la puissance représentée par une corde refléchie sur des poulies placées à l'extrémité de la tige d'appui et tirant sur le membre luxé. La seconde partie de l'appareil forme levier du second genre : elle est articulée avec la tige d'appui de la première; son point d'appui est à cette tige; la résistance, à la corde tirant sur le membre, laquelle vient se fixer dans un point de la longueur de la tige, formant la seconde partie de l'appareil, et aux extrémités de laquelle se trouvent, en bas, le point d'appui et en haut, la puissance. Cette dernière est rendue variable et continue, au moyen d'un poids suspendu à l'extrémité ou sur un point de la branche du levier coudé; la somme de traction continue pendant les vingt-quatre heures, à l'exception du temps des repas, varie entre 2 et 3 kilogrammes.

Ce traitement a pour but de produire l'allongement des muscles et des ligaments raccourcis et de mettre en relief ceux de ces muscles qui sont primitivemeut rétractés. On l'applique pendant trois mois sans interruption.

Le 3 février, on constate une diminution de 1 centimètre environ dans le raccourcissement. On fait diverses tentatives de réduction par la flexion et l'extension. Aucune de ces tentatives ne ramène la tête fémorale dans sa cavité. Une extension de 50 kilogrammes ne la fait descendre que de quelques millimètres. On sent, pendant les efforts de traction du membre sur le trajet du moyen fessier, de la partie antérieure du grand fessier, du fascia-lata, des faisceaux plus durs, plus tendus et plus résistants que dans les autres muscles ou autres portions des mêmes muscles. On cesse les tentatives de réduction. Le traitement mécanique est repris et continué pendant une partie de l'été.

Le 25 août, l'allongement n'a pas sensiblement augmenté depuis le 3 février. La seule différence qui existe est une moins grande résistance aux tractions exercées sur le membre luxé. Celui-ci cède assez facilement d'une certaine quantité, mais aussitôt que les tractions cessent, le membre reprend sa position. Nouvelles tentatives infructueuses de réduction : traction, jusqu'à 60 kilogrammes.

Séance tenante, on fait, par trois ouvertures différentes, la section sous-cutanée du tenseur aponévrotique, du moyen fessier et de la portion antérieure du grand fessier. Pour augmenter la tension de ces muscles et rendre leur section plus facile, on exerce une traction sur le membre de 30 kilogrammes. A peine les muscles ont-ils été divisés, que le membre cède et descend au niveau de celui du côté opposé : les deux épines iliaques maintenues de niveau.

Ces opérations, accompagnées de craquements, ne causent que peu de douleur et d'épanchement de sang. Diachylon gommé sur les piqûres de la peau; légère compression sur le siége des plaies sous-cutanées.

Nulle trace de réaction locale ou générale. Après deux jours de repos, on reprend le traitement mécanique. Extension à 5 kilogrammes, alternant avec une extension moindre et quelques intervalles de repos. Point de douleur ni malaise.

Le 27 août, les petites plaies sont complétement cicatrisées; le membre luxé se maintient au niveau de l'autre. Continuation des mêmes moyens pendant dix jours.

Le 2 septembre, réduction facile après quelques efforts peu considérables de flexion. Le retour de la tête fémorale dans l'acétabulum s'annonce par un léger claquement. Les deux trochanters sont de niveau; mais le droit reste sensiblement plus saillant. On s'assure de la présence de la tête fémorale dans la cavité par la dépression de la fesse en arrière, et une saillie nouvelle dans l'aine. Une ceinture pelvienne à loge trochantérienne est destinée à maintenir la réduction. On continue l'extension à 2 ou 3 kilogrammes.

Pendant un mois les choses restent dans le même état. Cependant, à mesure que la cicatrice des muscles divisés s'effectue, la tension de ces derniers se reproduit, quoique moins prononcée qu'avant l'opération.

A partir du 1er octobre, on augmente graduellement l'extension jusqu'à 8 kilogrammes.

Le 15, on constate un léger raccourcissement et l'on croit reconnaître un nouveau déplacement de la tête du fémur en arrière et en haut. La flexion des deux genoux et les alternatives de flexion et d'extension du fémur sur le bassin ne laissent aucun doute à cet égard. On essaye de réduire une seconde fois la luxation, ce qui s'opère sans beaucoup de difficulté, après trois tentatives de flexion et de rotation forcées. Toutefois, on reconnaît que les muscles pelvi-fémoraux sont toujours dans un état de tension marquée.

On continue l'application de la ceinture pelvienne et de l'extension (2 à 3 kilogrammes). Au repos pendant toute la durée de novembre, plus de déplacement, les deux articulations paraissent rester complétement symétriques et de niveau.

Le 1er décembre, on commence de légers mouvements de flexion de la cuisse sur le bassin, à l'aide d'un appareil qui produit en même temps une extension modérée du membre (2 kilogrammes). Ces mouvements, qui ont pour objet de compléter la cavité cotyloïde, s'effectuent avec la plus grande précaution et modération.

Continuation des mêmes moyens pendant le reste du mois de décembre et le mois de janvier 1845.

Le 9 février la commission revoit le sujet, et constate que le membre luxé est toujours de la même longueur que celui du côté opposé, que la tête du fémur s'est maintenue au niveau du siége de l'acetabulum normal; toutefois on ne sent point, au-dessus du point occupé par la tête fémorale, de bourrelet circulaire.

M. J. Guérin annonce que des scarifications sous-cutanées péri-articulaires et plus tard la reprise du traitement mécanico-gymnastique déjà employé auront pour résultat de provoquer la formation de ce rebord cotyloïdien et de consolider l'articulation.

Le 15 février on pratique au-dessus, en arrière et un peu en avant du siége occupé par la tête fémorale, des sections ou scarifications profondes qui divisent circulairement toutes les parties molles, jusqu'à l'os. Ces scarifications produisent un épanchement médiocre sous la peau. Occlusion des petites plaies à l'aide d'emplâtres de diachylon gommé.

Nulle trace d'inflammation. L'opérée garde le repos; mais le membre est toujours soumis à une traction continue de 2 à 3 kilogrammes.

Le 25, les plaies cutanées sont parfaitement cicatrisées. Point de douleur dans le siége des opérations. On reprend de légers mouvements alternatifs de flexion, d'extension et de rotation. Ces mouvements n'occasionnent point de douleurs.

Le 28, il y a un peu d'empâtement au niveau des scarifications: sensibilité médiocre à la pression; on continue les mouvements, mais d'une manière encore plus modérée.

Les jours suivants, toute sensibilité à la pression disparaît, et la peau est le siége d'une large ecchymose verdâtre. On augmente la fréquence et l'étendue des mouvements.

Pendant les mois de mars, avril, mai et juin, on continue l'usage des mêmes moyens (extension et mouvements combinés.

Le 1er juillet, on commence des essais de marche à l'aide du chariot suspenseur. Cet appareil consiste dans un chariot analogue à celui avec lequel on apprend aux enfants à marcher, et auquel on a adapté deux béquilles latérales mobiles et une courroie suspenseur sur laquelle le sujet est à cheval. La marche est en outre assujettie à un rhythme. Point de claudication, ni douleur, ni gêne. L'enfant marche bien en mesure.

On continue les mêmes essais en les graduant pendant le cours des mois de juillet et août. Vers le 15 août, la courroie suspensive était presque complétement relâchée, et le poids du corps pouvait porter sur l'articulation réduite sans la reluxer.

Le 16, on commence des essais de marche sans appareil. L'enfant fait quelques pas soutenue par les deux mains. Hésitation dans la marche, mais point de claudication. On augmente chaque jour le nombre de pas, et tout en continuant dans l'intervalle l'extension combinée avec les mouvements communiqués pendant le décubitus.

Cependant, depuis les premiers mois de marche sans support, on s'aperçoit qu'une déviation du genou en dedans, auparavant très-légère, a sensiblement augmenté. Un examen des parties fait voir que cette déviation est le résultat d'une trop grande brièveté du fascia-lata, lequel tient la jambe bridée et inclinée sur la cuisse en dehors. De plus, on remarque que l'articulation coxo-fémorale droite est un peu remontée sans qu'il y ait eu retour de la luxation. Il existe, au contraire, immédiatement au-dessus du point occupé par la tête fémorale, un bourrelet manifeste. Toutefois, les deux malléoles sont toujours à la même hauteur.

Le 1er octobre, section sous-cutanée du tendon du fascia-lata; redressement immédiat de la jambe. Bandage inamovible. Après la dessiccation de ce dernier, continuation des mouvements combinés avec une extension modérée (2 kilogrammes).

Le 15 octobre, on reprend les essais de marche, la jambe solidement maintenue par l'appareil inamovible. Continuation des mêmes moyens jusqu'au 15 novembre.

Le 16 novembre l'appareil est enlevé : la jambe se maintient parfaitement droite. Les tendons et aponévroses divisés sont réunis et n'offrent plus de tension anormale.

Les jours suivants, on maintient encore l'articulation du genou à l'aide d'une genouillère lacée. La marche s'effectue de plus en plus librement.

Le 28 décembre 1845, la commission revoit le sujet et constate les particularités suivantes :

Examen dans le décubitus. — Les deux pieds sont de niveau. Le droit dépasse plutôt le gauche de 2 à 3 millimètres. Les genoux se correspondent à 1 ou 2 millimètres près. Toutefois, la rotule droite, par suite de la brièveté relative du droit antérieur et d'une élongation sensible du ligament rotulien, est plus élevée que celle du côté opposé de près d'un centimètre. Les épines iliaques sont de niveau. Toutefois le trochanter droit est un plus saillant et plus élevé que le gauche. La fesse droite est toujours un peu plus large, plus déprimée et plus maigre que la gauche. Les deux plis fessiers sont à la même hauteur.

Les deux genoux dans la flexion des jambes sur les cuisses, les malléoles en regard sont de niveau, et les deux angles poplités sont égaux et se confondent par leur sommet; mais l'angle de flexion de la cuisse sur le bassin est un peu plus obtus à gauche.

La main appliquée derrière le trochanter au repos ou pendant la flexion modérée de la cuisse, ne sent plus rebondir la tête fémorale; au contraire, quand on applique le pouce en avant au niveau de la cavité cotyloïde, pendant qu'on imprime des mouvements de rotation au membre, on la distingue très-bien. Toutefois, elle est encore plus mobile, plus superficielle, plus antérieure et plus élevée que du côté opposé. La différence de niveau entre les deux articulations est compensée par un léger allongement réel de tout le membre droit, fémur et tibia réunis, ainsi que le témoignent les mesures qui suivent :

Du sommet du grand trochanter à la malléole externe. . . .	A droite. . . .	58c	5mm
Id.	A gauche. . .	57	5

Les muscles sont également tendus de chaque côté; les faisceaux divisés sont parfaitement réunis, sans nodosités ni adhérences appréciables.

Tout le membre droit est resté plus maigre que le gauche. Chairs moins fermes, articulations plus lâches.

Examen debout. — Les deux membres paraissent de même longueur et les épines iliaques de niveau. Le sujet, aidé de la main, peut rester debout, appuyé sur la jambe droite, sans que la tête fémorale se déplace et sans que l'égalité de longueur des membres soit altérée.

La progression est encore incertaine et chancelante, mais sans claudication ni douleur. Les parties réexaminées après ces différents exercices, n'offrent aucun changement dans leurs rapports.

La santé générale est excellente.

DEUXIÈME CAS.

LUXATION CONGÉNITALE DU FÉMUR DROIT CHEZ UNE PETITE FILLE AGÉE DE 6 ANS. — CARACTÈRES ANATOMIQUES DE LA LUXATION ÉVIDENTS. — PEU DE TENSION MUSCULAIRE. — RACCOURCISSEMENT DE 1 CENTIMÈTRE 5 MILLIMÈTRES. — CLAUDICATION POSTÉRO-LATÉRALE TRÈS-PRONONCÉE. — APRÈS QUATRE MOIS D'EXTENSION CONTINUE, RÉDUCTION. — REPRODUCTION DE LA LUXATION. — NOUVELLE RÉDUCTION. — SECTION SOUS-CUTANÉE D'UN FAISCEAU DU MOYEN FESSIER ET DU TENSEUR APONÉVROTIQUE. — SCARIFICATIONS PÉRI-ARTICULAIRES. — ESSAIS DE MARCHE. — DÉPLACEMENT LENT EN HAUT ET EN AVANT. — FIXITÉ DE L'ARTICULATION EN CE POINT. — RACCOURCISSEMENT RÉSULTANT DE CE DÉPLACEMENT COMPENSÉ PAR UN ALLONGEMENT RÉEL DES OS DE LA CUISSE ET DE LA JAMBE.

Une petite fille, âgée de 6 ans, bonne constitution, embonpoint prononcé, est présentée à la commission le 3 décembre 1843, pour une luxation congénitale du fémur droit. Les parents affirment que le sujet boitait dès sa plus tendre enfance, qu'elle n'a jamais fait de chutes graves, que jamais la hanche n'a été le siége de douleurs, de gonflement ou tout autre symptôme de coxalgie. La peau de cette région n'offre d'ailleurs pas la moindre trace d'anciennes cicatrices.

Le père et la mère de l'enfant sont exempts de difformité.

La luxation coxo-fémorale droite que porte cette dernière se révèle par les caractères suivants :

1° Si l'on imprime à la cuisse des mouvements alternatifs de flexion et d'extension, une main placée derrière le grand trochanter sent aux limites de chaque mouvement de flexion la tête fémorale rebondir à travers les parties molles ; et l'on s'assure ainsi, que cette tête, au lieu de pivoter sur elle-même, décrit de haut en bas des arcs de cercle assez étendus.

Le pouce, appliqué sur le siége normal de l'articulation au bas et un peu en dehors de l'épine iliaque antéro-inférieure, ne sent d'ailleurs aucun mouvement de la tête fémorale ;

2° Le grand trochanter droit est remonté de 1 centimètre 3 millimètres ;

De l'épine iliaque à la malléole externe, on trouve.	à droite. . .	48c	5mm
Id.	à gauche. . .	50	»

3° Le sujet étant couché sur le dos, les jambes fléchies sur les cuisses et celles-ci sur le bassin, si l'on rapproche les deux genoux, on constate que le genou droit est débordé par le gauche de 1 centimètre. La cuisse droite est aussi plus oblique de dehors en dedans et située sur un plan un peu plus élevé ;

4° La fesse est plus large, plus volumineuse, et son pli plus élevé à droite et surtout en dehors qu'à gauche ; le grand trochanter est aussi plus saillant et le pli inguinal plus profond du côté droit. Pas de rotation sensible du bassin sur son axe vertical. L'épine iliaque droite est un peu plus élevée que la gauche (2 ou 3 millimètres environ).

En outre, tout le membre inférieur droit est un peu moins ferme au toucher que le gauche et a subi une réduction de volume assez prononcée.

Circonférence de la cuisse vers la partie supérieure.	à droite. . .	30c	3mm
Id.	à gauche. . .	31	5.
Id. . . . . au-dessus de la rotule.	à droite. . .	20	3
Id.	à gauche. . .	21	3
Id. . . . du mollet.	à droite. . .	18	5
Id.	à gauche. . .	19	5

Cette atrophie du membre inférieur droit paraît porter à la fois sur tous les tissus, sur les os comme sur les parties molles; la rotule, en particulier, est très-petite et irrégulière. Cependant les os de la cuisse et de la jambe paraissent avoir conservé la même longueur des deux côtés. Du sommet du grand trochanter à la malléole externe, on trouve, à droite, comme à gauche, 47 centimètres. Mais, si l'on rapproche les deux membres inférieurs placés dans l'extension, les deux épines iliaques antéro-supérieures étant de niveau, l'on constate que la malléole interne est située à 1 centimètre 5 millimètres plus haut que la gauche.

Légère tension des muscles de la hanche droite, notamment du tenseur aponévrotique.

La colonne vertébrale, pendant le décubitus horizontal, conserve sa rectitude.

La mobilité de l'articulation coxo-fémorale droite est au moins aussi grande que celle de la gauche; tous les mouvements ont leur étendue normale. Pendant la marche, le sujet fléchit sur cette articulation et la claudication postéro-latérale est très-prononcée. On remarquera toutefois qu'il n'y a pas de rotation du pied en dedans ni en dehors. Pendant la marche, la jambe gauche est légèrement fléchie, surtout au moment où le poids du corps porte sur le membre droit.

Traitement mécanique préparatoire consistant en extension continue élastique, destinée à allonger les ligaments et les muscles, et à faire descendre la tête fémorale au niveau de la cavité. Cette extension est pratiquée à l'aide de l'appareil précédemment indiqué, et de 2 à 4 kilogrammes.

Continuation de ce traitement sans interruption jusqu'au 3 février. Ce jour-là, tentatives de réduction sous les yeux de la commission, flexion de la jambe sur la cuisse et de la cuisse sur le bassin, traction de la tête fémorale en bas et rotation simultanée du fémur suivant son axe. Dans ce mouvement composé, la tête fémorale glisse de haut en bas et un peu d'arrière en avant, et vient se placer en arrière et un peu au-dessus du sourcil cotyloïdien. On imprime alors au membre un mouvement composé d'abduction, de rotation en dehors et d'extension, et on entend tout à coup un bruit distinct annonçant la réduction. La tête fémorale fait une légère saillie dans la région crurale de l'aine. On s'assure par le toucher et par la comparaison du côté de la luxation avec le côté normal, que les parties sont dans les mêmes rapports, sauf une différence de saillie du grand trochanter droit et d'une largeur plus grande de la fesse. Toutefois, il est impossible de retrouver en arrière la tête du fémur, et on s'assure aisément, au contraire, au moyen de légers mouvements de rotation de la cuisse, de sa présence en avant au niveau de l'acétabulum. On maintient la réduction à l'aide d'une ceinture de hanche très-serrée et d'une légère extention continue.

Le 10 février, les parties sont toujours dans le même état. Continuation des mêmes moyens. Le 20, on essaye de très-légers mouvements; mais on s'aperçoit que la tête du fémur se meut dans un espace plus grand que l'aire de l'acétabulum, qu'elle glisse un peu en haut et en avant vers l'épine iliaque antéro-inférieure. On maintient le membre au repos pendant deux mois.

A partir du 10 avril, on fait exécuter graduellement à l'articulation de légers mouvements alternatifs de flexion et d'extension, combinés avec une traction continue très-modérée. Pour remplir ce double but, le corps est fixé au lit par un corsage terminé par deux sous-cuisses. Le membre abdominal entier est reçu et fixé dans une gouttière. Vers la partie moyenne de celle-ci s'insère une corde, qui monte se réfléchir sur une poulie fixée au plafond, et de là gagne obliquement le barreau transversal de la tête du lit. Du milieu de cette dernière partie de la corde descend à la hauteur des mains de l'enfant une poignée qui lui permet de soulever et d'abaisser alternativement le membre en totalité. Flexion et extension de la cuisse.

En second lieu, le bassin, maintenu immobile par une ceinture parfaitement adaptée aux parties, permet à la tête d'osciller dans le même point. Enfin, un poids de 1 kilogramme et demi, tirant constamment sur le membre par l'intermédiaire d'une corde attachée à l'extrémité de la gouttière et réfléchie sur une poulie, prévient tout refoulement du rayon vers son centre de mouvement (de la cuisse sur le bassin).

Malgré la plus grande précision et la plus grande surveillance dans l'application de cet appareil, la luxation ne tarde pas à se reproduire. On la réduit de nouveau et avec la plus grande facilité.

Cette nouvelle réduction est suivie d'un mois de repos. Pendant ce temps, on circonscrit le grand trochanter au moyen d'une pelote à excavation demi-circulaire, et on presse directement sur la tête fémorale dans le but de tasser le tissu cellulo-vasculaire qui obstrue l'acétabulum.

Le 1er juillet, la réduction s'étant maintenue, on recommence les mouvements alternatifs d'extension et de flexion, et on les continue jusqu'à la fin de l'année, sans que l'articulation subisse un nouveau déplacement.

Le 9 février 1845, la commission constate : 1° la persistance de la tête fémorale dans le point où la réduction l'a placée, et la persistance de l'égalité de longueur des deux membres; 2° l'existence d'un bourrelet cotyloïdien produit artificiellement depuis la réduction de la luxation à la partie supérieure et antérieure du siége de l'acétabulum normal. La commission constate, en outre, l'existence d'un faisceau musculaire distinct en forme de bride tendue entre le grand trochanter, et la partie moyenne et supérieure de la face externe de l'os iliaque.

Dans le but de prévenir tout déplacement ultérieur, et de compléter le bourrelet cotyloïdien déjà produit à la partie antérieure et supérieure de l'articulation, M. J. Guérin fait la section sous-cutanée du faisceau musculaire tendu, et pratique des scarifications péri-articulaires, en arrière et un peu au-dessus du point qu'occupe actuellement la tête fémorale : ces scarifications intéressent toute l'épaisseur des parties molles jusqu'à l'os. Il se fait un épanchement de sang assez abondant, qui s'arrête bientôt de lui-même. Pansement ordinaire. Légère extension. Repos.

Le 15, les petites plaies cutanées sont complétement fermées, nulle trace d'inflammation. Il reste tout au plus un peu d'empâtement et de sensibilité au niveau des plaies sous-cutanées.

Dès le 17, on reprend les mouvements provoqués de la cuisse. Extension et flexion alternatives en même temps que traction légère (1 kilogramme 1/2).

Du 17 février à la fin de juin, exercices articulaires déjà indiqués (flexion et traction simultanées).

Le 1er juillet, on trouve l'articulation plus résistante, mieux circonscrite. On sent manifestement au-dessus, en arrière et en avant de la tête fémorale, un bourrelet semi-circulaire qui tranche, par sa consistance et son relief, avec les parties environnantes. A partir de cette époque, on commence les essais de marche avec le chariot suspenseur indiqué dans l'observation précédente. Dans l'intervalle de ces exercices, mouvements combinés avec l'extension du membre.

A la fin d'août, on constate que l'articulation nouvelle n'occupe plus le niveau de la cavité cotyloïde normale, mais un point sensiblement plus élevé. Néanmoins, il n'y a point eu de reproduction de la luxation, et les deux malléoles continuent à se correspondre, les deux épines iliaques placées à la même hauteur. On trouve la raison de cette anomalie dans un allongement réel des deux os du membre abdominal. En effet, le fémur et le tibia droits sont de 2 centimètres 5 millimètres plus longs que ceux du côté opposé. L'articulation coxo-fémorale est toujours solidement fixée dans le point qu'elle occupe et continue à être entourée d'un bourrelet manifeste et résistant.

L'articulation semble s'être déplacée en masse, avoir glissé en quelque façon de bas en haut sous l'influence de la marche, en même temps que les deux os du membre se sont allongés en proportion sous l'influence de la compression, des tractions et du mouvement exclusif du membre droit.

On continue l'usage des mêmes moyens en insistant sur les exercices du membre droit dans le décubitus. Cependant, on diminue graduellement l'usage des supports, pour faire supporter davantage le poids du corps par le bassin.

Le 28 décembre 1845, la commission revoit le sujet pour la dernière fois, et constate les résultats suivants :

Examen dans le décubitus. — Les deux pieds sont de niveau. Les malléoles se correspondent; mais la rotule et l'épine iliaque antéro-supérieure droite sont plus élevées qu'à gauche de 1 centimètre environ. Le trochanter droit est plus élevé que le gauche de 2 centimètres; il est aussi sensiblement plus saillant.

Fesse droite toujours plus large et plus maigre que la gauche. Pendant la flexion des jambes sur les cuisses, le genou droit est plus bas et plus en arrière de 1 centimètre 5 millimètres. Dans cette position, les doigts maintenus derrière le grand trochanter, ne sentent plus reborder la tête fémorale; au contraire, celle-ci, pendant les mouvements de rotation de la cuisse, peut être facilement reconnue en avant. Elle est située à 2 centimètres environ plus haut que le siége de la cavité normale.

On doit noter, *d'une manière toute particulière* que le membre luxé est devenu, par suite du traitement, *plus long en totalité dans ses os propres* de 3 centimètres environ que celui du côté opposé. Or, l'observation de la difformité constate que c'était plutôt le contraire avant le traitement.

Aujourd'hui, du sommet du grand trochanter au sommet de la malléole externe. . .	à gauche. . .	50c	5mm
Id.	à droite. . . .	55	5

La jambe droite participe à cet excès de longueur pour un centimètre environ.

Muscles. — Quelques faisceaux du tenseur aponévrotique droit sont restés plus tendus qu'à gauche. Le faisceau du grand fessier qui a été divisé est parfaitement réuni, sans nodosités ni adhérences vicieuses. On ne distingue plus autour de l'articulation les végétations en forme de bourrelet, qui circonscrivaient la tête du fémur il y a quelques mois.

Tout le membre droit est resté sensiblement plus maigre que le gauche; les chairs et les articulations en sont beaucoup plus molles et plus lâches.

Examen debout. — Les deux membres paraissent de même longueur. Le sujet, aidé de la main, peut rester debout, appuyé sur la jambe droite, sans qu'aucun déplacement nouveau de la tête du fémur ait lieu, ni aucun changement dans la longueur relative des membres.

Le sujet marche depuis cinq mois à l'aide d'un appareil à tuteurs axillaires et courroie de suspension pelvienne. Avec cet auxiliaire la marche s'effectue sans claudication. Depuis deux mois l'enfant s'exerce à marcher sans soutien. Il n'en est résulté ni déplacement ni douleur. Il n'y a plus de claudication appréciable.

Santé généralement bonne quoique la complexion soit restée molle et lymphatique. Pendant le cours du traitement, il y a eu à plusieurs reprises des affections fébriles.

Les deux cas qui précèdent ont été présentés par M. J. Guérin comme offrant des résultats complétement nouveaux : formation de cavités articulaires nouvelles et allongements réels des os, compensant le raccourcissement produit par la luxation. C'est un genre d'amélioration que l'art n'avait pas soupçonné jusqu'ici, et qui est destiné à suppléer à la réduction complète et permanente, quand celle-ci ne sera pas possible.

TROISIÈME CAS.

LUXATION CONGÉNITALE HÉRÉDITAIRE DU FÉMUR GAUCHE CHEZ UNE JEUNE FILLE DE 7 ANS ET DEMI. — CARACTÈRES ANATOMIQUES DE LA LUXATION TRÈS-PRONONCÉS. — POINT DE RÉTRACTION MUSCULAIRE APPRÉCIABLE. — RACCOURCISSEMENT DE 1 CENTIMÈTRE 3 MILLIMÈTRES. — CLAUDICATION POSTÉRO-LATÉRALE SENSIBLE. — RÉDUCTION TRÈS-FACILE APRÈS SEPT MOIS DE TRAITEMENT MÉCANIQUE PRÉPARATOIRE. — POINT DE MYOTOMIE. — TRAITEMENT MÉCANIQUE CONSÉCUTIF. — PERSISTANCE DE LA RÉDUCTION. — ESSAIS DE MARCHE SANS SOUTIEN ; PLUS DE CLAUDICATION. — APRÈS TROIS MOIS DE GUÉRISON, FIÈVRE TYPHOÏDE TRÈS-GRAVE. — SYMPTÔMES CÉRÉBRAUX DES PLUS INTENSES. — CONTRACTURES MUSCULAIRES GÉNÉRALES, REPRODUCTION DE LA LUXATION SOUS L'INFLUENCE DE LA CONTRACTURE DES MUSCLES PELVI-FÉMORAUX. — GUÉRISON DE LA MALADIE ET RÉSOLUTION DE LA CONTRACTURE. — RÉDUCTION NOUVELLE ET TRÈS-FACILE DE LA LUXATION. — NOUVEAU TRAITEMENT MÉCANIQUE CONSÉCUTIF. — GUÉRISON TEMPORAIRE ; MARCHE PENDANT QUATRE MOIS. — REPRODUCTION DE LA LUXATION SANS CAUSE APPRÉCIABLE. — RÉDUCTION IMMÉDIATE. — TRAITEMENT DE CONSOLIDATION. — GUÉRISON DÉFINITIVE PROBABLE.

Une petite fille âgée de 7 ans et demi, assez fortement constituée, tempérament nerveux, est présentée à la commission, le 27 octobre 1844, pour une luxation congénitale du fémur gauche.

Cette luxation est sans doute congénitale. Cependant la claudication n'a été bien remarquée que vers l'âge de deux ans, bien que l'enfant ait marché beaucoup plus tôt; mais on ne connaît aucune circonstance qui puisse rendre compte de la production de la luxation depuis la naissance : il est probable que l'enfant l'avait en venant au monde; mais que la marche n'aura fait que l'augmenter et la rendre plus apparente. Jamais de convulsions; jamais de douleurs ni de gonflement du côté de la hanche.

Cette difformité paraît être héréditaire. La mère est affectée d'une luxation congénitale des deux fémurs. Quant au père, il est bien conformé, et il n'existe pas d'autre difformité dans la famille.

Depuis l'époque où elle a été aperçue, la difformité a fait des progrès continus. La claudication est devenue de plus en plus prononcée, surtout dans ces derniers temps.

Actuellement, la luxation se révèle par les caractères suivants :

1° Élargissement et saillie de la hanche gauche. Le grand trochanter forme un relief beaucoup plus prononcé que du côté opposé ;

2° Élévation et transport en arrière du grand trochanter gauche avec raccourcissement du membre. Si, de l'épine iliaque antéro-supérieure, on tire une ligne horizontale qui embrasse le contour de la hanche, on trouve, le sujet étant couché, que la distance verticale du grand trochanter gauche à cette ligne n'est que de 2 centimètres, tandis qu'elle est à droite de 3 centimètres. Le membre inférieur gauche est plus maigre que celui du côté opposé ; mais la longueur des os paraît être la même à droite et à gauche.

De l'épine iliaque antéro-supérieure à la malléole externe.	à gauche. . .	53c	»mm
Id.	à droite. . .	54	»
Du sommet du grand trochanter à la malléole externe.	à gauche. . .	52	8

Du sommet du grand trochanter à la malléole externe.	à droite.	52	8mm
Différence de hauteur entre les deux malléoles externes, 10 à 12 millimètres.			

En outre, le grand trochanter est situé plus en arrière que celui du côté opposé.

Du sommet du grand trochanter à l'épine iliaque antéro-supérieure.	à gauche.	8	5
Id.	à droite.	6	8
Dans la station. — Le grand trochanter remonte un peu, et la distance de l'épine iliaque à la malléole externe n'est plus que de.	à gauche.	52	5
Id.	à droite.	53	8

3° Si les cuisses étant fléchies sur le bassin et les jambes sur les cuisses, l'on rapproche les deux genoux, on remarque que la cuisse droite est plus oblique de dehors en dedans et située sur un plan plus antérieur que la gauche. De plus, le genou droit déborde le gauche de 2 centimètres environ;

4° Si l'on imprime à la cuisse des mouvements alternatifs de flexion et d'extension, la main, appliquée derrière le grand trochanter, sent la tête fémorale rebondir à travers les parties molles. Cette tête, au lieu de pivoter, suivant l'axe du col du fémur, se déplace en totalité en décrivant de petits arcs de cercle d'avant en arrière et d'arrière en avant;

5° Déformations consécutives du tronc et du membre inférieur gauche. La fesse gauche est plus large transversalement et moins arrondie que la droite, sauf tout à fait latéralement vers la saillie du grand trochanter; le pli sous-fessier est situé un peu plus bas que celui du côté opposé, et le pli inter-fessier est légèrement oblique de haut en bas et de droit à gauche.

Pendant le décubitus, le bassin est un peu élevé du côté gauche; mais, dans la station debout, l'épine iliaque antéro-supérieure de ce côté est située 1 centimètre environ plus bas que du côté opposé. En outre, le bassin a basculé en avant, de manière que sa face postérieure regarde plus en haut que de coutume.

Cambrure assez prononcée de la région lombaire, avec relief des deux masses communes. Pas d'excurvation bien marquée dans le reste de la colonne; mais la colonne dorsale est le siége d'une légère courbure, à convexité gauche et à grand rayon, accompagnée d'un peu d'élévation du scapulum et de soulèvement des côtes gauches et d'un léger bombement des cartilages costo-sternaux du côté droit.

Enfin tout le membre inférieur gauche est un peu moins volumineux que le droit.

Circonférence de la cuisse à sa partie supérieure.	à gauche.	33c	»mm
Id.	à droite.	35	4
Id. . . du mollet.	à gauche.	22	»
Id.	à droite.	22	8

État des muscles. — Le membre gauche étant porté dans l'abduction, sans aucun effort de la part du sujet, on sent, quand ce mouvement arrive à 35 ou 40 degrés, une résistance et une dureté assez marquées dans les muscles adducteurs. Le soulèvement et la tension des muscles correspondants à droite, n'a lieu qu'à un degré d'abduction beaucoup plus prononcé. Si l'on fléchit la cuisse et qu'on la porte en même temps dans l'abduction et la rotation en dedans, les muscles fessiers ne paraissent pas plus tendus que du côté opposé. Il n'existe pas non plus de tension manifeste dans les muscles des régions antérieures et latérales de la cuisse.

L'enfant se tient les jambes un peu écartées, la droite un peu portée en dehors et le tronc légèrement incliné à gauche. Dans la marche, claudication latérale gauche habituellement peu prononcée, mais augmentant, au dire de la mère, quand l'enfant est fatiguée.

Traitement mécanique préparatoire comme dans les deux cas précédents. Après sept mois de ce traitement, la tête du fémur est descendue et reste sans aucun effort au niveau de la cavité cotyloïde. Aucun des muscles pelvi-fémoraux ne paraît spécialement affecté. Ils n'offrent qu'un peu plus d'amaigrissement que ceux du côté opposé.

Le 2 juin, après quelques tentatives de flexion et de rotation en dehors, réduction immédiate très-facile. La rentrée de la tête fémorale s'annonce par un bruit de claquement manifeste et un changement notable dans l'aspect des parties. On sent d'ailleurs, au niveau de la cavité cotyloïde, une tumeur osseuse qu'on reconnaît aisément pour la tête fémorale pendant les mouvements de rotation de la cuisse. L'enfant ne se plaint d'aucune douleur et n'éprouve les jours suivants ni fièvre ni malaise. Une ceinture pelvienne convenablement adaptée aux parties, maintient l'articulation dans ses nouveaux rapports, tandis qu'une extension légère empêche la contraction musculaire de reproduire la luxation.

Le 20 juin, les parties sont dans l'état où elles étaient le jour de la réduction. On commence le traitement de consolidation. Mouvements mécaniques de flexion et d'extension combinés avec une traction permanente de 2 kilogrammes.

Après six semaines de ce traitement, on constate qu'il n'est survenu aucun déplacement, aucun changement de rapport dans les parties : les deux membres sont restés exactement de même longueur et le bassin parfaitement horizontal.

Un refoulement modéré de ce dernier par le membre gauche peut être effectué sans aucun inconvénient.

Dans les premiers jours d'août, on commence les essais de marche au chariot à tuteurs et à suspenseur. Dès les premiers jours, la marche est régulière, sans claudication aucune. On diminue graduellement l'action des soutiens mécaniques, et vers la fin d'août l'enfant peut, tenu simplement par la main, faire quelques pas sous les yeux de la commission. Néanmoins, on continue les exercices dans le décubitus et au char alternant avec des essais de marche libre jusqu'à la fin de l'année (28 décembre), époque où la commission a revu cette enfant pour la dernière fois. Voici le résultat de son dernier examen.

Examen dans le cubitus. — Membres de même longueur, épines iliaques, trochanter, rotules, malléoles de niveau. Trochanter gauche un peu plus saillant que le droit. Fesse gauche toujours un peu plus large que la droite. Peu de différence sous le rapport du volume.

Pendant la flexion de la cuisse sur le bassin, les deux genoux sont de niveau. Les doigts placés derrière le grand trochanter, ne sentent point la tête du fémur. Au contraire, celle-ci, pendant les mouvements de rotation de la cuisse, est manifestement reconnue au niveau de la cavité cotyloïde. Les fémurs et les tibias sont restés de même longueur.

Les muscles sont également tendus de chaque côté. Le volume et la consistance du membre sont encore un peu moindres à gauche qu'à droite. Les articulations du genou et du pied gauche sont un peu relâchées.

Examen debout. — Les deux membres restent de la même longueur et les épines iliaques de niveau. Le sujet peut s'appuyer sur la jambe gauche sans que la luxation se reproduise, et sans changement aucun dans la longueur relatives des deux membres.

La marche encore peu assurée s'effectue sans claudication ni douleur et avec une grande régularité. Les parties examinées immédiatement après sont trouvées dans leurs rapports normaux.

Santé générale parfaite.

Dans le courant de janvier, cette enfant a été prise tout à coup d'une fièvre typhoïde caractérisée qui a duré plus de quarante jours. Vers le vingt-cinquième jour elle a éprouvé, après des symptômes cérébraux intenses, des contractures dans presque tous les muscles du tronc et des membres. Les mains, les avant-bras et les bras, les cuisses, les jambes et les pieds, étaient roides, convulsés; ils offraient, indépendamment du caractère de la maladie première, l'aspect de difformités portées au plus haut degré. Ayant été prévenu par la famille et par le médecin ordinaire, M. J. Guérin pria un des membres de la commission, M. Louis, de vouloir bien venir constater l'état de cette petite. Quoique l'enfant fût trop malade pour qu'on se livrât à des explorations propres à faire reconnaître la reproduction de la luxation, on pouvait induire l'existence de cette dernière, du seul raccourcissement que présentait à un degré marqué le membre abdominal gauche. Du reste, quoique la contracture eût cessé dans tous les muscles avec la maladie, le raccourcissement du membre a persisté, et alors il a été possible de s'assurer rigoureusement de l'état des parties.

Le 25 février, on constate en effet que la tête fémorale est remontée dans la fosse iliaque externe, le sommet du grand trochanter de niveau avec la cavité cotyloïde. Tous les autres caractères de la luxation iliaque existent.

Du mois de février au mois de mars, extension continue. Après quinze jours de ce traitement, les deux membres étaient de même longueur et se maintenaient dans cette position sans le secours d'aucune traction. Dès la seconde tentative de flexion et de rotation, on réussit à ramener la tête du fémur dans sa cavité, et on l'y maintient sans aucune difficulté à l'aide des moyens ordinaires.

Un traitement consécutif, en tout semblable à ceux précédemment employés, a été remis en usage pendant deux mois. Après quoi, l'enfant a marché sans claudication comme avant sa récidive; tout portait à croire que l'avenir ne ferait qu'améliorer sa position et consolider sa guérison, lorsque, sans accident ni cause connue, la luxation s'est reproduite une seconde fois. La réduction s'est de nouveau opérée avec la plus grande facilité. Mais cette fois, pour assurer la permanence de la réduction, on maintiendra l'articulation assujettie pendant cinq ou six mois, et l'on ne reprendra les essais de marche qu'avec la plus grande circonspection.

Des deux autres cas de luxation congénitale du fémur présentés à la commission, l'un, simple, n'a pas été traité à cause d'une maladie dont a été pris le sujet quelques jours après son entrée en traitement; l'autre, double, présenté trop tard, n'avait pu obtenir de résultats définitifs à l'époque où la commission a cru pouvoir clore ses opérations.

Si les cinq cas de luxation congénitale du fémur, soumis à l'examen de la commission, ne suffisent pas pour établir d'une manière irrécusable les vues étiologiques qui rattachent, dans la théorie de M. J. Guérin, cette difformité à toutes celles qui sont le produit de la rétraction musculaire, ces cas sont plutôt favorables que contraires à cette doctrine. Quant à l'efficacité des méthodes de traitement, nul doute que les résultats obtenus, rapprochés surtout de ceux qui existaient déjà dans la science, ne témoignent de la manière la plus positive en faveur de ces méthodes. Il est à remarquer d'ailleurs que les améliorations d'un genre tout particulier, et consistant dans un ordre de faits entièrement nouveaux, obtenus dans les deux premiers cas, ouvrent à l'art des ressources sur lesquelles il n'avait pas compté jusqu'ici.

V.

DÉVIATIONS DES GENOUX.

Huit sujets atteints de déviations des genoux ont été présentés à la commission. Cinq ont été traités sous ses yeux. Des trois autres, deux, par des circonstances indépendantes de la volonté du chirurgien, n'ont pas continué leur traitement après l'avoir commencé; le troisième est mort d'une fièvre éruptive avant d'avoir été traité.

Des cinq cas traités, un était dû au rachitisme pur; deux à la rétraction musculaire et au rachitisme combinés; les deux derniers à la seule rétraction des muscles et des ligaments.

Voici l'histoire détaillée de ces cinq cas, divisés en trois catégories:

PREMIÈRE CATÉGORIE.

DÉVIATIONS RACHITIQUES.

PREMIER CAS.

DÉVIATION COMPOSÉE DU GENOU GAUCHE, DE NATURE RACHITIQUE. — DÉFORMATION ET DÉPRESSION NOTABLE DES CONDYLES EXTERNES DU TIBIA ET DU FÉMUR CORRESPONDANTS. — ÉCRASEMENT DE L'ÉPIPHYSE SUR LA DIAPHYSE DU TIBIA.—COURBURE LÉGÈRE DU TIBIA ET DU PÉRONÉ DU MÊME CÔTÉ.—DÉFORMATIONS RACHITIQUES CONCOMITANTES DES AUTRES PARTIES DU SQUELETTE. — DEUXIÈME PÉRIODE DU RACHITISME. — TRAITEMENT MÉCANIQUE ET TRAITEMENT MÉDICAL SIMULTANÉS. — REDRESSEMENT DU GENOU APRÈS TROIS MOIS DE TRAITEMENT MÉCANIQUE.

Un enfant, âgé de 3 ans et 3 mois, constitution faible, tempérament lymphatique, est présenté à la commission le 9 mars 1845, pour plusieurs difformités rachitiques, notamment pour une déviation du genou gauche et une courbure très-prononcée de la jambe droite. Ces deux difformités ayant été traitées séparément et par des méthodes entièrement différentes ont été présentées et décrites à part, quoique, dans ces deux cas, la maladie générale ait été prise également en considération.

Cet enfant, mal soigné en nourrice, a été, suivant l'expression de sa mère, élevé à sec, c'est-à-dire qu'il n'a pas teté. Quand il fut ramené chez ses parents, à quinze mois, les jambes étaient déjà déformées; il avait en outre de la diarrhée, un appétit vorace, des sueurs abondantes, surtout à la tête et à la poitrine. Il fut mis alors au régime exclusif des panades et des soupes grasses, et à l'usage des bains salés et des frictions avec un mélange de moelle de bœuf et de gros vin. L'état général ne tarda pas à s'améliorer ; mais les difformités ne cessèrent pas de faire des progrès. L'enfant n'a jamais eu de convulsion.

État actuel de la déviation du genou et de la courbure du tibia. — Cette difformité composée occupe la jambe gauche. Elle offre les caractères suivants : la jambe est déviée en dehors d'environ 35 degrés. Cette déviation est presque fixe, c'est-à-dire qu'on peut à peine la diminuer de quelques degrés par les efforts mécaniques. Avec un peu d'attention, il est facile de voir qu'elle n'a pas son centre de mouvement uniquement dans l'articulation fémoro-tibiale, mais qu'elle est produite surtout par une inclinaison de la diaphyse du tibia sur son épiphyse. En effet, en masquant la première avec la main, on voit que l'épiphyse ne s'incline que très-faiblement en dehors et que les surfaces articulaires du fémur et du tibia s'éloignent peu de la direction horizontale. Si, au contraire, on masque l'épiphyse, on voit que la diaphyse se dirige fortement en dehors. En outre, au point de jonction de ces deux parties de l'os et à la partie externe, le doigt sent une dépression résultant de leur rencontre sous un angle à sinus externe. De ce côté, l'épiphyse est petite, mince, comme écrasée, tandis que du côté opposé, c'est-à-dire en dedans, elle est volumineuse, arrondie et comme boursouflée. Cette disposition donne à la partie supérieure du tibia, une apparence de courbure de très-court rayon, à convexité interne. Les diaphyses du tibia et du péroné sont d'ailleurs le siége, à leur tiers inférieur, d'une légère courbure à convexité antérieure. Du côté droit, au contraire, il existe dans le même point de la jambe une courbure extrêmement prononcée, dont il sera question dans l'observation détaillée relative à cette sorte de difformité.

Caractères généraux du rachitisme : genoux volumineux, exagération de la courbure normale des fémurs, saillie des trochanters et aplatissement de la partie latérale des fesses, indiquant une subluxation rachitique coxo-fémorale. Ventre gros, poitrine carrée, léger chapelet rachitique, un peu de courbure des os des avant-bras, nouures prononcées des poignets.

Santé générale actuellement bonne; appétit beaucoup moins vorace qu'autrefois ; moins de sueurs, accomplissement régulier des autres fonctions.

L'enfant a d'abord été traité de la maladie rachitique et de la courbure spéciale de la jambe droite. Celle-ci ayant été redressée (voir § 8, 1er cas) on s'occupe du redressement du genou gauche. Le principal moyen employé consiste dans un appareil à double tuteur interne et externe, depuis le pied jusqu'au genou et à simple tuteur externe jusqu'à la hanche. Les deux moitiés de l'appareil doublement articulées au devant du genou suivant un axe transversal pour la flexion de la jambe sur la cuisse et suivant un axe antéro-postérieur externe pour le transport ou inclinaison de la jambe en dedans, en sens inverse de l'inclinaison pathologique. Ces deux mouvements sont produits à l'aide de deux vis de pression prenant leur point d'appui sur le tuteur supérieur ou fémoral, et agissant sur l'inférieur considéré comme extrémité centrale d'un double rayon, représenté par la jambe à sa jonction avec la cuisse. Cet appareil, muni d'une genouillère et d'embrasses, a pour but et pour résultat de faire corps avec la jambe et la cuisse, et de confondre ses articulations et ses mouvements avec l'articulation et les mouvements du genou. En un mot, cet appareil est en tout point construit d'après le système des appareils à flexion substitués par M. J. Guérin au système des appareils à compression.

Voici, après trois mois de traitement par cet appareil, le résultat constaté par la commission, le 29 juin 1845.

Plus de déviation du genou, la jambe est droite et dans l'axe de la cuisse; la dépression qui existait au niveau de la jonction du condyle externe du tibia avec la diaphyse de l'os est à peine appréciable. La portion externe des deux condyles du tibia et du fémur s'est développée en ce point d'une manière remarquable. La forme du genou est encore irrégulière, mais il n'y a plus de déviation. Point de tension anormale ni de relief musculaire ou ligamenteux. La contractilité existe dans tous les muscles. Les mouvements sont libres et étendus : point de mouvement anormal de latéralité.

L'enfant porte encore un appareil de sustentation : néanmoins, il peut marcher assez bien sans claudication. La santé générale est très-bonne : on indiquera les autres résultats généraux à l'occasion du redressement de la courbure de la jambe droite (§ 8, 1er cas).

Le cas qui précède a été présenté par M. J. Guérin, comme propre à montrer la nature et les conditions spéciales des déviations rachitiques du genou, et mettre en évidence l'efficacité particulière et absolue du traitement mécanique simple contre cette espèce de difformité. Les cas de la catégorie qui suit, résultant de la combinaison du rachitisme avec la rétraction musculaire, ont été présentés comme pouvant montrer l'indispensable nécessité du concours des deux méthodes différentes appropriées à la double nature de leurs éléments étiologiques.

DEUXIÈME CATÉGORIE.

DÉVIATIONS PAR RACHITISME ET RÉTRACTION MUSCULAIRE COMBINÉES.

DEUXIÈME CAS.

DÉVIATION ESSENTIELLE ET RACHITIQUE DES DEUX GENOUX EN DEDANS. — RACHITISME ANCIEN, DATANT DE QUATRE ANNÉES, ET PRÉCÉDÉ DE PARALYSIE ESSENTIELLE DU MEMBRE ABDOMINAL DROIT. — DÉFORMATION CONSIDÉRABLE DES GENOUX ET DÉPRESSION MARQUÉE DES CONDYLES EXTERNES DES TIBIAS. — TENSION DU LIGAMENT LATÉRAL EXTERNE. — TRAITEMENT GÉNÉRAL APPROPRIÉ ET TRAITEMENT MÉCANIQUE ET CHIRURGICAL. — GOUTTIÈRE BRISÉE. — SECTION SOUS-CUTANÉE DU LIGAMENT LATÉRAL EXTERNE ET DE L'APONÉVROSE FASCIA-LATA. — REDRESSEMENT.

Une petite fille, âgée de 5 ans et demi, a été présentée à la commission, le 15 mai 1844, pour une déviation essentielle et rachitique des genoux en dedans.

Cette enfant est venue au monde bien conformée. Son père et sa mère sont exempts de difformités, mais une de ses sœurs a été traitée pour une déviation des genoux analogue à celle qu'elle porte elle-même.

Élevée en nourrice elle en est revenue à l'âge de 18 mois, petite, chétive, faible, ne pouvant marcher et offrant déjà les caractères du rachitisme : nodosités très-prononcées aux malléoles, aux poignets, aux côtes, sueurs abondantes, diarrhée. En outre, vers la même époque, mais sans qu'on puisse rien préciser à cet égard, on remarqua une paralysie très-prononcée du membre abdominal droit, dont l'origine et les causes occasionnelles sont tout à fait inconnues. La paralysie diminua graduellement, mais laissa le membre plus faible que celui du côté opposé. C'est dans cet état que l'enfant fut présentée à la consultation de l'hôpital des Enfants le 28 novembre 1840. Il n'existait pas alors de déviation des genoux. On conseilla le traitement ordinaire contre le rachitisme, recommandant spécialement de ne pas laisser marcher l'enfant. Cette recommandation ne fut pas suivie : l'enfant marcha, et depuis lors est survenue, et s'est assez rapidement développée, la déviation des genoux qui fait le sujet de cette observation.

État actuel. — Constitution délicate, tempérament lymphatique, taille très-petite, développement enrayé; émaciation générale; pas de diarrhée, sueurs abondantes, poitrine étroite, ventre gros, membres grêles et courts; les nouures des malléoles, des poignets et des côtes sont beaucoup moins prononcées qu'autrefois et même presque effacées. Légère exostose vers la portion inférieure du condyle interne du tibia des deux côtés. Point de courbure des membres.

La déviation des genoux en dedans est directement latérale, sans mélange de flexion ni de rotation de la jambe sur son axe. Celle-ci, inclinée sur la cuisse, en dehors, forme avec elle, au repos, un angle de 160 à 165 degrés environ pour le côté gauche, et de 165 à 170 degrés pour le côté droit. Cette inclinaison disparaît dans la flexion de la jambe. Dans la station, au contraire, elle augmente de 8 à 10 degrés des deux côtés.

Le genou est le siége d'une déformation considérable, et consistant principalement en une saillie du condyle interne du fémur et une dépression des condyles externes du fémur et du tibia. Le condyle fémoral interne, quoique saillant, ne paraît pas, à proprement parler, plus volumineux que de coutume; mais il est comme refoulé en dedans, et forme le sommet de l'angle résultant de l'inclinaison de la jambe. Le condyle correspondant du tibia n'offre pas de déformation appréciable. La dépression des condyles externes est telle que si l'on fait cesser l'inclinaison de la jambe en la fléchissant, ils laissent entre eux un intervalle triangulaire qu'on peut sentir avec l'extrémité du doigt. Dans cette position, il est facile de constater une obliquité considérable des deux plans articulaires du fémur et du tibia, de dedans en dehors et de bas en haut pour le premier, et de de dedans en dehors et de haut en bas pour le second. Une ligne transversale, suivant la direction de la surface articulaire du tibia, forme avec l'horizon un angle de 15 degrés à sinus externe.

Les muscles du jarret, peu développés et ne paraissant jouir que d'une très-faible contractilité, ne sont pas sensiblement tendus; mais on sent, même au repos, une tension manifeste du ligament latéral externe, augmentant dans les efforts du redressement. Ces efforts ne modifient d'ailleurs que très-peu le degré de la difformité. On se sent arrêté presque tout à coup par une résistance invincible. Quant aux mouvements physiologiques de flexion et d'extension, ils ont conservé leur étendue et leur liberté normales. La marche est pénible et accompagnée d'un balancement latéral alternatif. Les deux genoux se heurtent à chaque pas. Un plâtre représentant la difformité est parafé par la commission.

Traitement mécanique préparatoire dans le but de mettre en saillie les obstacles musculaires et fibreux. L'appareil principal, construit d'après les préceptes du système de flexion, consiste dans une double gouttière brisée et articulée au niveau de l'articulation des genoux, recevant le membre en totalité depuis le haut de la cuisse jusqu'au talon. La brisure supérieure de l'appareil est fixe et immobile sur un plateau; la seconde voyage dans le sens latéral de dehors en dedans, et, au moyen d'une vis de rappel, ramène dans cette direction la jambe qui fait corps avec elle. Le caractère mécanique de cet appareil est d'étendre les points de préhension sur toute la surface du membre converti en levier articulé, et de concentrer en un seul point, correspondant à l'articulation à mobiliser, toutes les forces employées. A l'aide de cette machine, dont on gradue l'action avec la plus grande facilité, on obtient en vingt jours un certain degré de redressement qui peut être évalué au quart; mais à partir de ce moment, tout effort reste sans résultat et produit de la douleur au niveau des condyles internes du tibia et du fémur, et aux extrémités inférieures du fémur et inférieures du tibia, dans lesquels retentissent les efforts les plus considérables de la pression. Après six semaines de tentatives stériles pour aller au delà du premier résultat obtenu, on se décide à pratiquer la section sous-cutanée des ligaments latéraux.

Le 23 juillet 1844, section sous-cutanée des deux ligaments. En raison de la tension extrême et du parfait isolement des faisceaux fibreux qui les contituent, cette opération s'exécute avec la plus grande simplicité et facilité; mais aussitôt que l'obstacle qu'ils formaient a disparu, on sent de chaque côté les tendons du fascia-lata faisant à leur tour relief sous la peau et paralysant les effets de la section des ligaments. Section immédiate de ces deux tendons ou faisceaux aponévrotiques par des ponctions nouvelles. Dès lors, nouveau degré de redressement. Occlusion des piqûres cutanées à l'aide de morceaux de diachylon gommé. Les membres sont placés immédiatement dans les appareils.

Le 26, les petites plaies sont cicatrisées. On augmente l'action des appareils. Point de douleurs ni aucun symptôme particulier dans le siége des opérations.

Dans les premiers quinze jours qui suivent, le redressement fait de notables progrès. Du côté gauche, il ne s'en faut que d'un quart au plus pour que le membre soit complétement droit. Du côté droit, les résistances sont plus grandes. La dureté des condyles internes s'oppose à l'action des appareils. Dans les derniers quinze jours d'août, plus de progrès notables dans le redressement. Les membres sont difficilement assujettis dans les gouttières, et la compression développe un peu de sensibilité à la partie interne des genoux. Même résultat pendant le mois de septembre.

Le 27 septembre, on applique des bandages inamovibles des deux côtés, en ayant soin de maintenir les membres dans le plus grand degré de redressement possible pendant la dessiccation des appareils. Ceux-ci restent appliqués pendant tout le mois d'octobre. L'enfant marche assez facilement. A la fin du mois, on enlève les bandages. Ils ont produit une légère amélioration. Après quelques jours d'interruption, on les réapplique; mais l'enfant est prise d'une ophthalmie purulente des plus intenses, qui dure près de deux mois, et à la suite de laquelle elle perd l'usage de l'œil gauche. L'œil droit lui-même reste longtemps compromis. Pendant tout ce temps, l'enfant garde le lit, et le traitement de la déviation des genoux est interrompu. Ce traitement n'est repris que dans les premiers jours de mars.

Du 15 mars à la fin de juin, on continue l'usage des gouttières brisées, alternant avec l'appareil portatif à tuteurs, déjà indiqué dans le cas précédent. L'enfant peut ainsi marcher ou rester debout pendant tout le temps où elle n'a pas les jambes soumises à l'action des gouttières.

Le 29 juin, cette enfant est représentée à la commission, qui constate les résultats suivants :

La déviation des genoux a disparu, mais les cuisses et les jambes principalement sont toujours un peu plus arquées qu'à l'état normal. A droite, il existe encore une saillie anguleuse assez prononcée au niveau des condyles internes du fémur et du tibia. Toutefois, cette saillie résulte bien moins d'un reste de déviation que d'un refoulement de la matière osseuse des condyles de ce côté. A gauche, il n'existe plus de pression latérale externe des deux condyles. L'espace interarticulaire est comblé; à droite, cet espace n'est pas encore tout à fait rempli : plus de tension anormale des muscles ni des ligaments latéraux. Les uns et les autres sont parfaitement réunis.

Les mouvements sont conservés et s'exécutent au degré normal. La marche est assez libre; mais par suite d'un reste de dépression des condyles, du tibia et du fémur droits, la jambe de ce côté s'incline encore un peu sous le poids du corps. En raison de cette particularité, l'enfant marchera quelque temps encore avec l'appareil mécanique. La santé générale est bonne.

Le cas qui précède a été présenté comme un exemple de déviation par causes combinées avec déformation consolidée du genou sous l'influence du rachitisme à la troisième période avancée. Cette circonstance de l'induration rachitique des os a rendu le redressement complet du genou long et difficile. Dans le cas qui suit, relatif à une déviation composée du même ordre, mais appartenant à une période du rachitisme où les os sont encore dépressibles, la rapidité et la perfection du redressement se sont montrées en rapport avec les conditions différentes de la difformité.

TROISIÈME CAS.

DÉVIATION PRONONCÉE ESSENTIELLE ET RACHITIQUE DU GENOU GAUCHE CHEZ UN ENFANT DE 2 ANS. — POINT DE ROTATION DE LA JAMBE. — ANGLE D'INCLINAISON, 140 DEGRÉS. — DÉFORMATION CONSIDÉRABLE DU GENOU : DÉPRESSION MARQUÉE DES CONDYLES EXTERNES DU FÉMUR ET DU TIBIA. — OBLIQUITÉ PROPORTIONNELLE DES SURFACES ARTICULAIRES. — RÉTRACTION MANIFESTE DE L'APONÉVROSE FASCIA-LATA ET TENSION ANORMALE DU LIGAMENT LATÉRAL EXTERNE. — DIRECTION ANORMALE CONSÉCUTIVE DU TRONC. — MARCHE DIFFICILE. — RACHITISME DANS SA PÉRIODE DE RÉSOLUTION. — TRAITEMENT MÉCANIQUE ET CHIRURGICAL. — GOUTTIÈRE BRISÉE ET SECTION SOUS-CUTANÉE DU TENSEUR APONÉVROTIQUE ET DU LIGAMENT LATÉRAL EXTERNE. — REDRESSEMENT PARFAIT.

Un petit garçon, âgé de 2 ans et demi, bien développé pour son âge, est présenté à la commission le 21 avril 1844, pour une déviation essentielle et rachitique du genou gauche en dedans.

Cet enfant, élevé en nourrice, et, au dire des parents, dans de bonnes conditions hygiéniques, a eu cependant une enfance assez maladive. A deux mois est survenu, à la partie antéro-supérieure du thorax, un abcès qui ne paraît avoir été accompagné d'aucun symptôme du côté des organes profonds ; on l'a ouvert avec la lancette et la guérison a eu lieu sans difficulté. La cicatrice se voit encore. A un an, rougeole peu intense, sans accidents cérébraux. Dentition un peu laborieuse ; morosité, sommeil agité, diarrhée. On n'a jamais observé de convulsions. Quand l'enfant fut ramené de nourrice, il y a quatre mois, sa diarrhée avait cessé, mais le ventre était gros : amaigrissement et faiblesse générale, peu de sueurs. C'est à cette époque qu'on s'est aperçu pour la première fois d'une déviation de la jambe gauche en dehors. Les parents ajoutent qu'alors la jambe droite paraissait également déviée, mais en dedans. Sous l'influence de bains aromatiques et de frictions toniques, la santé générale s'améliora rapidement ; mais la jambe gauche continua à s'incliner en dehors. L'enfant n'a commencé à marcher qu'à vingt-sept mois. On n'a encore employé aucun traitement mécanique.

État actuel. — La difformité consiste en une déviation du genou gauche en dedans, sans rotation de la jambe ni de la cuisse, soit en dedans, soit en dehors (la jambe droite est actuellement dans la rectitude). La jambe gauche, inclinée directement en dehors, forme avec la cuisse un angle à sinus externe de 140 degrés, qu'on peut, par un effort mécanique, ramener à 150 degrés. Cette inclinaison disparaît dans la flexion du genou.

Le genou a subi une déformation assez considérable : il est saillant et large en dedans, déprimé et rétréci en dehors. Les condyles internes du fémur et du tibia, mais surtout du premier, sont volumineux, et de plus comme refoulés de dehors en dedans, de manière à former le sommet de l'angle résultant de l'inclinaison de la jambe. Les condyles externes sont fortement déprimés ; celui du tibia est même en grande partie effacé. Si l'on redresse partiellement la jambe maintenue dans l'extension, il se forme entre les condyles un petit espace triangulaire, à base tournée en dehors et qu'on peut sentir avec le doigt. Cet espace augmente sensiblement si l'on fait complétement cesser l'inclinaison de la jambe en la fléchissant. Les plans articulaires du fémur et du tibia sont obliques ; le premier, de dedans en dehors et de bas en haut ; le second, de dedans en dehors et de haut en bas, et leur ligne de réunion forme avec l'horizon un angle à sinus externe de 30 degrés.

Par suite de la déformation, la circonférence du genou gauche est un peu plus grande que celle du côté opposé. En mesurant vers la partie moyenne, on trouve :

A gauche. . . .	18c	6mm.
A droite. . . .	18	3

La jambe étendue et au repos, sans le moindre effort de redressement, on voit le long du bord externe de la cuisse gauche, sur le trajet du muscle tenseur aponévrotique, un relief allongé qui n'existe pas à droite. Au toucher, l'on sent une corde légèrement tendue, mais qui le devient davantage à mesure qu'on cherche à opérer le redressement. Dans cette dernière condition seulement le ligament latéral externe est manifestement plus tendu à gauche qu'à droite. Pas de relief ni de tension sensible des muscles triceps, demi-tendineux et demi-membraneux.

Indépendamment de cette difformité principale et sans doute consécutivement, le pied gauche présente au repos un léger renversement sur son bord externe évaluable à 10 degrés environ. Le moindre effort suffit, non-seulement pour le redresser, mais encore pour le porter en sens opposé. Le bassin est un peu abaissé à gauche et son aile correspondante est située plus en avant que la droite. Abaissement sensible de la fesse gauche ; sillon interfessier oblique de gauche à droite et de haut en bas. Dans la station le tronc est comme plié au niveau de la hanche droite, de telle sorte que le tronc et les membres se rencontrent sous un angle obtus, ouvert de ce côté. Un peu d'inclinaison de la colonne sur le sacrum à droite, sans courbures de balancement.

Tous les mouvements de la jambe s'exécutent librement et dans leur étendue normale.

La marche est assez difficile et un peu dandinante. Elle a lieu au moyen d'une rotation assez prononcée du membre inférieur gauche en dehors, transformant en partie l'inclinaison de la jambe en flexion. Le pied pose à plat sur le sol.

L'enfant porte encore les traces de son ancien rachitisme. Quelques nodosités costales, sans dépression marquée du thorax. Exagération de la courbure normale du fémur droit, qui est sensiblement plus prononcée que du côté opposé. Le tibia droit est un peu convexe en avant, tandis que le gauche est rectiligne et peut-être même un peu légèrement concave. Pas de nouure des poignets ni des malléoles.

Santé générale excellente ; embonpoint modéré ; face rosée ; sommeil calme ; appétit et selles réguliers ; pas de sueurs.

Le même jour (21 avril), sous les yeux de la commission, section sous-cutanée du tendon du fascia-lata et du ligament latéral externe. Pansement ordinaire. Application immédiate de la gouttière brisée.

Aucun accident local ou général ne vient contrarier la suite du traitement, si ce n'est le défaut de propreté de l'enfant qui force d'interrompre l'application de la gouttière et d'avoir recours à un appareil provisoire formé d'attelles cousues dans de la toile, lequel s'applique d'ailleurs très-bien et maintient le redressement obtenu.

Dès le 29 avril le redressement était complet, mais il ne se maintenait pas encore sans soutien. On continue les jours suivants sans la moindre difficulté ni douleur l'usage de la gouttière. Le redressement se complète. Pour le rendre permanent, on le porte sans difficulté au delà de la rectitude.

Le 19 mai, la commission revoit l'enfant et constate, après vingt-trois jours de traitement, un redressement complet et permanent. Un second plâtre, moulé le même jour, est parafé par la commission.

On continue néanmoins l'usage de la gouttière pendant les mois de mai et juin. A partir du 1er juillet on en fait alterner l'usage avec celui d'un appareil de sustentation indiqué dans les cas précédents et qui permet des essais de marche. Les progrès de la guérison ne sont entravés par aucun accident, et, à la fin de l'année, l'enfant marchait, courait, muni de son appareil portatif, comme s'il n'avait jamais eu de genou dévié. Revu par la commission, le 29 juin 1845, il se trouvait à cette époque dans l'état suivant :

Plus de trace de déviation. La jambe est parfaitement dans l'axe de la cuisse. Point de rotation aucune. Les deux surfaces articulaires *se correspondent dans tous les points* et sont parfaitement *horizontales*. Plus de saillie anormale des condyles internes. La configuration du genou est tout à fait normale ; nulle différence avec celui du côté opposé.

Les muscles et ligaments divisés n'offrent plus aucune tension ni relief exagérés. Le tenseur aponévrotique gauche se contracte comme celui du côté opposé. Les mouvements sont également libres et étendus des deux côtés. La marche s'exécute librement, sans claudication ni douleur. Le membre a pris un grand développement. Il n'offre plus aucune différence notable avec celui du côté opposé. L'enfant s'est beaucoup développé. Sa santé est parfaite.

TROISIÈME CATÉGORIE.

DÉVIATIONS PAR RÉTRACTION MUSCULAIRE ET LIGAMENTEUSE ESSENTIELLES.

QUATRIÈME CAS.

DÉVIATION ESSENTIELLE DU GENOU GAUCHE PAR RÉTRACTION EXCLUSIVE DU LIGAMENT LATÉRAL EXTERNE CHEZ UNE PETITE FILLE AGÉE DE 2 ANS 1/2. — RÉPÉTITION DE LA MÊME DIFFORMITÉ ET D'UN PIED-BOT CHEZ LE FRÈRE DE CETTE ENFANT. — ABSENCE DE TOUTE TRACE DE RACHITISME. — DÉFORMATION NOTABLE DU GENOU. — ÉCRASEMENT DES CONDYLES EXTERNES DU FÉMUR ET DU TIBIA. — TRAITEMENT MÉCANIQUE PROLONGÉ SANS RÉSULTAT. — SECTION DU SEUL LIGAMENT LATÉRAL EXTERNE. — REDRESSEMENT IMMÉDIAT PRESQUE COMPLET. — TRAITEMENT MÉCANIQUE CONSÉCUTIF AVEC UN SIMPLE APPAREIL PORTATIF. — REDRESSEMENT PARFAIT.

Un petite fille, âgée de 2 ans 1/2, est présentée à la commission le 9 mars 1845, pour une déviation essentielle du genou gauche en dedans.

Cette enfant a toujours été petite, délicate. Elle a eu, en nourrice, une maladie caractérisée par des accès fébriles irréguliers et une ophthalmie du côté gauche. Il y a un an environ, on s'est aperçu pour la première fois que le genou gauche *tournait en dedans*. L'enfant ayant été présentée peu de temps après à la consultation de l'hôpital des Enfants, on conseilla les bains salés, les frictions générales, le massage. La difformité continua de faire des progrès. Enfin, il y a trois mois, on a commencé l'usage d'appareils mécaniques qui n'ont amené aucun résultat.

Il est à noter que le frère de cette enfant est affecté d'une déviation de la jambe et d'un pied-bot pour lequel on l'a opéré.

État actuel : — La difformité présente à considérer :

1° Une inclinaison directe de la jambe gauche en dehors, sans flexion ni rotation. Au repos, la jambe forme avec la cuisse un angle à sinus externe de 135 à 140 degrés et devient plus aigu en arrière à 125 degrés environ dans la station. Cette inclinaison disparaît dans la flexion de la jambe;

2° Un léger renversement du pied sur son bord externe, destiné à balancer l'inclinaison de la jambe;

3° Une déformation notable du genou, consistant principalement dans un développement des condyles internes du fémur et du tibia, et un écrasement des condyles externes. Quand on fait fléchir la jambe sur la cuisse, on sent se former à la partie externe et antérieure de l'articulation, entre les deux condyles correspondants, un espace triangulaire dans lequel on loge facilement l'extrémité du petit doigt. Alors aussi l'on constate une double obliquité des surfaces articulaires; celle du fémur est oblique de dedans en dehors et de bas en haut; celle du tibia l'est de dedans en dehors et de haut en bas. Le fémur et le tibia présentent du reste, dans toute leur longueur, une conformation régulière.

Aucun tension ni dureté anormales dans le biceps, le tenseur aponévrotique, ni dans aucun autre muscle de la cuisse ou de la jambe. Au contraire, le ligament latéral externe est tendu, même au repos, et le devient bien plus au moindre effort de redressement.

La marche a lieu avec claudication latérale gauche assez prononcée. Les genoux se heurtent parfois l'un contre l'autre.

Pas d'autres difformités. Pas de signe de rachitisme, ni courbure des os, ni gonflement épiphysaire.

Santé générale bonne.

Le même jour (9 mars), section sous-cutanée du ligament latéral externe. L'enfant n'accuse aucune douleur et il ne se fait aucun épanchement de sang. Le redressement est immédiat et presque complet. On constate qu'il n'existe plus sur le côté du genou aucune corde tendue. La jambe est ramenée avec la plus grande facilité dans l'axe de la cuisse. Pansement ordinaire. En raison de la rapidité et de la facilité du redressement, on se borne à appliquer un simple appareil portatif à vis de pression latérale.

Le 13 mars, la jambe était et se maintenait redressée sans le secours d'aucun appareil. On continue l'usage du bandage sans laisser marcher l'enfant. Rien de particulier ne vient entraver la marche du traitement.

Le 1er juin, l'enfant commence à marcher muni de son appareil. Le 19 du même mois, la commission la revoit et la trouve dans l'état suivant:

La jambe est redressée. Elle est dans la ligne du fémur. Point de flexion ni rotation anormales. Les extrémités du fémur et du tibia sont exactement appliquées l'une contre l'autre. Il n'existe plus latéralement en dehors de dépression sensible des condyles externes du tibia et du fémur. La saillie formée par les condyles internes n'est pas plus prononcée que du côté opposé.

Il n'existe plus aucune tension musculaire ou ligamenteuse au côté externe de l'articulation. Le fascia-lata conserve pendant les contractions du tenseur sa consistance et sa direction normales.

Les mouvements du genou sont parfaitement libres : ils s'exécutent sans gêne ni douleur : la marche est libre, mais encore un peu incertaine : point de claudication.

M. J. Guérin a présenté ce cas comme un exemple manifeste de déviation du genou par rétraction exclusive du trousseau ligamenteux latéral externe, et comme une preuve décisive de l'indication et de l'efficacité de la section de ce ligament, dans le traitement de cette espèce de difformité.

Les cas qui précèdent sont relatifs à de très-jeunes sujets et à des déviations du second degré : le cas qui suit, fourni par un adulte, offre en même temps l'exemple de la déviation essentielle la mieux caractérisée, la plus compliquée et portée à son degré le plus considérable.

CINQUIÈME CAS.

DÉVIATION LATÉRALE EXTERNE ESSENTIELLE, AU TROISIÈME DEGRÉ, DU GENOU DROIT EN DEDANS, AVEC ROTATION DE LA JAMBE EN DEHORS PAR RÉTRACTION SIMULTANÉE DU FASCIA-LATA, DU BICEPS ET DU LIGAMENT LATÉRAL EXTERNE. — DÉFORMATION NOTABLE DU GENOU ; GONFLEMENT DES CONDYLES INTERNES ET DÉPRESSION MARQUÉE DES CONDYLES EXTERNES. — COMMENCEMENT D'HYDRARTHROSE. — MOUVEMENTS DE LA JAMBE LIMITÉS. — SUBLUXATION TEMPORAIRE DE LA ROTULE LIÉE AUX MOUVEMENTS DE FLEXION. — SECTION SOUS-CUTANÉE DU BICEPS, DU FASCIA-LATA ET DU LIGAMENT LATÉRAL EXTERNE. — REDRESSEMENT PARTIEL IMMÉDIAT. — EMPLOI DE LA GOUTTIÈRE BRISÉE. — REDRESSEMENT RAPIDE. — DISPARITION PROGRESSIVE DE L'ÉPANCHEMENT ARTICULAIRE. — RESTAURATION DES CONDYLES EXTERNES DU FÉMUR ET DU TIBIA. — TRAITEMENT MÉCANIQUE CONSÉCUTIF PROLONGÉ PENDANT DIX-HUIT MOIS. — REDRESSEMENT DÉFINITIF.

Un jeune nègre, né en Nubie, habitant Paris depuis trois ans, affecté d'une déviation latérale interne, et un peu postérieure du genou droit, est présenté à la commission le 14 janvier 1844.

Ce garçon, très-grand pour son âge, très-élancé et d'une constitution assez bonne, n'a, dit-il, jamais été malade. Ses parents, bien constitués, n'ont aucune difformité. Il est domestique dans une grande maison. On l'emploie aux travaux les plus pénibles et particulièrement au frottage des appartements (il a eu jusqu'à onze pièces à frotter par jour). Il n'y a guère que six mois qu'il s'est aperçu, pour la première fois, que sa jambe se portait en dehors, sans pouvoir affirmer toutefois qu'il n'eût pas un peu de déviation avant cette époque. Il est certain que la difformité s'est constamment accrue depuis. Quelque temps auparavant, à la suite d'un surcroît de travail, il avait éprouvé une tension douloureuse tout le long de la région externe de la cuisse. Plus tard, mais seulement depuis trois mois environ, il a commencé à ressentir de légères douleurs dans le genou, plus particulièrement en dedans. Ces douleurs ne sont pas continues ; elles se font sentir par intervalles, et principalement pendant la marche.

La difformité dont ce sujet est affecté consiste en une inclinaison latérale de la jambe sur la cuisse, en dehors, avec un léger degré de flexion permanente et une rotation en dehors de la jambe sur la cuisse.

Dans l'attitude habituelle du membre, la jambe est inclinée latéralement sur la cuisse de 25 à 30 degrés. Dans cette position il n'existe point de flexion apparente.

La jambe a subi une rotation en dehors que l'on peut évaluer à 15 degrés environ.

Ces directions vicieuses de la jambe sont modifiées principalement lorsque le sujet est couché en supination par une disposition particulière de la cuisse; celle-ci est un peu tournée en dedans, ce qui est facile à constater par la direction du condyle interne du fémur, porté un peu en arrière, et de la rotule, regardant un peu en dedans. Cette rotation a pour résultat de masquer en partie la direction réelle de la jambe, et en particulier la flexion. En effet, si l'on replace la cuisse dans sa direction normale, on reconnaît bientôt que l'inclinaison de la jambe, qui paraissait d'abord purement et directement latérale, se décompose en une inclinaison latérale moindre que celle qui a été constatée tout à l'heure, et en un degré peu considérable, mais assez sensible, de flexion permanente de la jambe sur la cuisse. Cette flexion peut être évaluée à 6 ou 8 degrés. Enfin, dans cette position, la rotation de la jambe en dehors est notablement augmentée.

Outre les changements de direction que nous venons d'indiquer, on remarque une déformation assez considérable du genou. Il est volumineux, irrégulièrement développé, saillant en dedans, déprimé et concave en dehors. Le sommet de la saillie interne du genou correspond à l'union du fémur avec le tibia. Cette déformation résulte d'un gonflement des condyles internes du fémur et du tibia surtout, lesquels paraissent avoir acquis un surcroît de développement aux dépens des condyles externes. Ceux-ci sont en effet déprimés; mais leur dépression n'est pas tout à fait proportionnée à la saillie interne. Les parties molles du côté externe du genou masquent en partie la concavité de cette région.

Les os de la jambe et de la cuisse présentent, sauf la déformation des condyles, la rectitude et les dimensions normales. La cuisse droite est sensiblement plus maigre que la gauche.

Les muscles qui entourent l'articulation offrent les particularités suivantes :

1° Dans la région externe le tenseur aponévrotique est manifestement tendu et raccourci; sa portion inférieure se présente sous la forme d'une bande dure, aplatie, plus consistante encore en arrière qu'en avant. Cette tension, également appréciable dans le décubitus comme dans la station verticale, augmente encore pendant les efforts de redressement de la jambe, et rend ce dernier complétement impossible.

Un peu en dehors et en arrière de ce muscle, on sent le tendon du biceps également tendu, mais à un degré moindre. Par suite de l'inclinaison de la jambe, l'extrémité inférieure de ce muscle est portée en dehors et laisse entre elle et la face externe du fémur un intervalle assez considérable.

2° Les muscles de la région interne offrent une consistance et une tension normales. Leurs portions inférieures correspondant à la région poplitée sont déplacées et portées en dehors; ils occupent le milieu de cette région.

3° Rien de particulier dans les muscles antérieurs de la cuisse, si ce n'est cependant la direction oblique en dehors du ligament rotulien, entraîné dans ce sens par suite de la déviation du tibia.

Le ligament latéral externe est allongé sans être manifestement tendu. On ne peut constater directement l'état de ce ligament. La capsule articulaire ne présente rien d'anormal. Toutefois, pendant la flexion, l'on aperçoit en dehors du ligament rotulien une tumeur assez large, aplatie, de forme irrégulièrement triangulaire, molle, résultant d'un épanchement articulaire.

Mouvements. — La flexion de la jambe est limitée. Il s'en faut de 7 à 8 degrés à peu près qu'elle atteigne celle du membre opposé. Cette différence diminue par les efforts mécaniques, mais on ne parvient pas à lui faire atteindre le degré normal. La difficulté de la flexion paraît dépendre uniquement du déplacement des os et de leurs déformations; il n'y a aucune apparence d'obstacle musculaire.

Pendant la flexion l'inclinaison latérale de la jambe diminue sans disparaître complétement; la rotation ne diminue pas sensiblement, mais on peut la réduire en partie par des efforts mécaniques.

L'extension est également bornée; elle s'arrête, comme on l'a vu, à un angle de 10 degrés. L'obstacle à l'extension réside principalement dans la tension du biceps.

Quand l'extension s'exécute par les seuls efforts musculaires, la rotule se dévie manifestement en dehors. Ce déplacement temporaire résulte de la contraction du droit antérieur dont l'action a cessé d'être parallèle à l'axe de la cuisse, par suite de son insertion oblique sur le tibia.

Pendant la station debout, la déviation augmente d'une manière sensible. Dans cette attitude le pied est légèrement incliné en dedans sur la jambe, pour s'appliquer sur le sol; il est par conséquent un peu renversé en dehors et sa pointe portée en dedans, pour contre-balancer l'effet de l'inclinaison et de la rotation de la jambe en dehors. Ces changements de direction du pied ne sont que temporaires et disparaissent pendant le décubitus.

La marche s'exécute péniblement, il y a une claudication postéro-latérale assez forte. Les deux genoux se heurtent fréquemment pendant la marche. A chaque fois que le corps porte sur le membre dévié, la difformité augmente d'une manière notable.

Il n'existe point d'autre difformité. On remarque seulement dans la station verticale que la colonne décrit deux légères inflexions latérales, en sens inverse, produites par l'inclinaison consécutive du bassin.

Le sujet est opéré le même jour (14 janvier 1844) sous les yeux de la commission. Section du tendon du fascia-lata, du biceps et du ligament latéral externe, par deux ponctions différentes. La première pour le fascia-lata; la seconde pour le biceps et le ligament. On facilite la section du biceps à l'aide de la flexion de la jambe et de la contraction volontaire. Dans cette situation le tendon est mis en relief écarté du nerf sciatique externe et celui-ci relâché.

Point de douleurs notables ni d'hémorrhagie; pansement ordinaire. On constate un redressement partiel de la difformité avant le commencement de tout traitement mécanique. Le même jour, on applique un appareil mécanique, simplement contentif.

Le 17 janvier, le membre est placé dans la gouttière brisée. Le redressement se fait sans beaucoup de résistance ni douleurs. L'action de l'appareil est méthodiquement graduée. Après un redressement forcé de quelques heures, on revient à un redressement moindre. On arrive ainsi, en moins d'un mois, à replacer la jambe maintenue par l'appareil dans l'axe de la cuisse.

Le 29 janvier, la commission constate que la déviation a diminué des deux tiers, et que l'épanchement articulaire s'est résorbé dans les mêmes proportions. Continuation du même traitement : le sujet restant constamment couché ou assis, le membre enfermé dans l'appareil.

Le 15 mai, la jambe est complétement redressée et l'épanchement articulaire résorbé. Ce jour-là, un second plâtre représentant l'état du membre est présenté à la commission, et parafé par elle. On continue le traitement mécanique jusqu'au 1er juillet. Vers cette époque, essais de marche au moyen de l'appareil portatif. On a soin de forcer le redressement de la jambe, afin que dans la marche ou dans la simple station debout, le poids du corps et la pression de l'appareil portent principalement sur les condyles internes du fémur et du tibia.

De juillet à la fin de l'année 1844, on continue l'application alternative de la gouttière brisée et de l'appareil portatif. Cependant, le bandage s'étant brisé plusieurs fois, le sujet, à plusieurs reprises, a été surpris marchant sans contention exacte. Néanmoins, le redressement de la jambe s'est maintenu, les condyles externes du fémur et du tibia ont repris du développement.

A partir du commencement de l'année 1845, on cesse l'emploi de la gouttière, et le sujet s'en tient exclusivement à son appareil portatif avec ou sans lequel il marche et vaque à ses occupations.

Le 29 juin, il est présenté pour la dernière fois à la commission qui constate les résultats suivants :

La déviation a disparu. La jambe est dans l'axe de la cuisse. Plus de rotation. Les condyles internes sont toujours un peu plus développés que ceux du côté opposé. Les condyles externes ont repris, à peu de chose près, leur volume ordinaire et leur horizontalité normale. On remarque même, à la partie externe de l'épicondyle du fémur, une saillie osseuse de nouvelle formation. Toutefois, il existe encore, un peu en dehors et un peu en avant, une petite lacune entre les condyles du fémur et du tibia, reste de l'espace triangulaire très-considérable qui existait avant le traitement. Toute l'articulation est restée un peu plus volumineuse et un peu moins régulière que celle du côté opposé. Plus de trace de l'hydrarthrose.

Les muscles et ligaments divisés sont très-bien réunis : ils n'offrent plus ni tension ni saillie anormales; tous se contractent très-bien. Les mouvements ont la liberté et l'étendue normales.

La marche s'exécute sans claudication ni douleur. Le sujet peut, avec son appareil, faire de longues courses.

Toutefois, il est encore un moins peu ferme sur le membre redressé, et celui-ci, quand il n'est pas muni du bandage contentif, fléchit légèrement pendant la marche sous le poids du corps.

Il existe encore quelque différence entre les deux membres inférieurs. Les deux jambes ont le même volume à quelques millimètres près. Le genou opéré est plus gros de 3 à 4 millimètres que celui du côté opposé, mais la cuisse droite est plus maigre de 3 centimètres que la gauche.

Par les cinq cas qui précèdent, appartenant à diverses catégories de causes, M. J. Guérin a cherché à montrer qu'il est possible de distinguer nettement, et à l'aide de caractères précis, les diverses espèces de déviations; et qu'il est indispensable d'approprier à chacune d'elles des moyens de traitement différents. De plus, il a eu en vue de démontrer que la déviation latérale interne du genou est souvent causée par la rétraction du fascia-lata, du biceps et du ligament latéral externe, isolée ou collective, et réalise ainsi un ordre de difformités analogues au torticolis, au strabisme, au pied-bot, aux déviations de l'épine, dont le traitement principal consiste dans la sclérotomie sous-cutanée. En troisième lieu, il a imaginé deux appareils nouveaux très-puissants d'après le système de flexion qui lui est propre, la gouttière brisée et l'appareil portatif à inclinaison latérale, à l'aide desquels il complète et assure le bienfait des opérations sous-cutanées. Les résultats obtenus dans les cinq cas qui précèdent ne permettent pas de contester la justesse des principes et la légitimité des prétentions de M. J. Guérin à leur égard.

VI.

PIEDS-BOTS ET SUBLUXATIONS DES ORTEILS.

Dix sujets atteints de pieds-bots ont été traités sous les yeux de la commission ;

Deux atteints de pieds-bots équins composés ;

Trois de varus équins composés ;

Trois de pieds plats valgus douloureux ;

Deux de pieds-bots plantaires paralytiques.

Trois de ces pieds-bots étaient en outre compliqués de subluxations des orteils, dont deux de subluxation verticale et un de subluxation transversale.

PREMIÈRE CATÉGORIE.

PIEDS ÉQUINS COMPOSÉS.

PREMIER CAS.

PIED-BOT ÉQUIN COMPOSÉ DOUBLE, TROISIÈME DEGRÉ A DROITE, RUDIMENTAIRE A GAUCHE, SUITE DE CONVULSIONS CHEZ UN ENFANT DE 6 ANS ET DEMI. — DU CÔTÉ DROIT, SUBLUXATION ANTÉRIEURE DE L'ASTRAGALE. — VOUSSURE EXTRÊME DE LA SURFACE PLANTAIRE. — SUBLUXATION VERTICALE DU GROS ORTEIL. — RÉTRACTION DES JUMEAUX DU SOLÉAIRE, DE L'EXTENSEUR ET DU FLÉCHISSEUR PROPRE DU GROS ORTEIL, DE L'APONÉVROSE PLANTAIRE. — CLAUDICATION LATÉRALE. — DU CÔTÉ GAUCHE, RÉTRACTION LÉGÈRE DES MUSCLES DU MOLLET. — FLEXION DU PIED LIMITÉE. — TRAITEMENT CHIRURGICAL ET MÉCANIQUE DU CÔTÉ DROIT : SECTION DU TENDON D'ACHILLE, DES TENDONS DE L'EXTENSEUR ET DU FLÉCHISSEUR PROPRES DU GROS ORTEIL ; DE L'APONÉVROSE PLANTAIRE. — A GAUCHE, TRAITEMENT MÉCANIQUE ; REDRESSEMENT COMPLET DES DEUX CÔTÉS. — MARCHE RÉGULIÈRE.

Un petit garçon, âgé de 6 ans et demi, d'assez bonne constitution, est présenté à la commission, le 9 février 1845, pour un pied-bot équin des deux côtés, plus prononcé à droite.

La mère ne peut dire au juste à quelle époque remonte la difformité. Elle ne l'a pas vue à la naissance de l'enfant, et c'est seulement à l'époque où celui-ci fut ramené de nourrice, c'est-à-dire à l'âge de 3 ans, qu'on remarqua pour la première fois que le pied droit était déformé. On apprit par la nourrice que l'enfant avait eu, à l'âge de 4 mois, de très-fortes convulsions.

La difformité a toujours été en augmentant, et n'a été soumise jusqu'ici à aucun traitement. Jamais la mère ni personne ne s'est aperçu de la moindre difformité dans le pied gauche.

Actuellement, il existe un double pied-bot équin, très-prononcé à droite, rudimentaire à gauche.

La difformité du pied droit présente à considérer les éléments suivants :

1° Élévation du talon telle, que dans l'attitude habituelle, la jambe étant au repos, l'axe antéro-postérieur du pied forme avec l'axe de la jambe un angle d'environ 40 degrés, ouvert en arrière. Par un effort mécanique, cet angle peut être ouvert jusqu'à 70 degrés à peu près;

2° Très-légère adduction du pied, de 10 degrés tout au plus, qu'on peut faire disparaître avec la main;

3° Flexion considérable de l'avant-pied, qui forme avec le talon un angle à sinus inférieur de 130 à 135 degrés;

4° Légère extension permanente du gros orteil qui, par intervalles, se relève fortement vers la face dorsale du pied, à l'insu et même malgré la volonté du sujet;

5° Déformation prononcée du pied, qui est plus court que celui du côté opposé.

De l'extrémité du talon à l'extrémité du gros orteil à droite, 12 centimètres 8 millimètres; à gauche, 16 centimètres.

Sa face dorsale, regardant en avant, suit à peu près la direction de l'axe de la jambe. Elle présente en dedans et près du cou-de-pied une saillie manifestement formée par la tête de l'astragale. Le doigt sent, en avant et en dehors de cette saillie, une petite dépression indiquant un léger écartement entre la tête astragalienne et les os de la deuxième rangée. Plus en arrière, tout à fait au cou-de-pied, on peut constater au toucher que la poulie de l'astragale est découverte dans sa partie antérieure. Excavation profonde de la face plantaire qui offre de nombreux plis transversaux. Talon relevé, aplati en bas et saillant en arrière.

Jambe grêle, de forme conique; mollet remonté, petit, dur au toucher. La peau de la jambe porte une cicatrice d'ancien vésicatoire.

Circonférence au niveau du mollet: à droite, 17 centimètres; à gauche, 22 centimètres.

Muscles. — A la jambe, le tendon d'Achille, fortement soulevé, forme pont entre la partie inférieure de la jambe et le talon. Il est très-tendu, même au repos. Ce soulèvement et cette tension augmentent dès qu'on cherche à porter le pied dans la flexion. En outre, il est plus grêle et plus long que du côté opposé.

Longueur du tendon d'Achille à droite, 7 centimètres 5 millimètres; à gauche, 5 centimètres 5 millimètres.

Tous les autres muscles de la jambe sont sensiblement atrophiés, sans avoir pourtant perdu leur contractilité.

Au pied, on sent à la face plantaire, même dans l'état du repos, une légère résistance générale. Si l'on porte le gros orteil seul dans l'extension, on sent se soulever et s'étendre vers le bord interne de la plante du pied, dans la direction du fléchisseur propre du gros orteil, une corde arrondie, assez bien délimitée; mais si, prenant avec la main l'extrémité du pied tout entière, on cherche à corriger la flexion de l'avant-pied, toute la face plantaire devient dure et tendue. Cette résistance, située superficiellement, n'augmente pas quand on porte les orteils dans l'extension, et ne diminue pas quand on les fléchit; en sorte qu'elle paraît dépendre uniquement de l'aponévrose plantaire. Enfin, à la face dorsale du pied, le tendon de l'extenseur propre du gros orteil se soulève et résiste assez fortement quand on porte celui-ci dans la flexion.

Mouvements. — La flexion du pied est tout à fait impossible; les plus grands efforts ne peuvent même diminuer l'extension permanente que d'une petite quantité. Le mouvement d'extension ne peut être porté au delà des limites de la difformité.

Quant aux mouvements des orteils, ils ont tous conservé leur étendue normale, à l'exception de la flexion du gros orteil, qui est très-bornée.

La difformité du *pied gauche* est, comme nous l'avons dit, rudimentaire. L'équinisme n'existe même pas au repos; mais le pied ne peut exécuter qu'un mouvement de flexion très-bornée, et s'arrête presque à angle droit. Dans cette position, le tendon d'Achille est saillant et tendu. Le mollet a, d'ailleurs, une forme normale.

Claudication latérale à gauche. Le sujet marche la jambe droite un peu écartée, le pied appuyant sur l'extrémité des métatarsiens.

Pour que le talon gauche s'applique complétement sur le sol, la cuisse se fléchit légèrement sur la jambe du même côté.

Traitement chirurgical immédiat du côté droit : section du tendon d'Achille, de l'extenseur et du fléchisseur propres du gros orteil, du court fléchisseur et de l'aponévrose plantaire.

Ces diverses sections sont pratiquées d'après les règles de la méthode sous-cutanée, et en pénétrant dans les gaînes tendineuses, sans les diviser.

Redressement partiel du pied, pansement ordinaire, application immédiate de l'appareil. Du côté gauche, on se borne à l'application d'un appareil extenseur pareil à celui du côté droit.

Le 12 février, toutes les plaies sont cicatrisées : il n'y á ni gonflement ni ecchymose. Au niveau de la section du tendon d'Achille, léger empâtement. On augmente l'action de l'appareil de chaque côté. Le pied opéré cède avec la plus grande facilité; le pied gauche cède aussi, mais avec beaucoup moins de facilité.

Le 1er mars, les deux pieds maintenus par les appareils sont fléchis sur la jambe au même degré et à peu près au degré normal, mais avec cette différence que du côté gauche le bandage cause de la douleur, et que, quand les deux machines sont enlevées, le pied droit garde le degré de redressement obtenu, tandis que le gauche reprend en partie sa position primitive. On continue le même traitement pendant tout le mois de mars et le commencement d'avril.

Le 6 avril, l'enfant est représenté à la commission, qui constate :

1° Que les différents éléments de la difformité correspondants aux tendons divisés ont disparu;

2° Qu'il n'existe au niveau du point divisé du tendon d'Achille ni adhérence ni nodosité; que la portion tendineuse de nouvelle formation est parfaitement confondue avec les bouts du tendon véritable;

3° Que la flexion du pied s'exécute au degré normal de chaque côté;

4° Que l'enfant commence à se tenir sur le pied opéré.

Un second moule, représentant l'état actuel du pied droit, est parafé par la commission.

A partir de cette époque on cesse tout traitement actif. Le jour l'enfant marche avec des brodequins articulés et à tuteurs. La nuit seulement on maintient les deux pieds au degré de flexion obtenue, dans le but de prévenir tout retrait de la cicatrice ou des tendons.

Le 23 mai, la commission a revu le sujet pour la dernière fois, et l'a trouvé dans l'état suivant :

1° La difformité a tout à fait disparu dans ses différents éléments ; élévation du talon, voussure anormale de la plante du pied, subluxation verticale du gros orteil. Le pied s'est allongé; néanmoins il est encore un peu plus court que celui du côté opposé (1 centimètre 5 millimètres de différence). L'atrophie du mollet a peu changé depuis l'opération.

2° Plus de tension anormale dans le tendon d'Achille, dans l'extenseur propre du gros orteil, dans les muscles et aponévroses de la plante du pied : les tendons divisés se sont parfaitement réunis. Ils n'offrent dans leur trajet ni nodosités ni adhérences avec les parties environnantes.

3° A droite, tous les mouvements du pied et de la jambe sont conservés ou rétablis, l'extension, la flexion, l'adduction et l'abduction, de même l'extension du gros orteil. Néanmoins tous les mouvements sont encore un peu moins complets, moins étendus qu'à gauche.

4° A gauche, le pied-bot rudimentaire a cédé aux appareils mécaniques.

5° Il n'existe plus aucune trace de claudication. La marche est normale, très-libre, sans la moindre gêne ni douleur. Le sujet peut marcher une demi-journée sans se fatiguer.

Ce premier cas, quoique de la forme la plus vulgaire, a été présenté par M. J. Guérin, pour montrer que, dans ces cas mêmes, il existe des déformations accessoires accompagnant la difformité principale, lesquelles sont en rapport avec les différents muscles rétractés. Or, jusqu'ici, M. J. Guérin avait été le seul à signaler ces déformations et leur origine commune, et à leur adapter les diverses applications de la ténotomie qu'elles nécessitent.

DEUXIÈME CAS.

PIED-BOT ÉQUIN COMPOSÉ A GAUCHE, TROISIÈME DEGRÉ, SUITE DE CONVULSIONS, CHEZ UN JEUNE HOMME AGÉ DE 14 ANS. — FLEXION A ANGLE DROIT DE L'AVANT-PIED SUR LE PIED POSTÉRIEUR. — EXTENSION PERMANENTE ET SUBLUXATION POSTÉRIEURE DES ORTEILS. — DÉFORMATION ET BRIÈVETÉ CONSIDÉRABLE DU PIED ET ATROPHIE DE TOUT LE MEMBRE. — CLAUDICATION LATÉRALE. — SECTION DU TENDON D'ACHILLE, DES TENDONS EXTENSEURS DES ORTEILS ET DU COURT FLÉCHISSEUR DES ORTEILS ET DE L'APONÉVROSE PLANTAIRE. — TRAITEMENT MÉCANIQUE CONSÉCUTIF. — REDRESSEMENT COMPLET ET MARCHE RÉGULIÈRE.

Un jeune homme âgé de 14 ans, de bonne constitution, est présenté à la commission le 23 mars 1845, pour un pied équin du côté gauche.

Cet enfant, au dire de ses parents, est venu au monde bien conformé. A 6 ou 7 mois, il a été pris plusieurs fois de convulsions : c'est deux mois après environ qu'on s'est aperçu pour la première fois que le pied était déformé. Depuis l'âge de deux ans, époque à laquelle l'enfant a commencé à marcher, la difformité a fait des progrès continuels.

Pas de circonstance d'hérédité.

ÉTAT ACTUEL : — La difformité présente à considérer les éléments suivants :

1° Élévation considérable du talon telle, que son axe longitudinal ou antéro-postérieur ne forme avec l'axe de la jambe qu'un angle à sinus postérieur de 55 à 60 degrés ;

2° Flexion à angle droit de l'avant-pied sur l'arrière-pied ;

3° Extension permanente des orteils, dont la première phalange forme avec le métatarse un angle de 90 à 95 degrés. Les autres phalanges des orteils sont légèrement fléchies ;

4° Déformation prononcée du pied et atrophie de tout le membre inférieur gauche. Le pied est court, ramassé. De l'extrémité du talon à l'extrémité du gros orteil (en ligne droite), on trouve à gauche 18 centimètres 5 millimètres; à droite, 22 centimètres 6 millimètres. La circonférence du pied vers son milieu est, à gauche, de 22 centimètres; à droite, de 19 centimètres 5 millimètres. La face dorsale du pied, devenue verticale, se continue en ligne droite avec la face antérieure de la jambe. Elle est fortement convexe et rendue inégale au toucher par la saillie et l'écartement des os du tarse. On sent en particulier, à la région supérieure et externe, une saillie formée par la tête de l'astragale, dont la poulie est en partie décoiffée. Plus en avant dans l'angle rentrant formé par la réunion des orteils et du métatarse, on voit des cordes saillantes, formant pont, principalement au niveau du gros orteil. La face plantaire, par suite de la flexion de l'avant-pied et de l'extension des orteils, a la forme d'un Z. La plante du pied offre une profonde concavité anguleuse; le talon est très-saillant et surmonté d'une corde rectiligne qui se détache plus fortement sous la peau que celle du côté opposé.

Le membre inférieur lui-même présente dans sa totalité une atrophie notable.

Circonférence du mollet.	à gauche. . .	26c	2mm.
Id.	à droite. . .	33	2
Id. . . . de la cuisse vers sa partie supérieure.	à gauche. . .	38	»
Id.	à droite. . .	43	5

La longueur des membres inférieurs, du grand trochanter à la malléole externe, est de 70 centimètres 5 millimètres des deux côtés.

Dans la station, le côté droit du bassin est notablement élevé; l'épine iliaque, de ce côté, est située 2 centimètres 5 millimètres plus haut que la gauche; elle se trouve aussi sur un plan un peu postérieur.

Enfin, la colonne décrit une grande courbe à convexité gauche, qui disparaît dans le décubitus sur le ventre.

Muscles. — Tension considérable du tendon d'Achille, même au repos, augmentant encore à la moindre tentative de redressement.

Le mollet est peu prononcé, plus élevé que celui du côté droit, dur au toucher. La jambe est fusimorme. Dès qu'on cherche à diminuer la flexion de l'avant-pied, on sent dans toute la face plantaire une résistance sous-cutanée paraissant dépendre surtout du court fléchisseur et de l'aponévrose, et prononcée principalement du côté interne. Enfin, quand on essaye de fléchir les orteils sur le métatarse, on sent tous les tendons extenseurs se soulever, s'étendre, et opposer un obstacle insurmontable au mouvement. Ce phénomène est surtout marqué dans l'extenseur propre du gros orteil.

Tous les muscles de la jambe et du pied ont conservé, en grande partie du moins, leur contractilité.

Fonctions. — Le mouvement de flexion du pied est absolument impossible. Le mouvement d'extension ne va guère au delà du degré habituel de la difformité. La flexion des orteils sur le métatarse est également impossible; mais celle de la troisième phalange sur la deuxième, et de la deuxième sur la première, se fait librement.

Dans la station, le pied appuie sur la tête des métatarsiens. Il en est de même dans la marche, et le talon ne s'abaisse jamais jusqu'au sol.

La marche est accompagnée d'une claudication latérale résultant principalement de la brièveté relative du membre droit, le gauche étant plus long à cause de l'extension continue du pied sur la jambe.

Pas d'autres difformé. Le pied droit, en particulier, est bien conformé.

Le même jour, section successive des tendons d'Achille, des extenseurs des orteils, du court fléchisseur et de l'aponévrose plantaire. Ces opérations, pratiquées suivant les règles et précautions indiquées dans l'observation précédente, n'offrent aucune particularité digne de remarque. Après le pansement ordinaire, on applique immédiatement l'appareil : un coussinet transversal placé au-dessus et à la racine des orteils, maintient ces derniers dans la direction normale.

Dès le huitième jour de l'opération, le pied est ramené à l'angle droit. Les orteils sont tout à fait redressés, et la voussure plantaire a diminué de moitié. On associe au traitement mécanique les manipulations et le massage.

Le redressement de tous les éléments de la difformité s'opère graduellement, sans difficulté. Au delà de l'angle droit, l'extension de la gaîne du tendon d'Achille et de la peau correspondante, cause seule quelque douleur. On la diminue par le relâchement temporaire et au moyen de l'extension saccadée.

A la fin d'avril, le pied était complétement redressé et le sujet commençait à marcher. Les mouvements communiqués d'extension et de flexion alternative sont encore roides et un peu douloureux. Toutefois, la guérison marche sans interruption, et le 18 mai, la commission constate les résultats suivants :

1° Tous les éléments principaux de la difformité ont disparu : élévation du talon, flexion de l'avant-pied, subluxation des orteils. Le pied est encore un peu voûté, plus court et plus large que celui du côté opposé : 2 centimètres de différence en longueur, 5 millimètres en largeur.

2° Plus de tension anormale des tendons divisés; tous sont réunis : tendon d'Achille, tendons extenseurs des orteils et court fléchisseur des orteils. Point de nodosité ni adhérences anormales sur leur trajet. Le tendon d'Achille a conservé le volume normal.

3° Tous les mouvements du pied et des orteils sont conservés. Ceux qui n'existaient pas : flexion du pied et flexion des orteils, sont rétablis; mais ils s'exécutent avec un peu moins de liberté et de souplesse qu'à l'état normal.

4° Plus de claudication. La marche est régulière et sans douleur, quoique encore un peu incertaine, à cause du peu de temps qui s'est écoulé depuis les opérations.

Les deux cas qui précèdent, quoique appartenant à la catégorie des pieds-bots les plus simples en apparence, ont été présentés par M. J. Guérin, pour montrer que, dans ces cas mêmes, les principes qui le dirigent et les méthodes qu'il emploie conduisent à des résultats qui leur sont propres.

Ainsi, dans ces deux cas, la pratique ordinaire n'eût vu qu'un pied équin à redresser et le tendon d'Achille à diviser; la ténotomie étiologique, c'est-à-dire celle qui est inspirée par la théorie de la rétraction musculaire, a eu recours à la section du tendon d'Achille, à la section des tendons extenseurs et fléchisseurs des orteils, aponévrose plantaire, à cause du raccourcissement du pied, de la pliure de l'avant-pied sur le pied postérieur, et de la subluxation des orteils, tous éléments liés à la rétraction de ces muscles, comme l'élévation du talon à la rétraction des muscles du mollet.

Quant au procédé opératoire employé, il se distingue des procédés ordinaires, non-seulement à cause de son manuel, qui le rattache directement à la méthode sous-cutanée, mais encore à cause du soin pris par l'opérateur de pénétrer dans la gaîne des tendons, de la ménager le plus possible, afin d'éviter les nodosités et adhérences vicieuses, ou même le manque de réunion des bouts divisés.

DEUXIÈME CATÉGORIE.

PIEDS-BOTS VARUS ÉQUINS.

TROISIÈME CAS.

PIED-BOT VARUS ÉQUIN COMPOSÉ CONGÉNITAL GAUCHE CHEZ UN ENFANT DE 9 ANS. — TENTATIVES DE REDRESSEMENT PAR PLUSIEURS CHIRURGIENS. — SECTION DU TENDON D'ACHILLE, AMOINDRISSEMENT DE L'ÉQUINISME.—PERSISTANCE ET FIXITÉ DE LA DIFFORMITÉ PRINCIPALE. — ÉLÉVATION DU TALON, RENVERSEMENT DU PIED EN DEHORS, ADDUCTION CONSIDÉRABLE DE L'AVANT-PIED, PIED COURT, ROTATION DE LA JAMBE. — RÉTRACTION DES MUSCLES DU MOLLET, DU JAMBIER ANTÉRIEUR, DU JAMBIER POSTÉRIEUR, DU LONG FLÉCHISSEUR PROPRE DU GROS ORTEIL, DE L'ADDUCTEUR DU GROS ORTEIL ET DES LIGAMENTS TIBIO-CALCANÉENS INTERNE ET EXTERNE, ASTRAGALO ET CUNÉO-SCAPHOÏDIEN. — RÉSISTANCE CONSIDÉRABLE DU PIED DANS TOUTES LES DIRECTIONS.—ATROPHIE DU MEMBRE.—CLAUDICATION LATÉRALE.—MANIPULATIONS ET MASSAGE PRÉPARATOIRES. — SECTION SOUS-CUTANÉE DES TENDONS DES MUSCLES RÉTRACTÉS. — TRAITEMENT MÉCANIQUE CONSÉCUTIF. — RÉSISTANCE DES PRINCIPAUX ÉLÉMENTS DE LA DIFFORMITÉ. — SECTION DES LIGAMENTS, REDRESSEMENT RAPIDE ET COMPLET.

Un jeune garçon, âgé de 9 ans, constitution scrofuleuse, portant sous le menton, au pied et à la cuisse du côté droit, plusieurs tumeurs et cicatrices d'ulcérations scrofuleuses, est présenté à la commission le 4 novembre 1843, pour un pied équin varus congénital à gauche.

Il y a trois ans que M. le docteur P...... (de Bordeaux) a coupé le tendon d'Achille. Cette opération, aidée d'appareils mécaniques, appliqués assez régulièrement, a été suivie d'un redressement partiel et principalement d'une diminution assez notable de l'équinisme. Toutefois le pied-bot est encore au deuxième degré, et offre à considérer les éléments suivants :

1° Élévation du talon, ou équinisme proprement dit, de 40 degrés environ;

2° Renversement sur le bord externe du pied, de 15 à 20 degrés seulement;

3° Adduction du pied de 45 degrés.

On ne remarque pas, comme il arrive souvent, de flexion bien prononcée du pied sur la face plantaire.

Le pied, dans son ensemble, a subi une déformation sensible; il est plus ramassé, plus court que le droit.

De l'extrémité du talon à l'extrémité du gros orteil.	à droite. . .	19c	5mm.
Id.	à gauche. . .	15	»
Circonférence vers la partie moyenne.	à droite. . .	18	5
Id.	à gauche. . .	18	»

Le pied est en outre légèrement enroulé sur son bord interne, de telle sorte que ce bord est plus concave et le bord externe plus convexe qu'à l'état normal : ce dernier présente une saillie correspondante à l'extrémité postérieure du cinquième métatarsien. La face dorsale est plus convexe que de coutume : on y remarque deux saillies formées, l'une par la tête de l'astragale, l'autre par l'extrémité antérieure du calcanéum.

En arrière, au-dessus du talon, on sent, même dans la position habituelle du pied, une corde tendue s'étendant plus encore quand on cherche à porter le pied dans la flexion sur la jambe, et évidemment formée par le tendon d'Achille. Ce tendon est soulevé des plans profonds et forme pont au-dessus de l'angle calcanéo-tibial. En outre, et seulement quand on cherche à renverser le pied sur son bord interne, on sent s'étendre en avant et en arrière de la malléole interne deux cordes dont les rapports et la direction correspondent exactement à ceux des tendons des jambiers antérieurs et postérieurs et du long fléchisseur commun des orteils.

Enfin la jambe est plus grêle que la droite et de forme conique.

Le mollet est petit, sensiblement remonté et atrophié.

Circonférence de la jambe.	à droite. . .	22c	7mm.
Id.	à gauche. . .	19	2
La cuisse gauche est également moins développée que la droite.			
Circonférence à la partie moyenne.	à droite. . .	33	5
Id.	à gauche. . .	31	»
Tout le membre abdominal gauche est plus court que le droit.			
De l'épine iliaque antéro-supérieure à la malléole externe.	à droite. . .	59	5
Id.	à gauche. . .	58	5

Les directions vicieuses du pied, signalées plus haut, ne sont pas fixes. On peut, par des efforts mécaniques, ramener l'angle de l'équinisme de 40 degrés à 12 ou 15 degrés, faire disparaître le renversement du pied sur son bord externe, et enfin diminuer l'adduction, mais d'une très-petite quantité. Physiologiquement, c'est-à-dire par les seuls efforts du sujet, les mouvements ont lieu dans une étendue beaucoup moindre, mais suffisante cependant pour attester la conservation de la contractilité des muscles qui en sont chargés. Claudication prononcée. Pendant la marche, le pied gauche reste dans l'adduction et la jambe s'écarte un peu de la droite pour ne pas la heurter avec le bout du pied. Il y a, en outre, un peu de flexion de la jambe sur la cuisse *en avant*, avec un peu d'inclinaison latérale en dehors, se manifestant surtout lorsque le sujet est debout.

Double inflexion latérale de la colonne, l'une, à convexité droite, dans la région lombaire; l'autre, à convexité gauche, dans la région dorsale. Ces deux inflexions, résultant de la brièveté relative du membre abdominal gauche, disparaissent complétement dans le décubitus.

Dans le but d'assouplir les articulations subluxées, on commence par faire prendre des bains prolongés d'eau de son et répétés plusieurs fois dans la journée. Manipulations et massage. Après quinze jours de traitement préparatoire, le pied est moins dur, moins empâté, et les articulations un peu plus mobiles.

Le 19 novembre, section, sous les yeux de la commission, du tendon d'Achille, des jambiers antérieur et postérieur, du fléchisseur commun des orteils et du long fléchisseur propre du gros orteil. Ces différentes sections n'offrent rien de particulier. Application immédiate d'un appareil à brisures multiples propre à réaliser les trois mouvements inverses aux trois directions principales qui caractérisent la difformité : flexion du pied sur la jambe, renversement du pied sur son bord interne, et abduction de l'avant pied. Ces trois mouvements, effectués suivant des axes concentriques ou parallèles aux axes des mouvements normaux du pied, sont mis en jeu par de simples vis de pression, qui prenant leur point d'appui sur une brisure fixe, chassent devant elles la brisure mobile. On continue à associer à ce principal moyen les manipulations, les extensions saccadées, répétées trois ou quatre fois le jour.

Le redressement immédiat est très-borné. On sent dans les différentes directions que des obstacles autres que les résistances musculaires s'opposent à l'action de l'appareil. La main, après un certain degré de redressement obtenu, se sent brusquement arrêtée. On continue néanmoins à s'en tenir aux mêmes moyens.

Le quinzième jour de l'opération, la commission constate une amélioration sensible dans l'état du pied, ainsi que les résistances qui existaient à un redressement plus complet. On augmente les efforts manuels, en agissant surtout sur l'articulation astragalo-scaphoïdienne; les deux mains prenant le pied par ses deux extrémités et les pouces appuyant au sommet de l'arc décrit par l'axe antéro-postérieur du pied, tendent, par des efforts saccadés, à redresser cet arc en refoulant la tête de l'astragale et le scaphoïde, et en ramenant l'avant-pied dans l'abduction. Ce système de traitement est continué jusqu'à la fin de décembre.

Le 29 janvier 1844, nouvelle section du tendon d'Achille en deux points, au-dessus et au-dessous du siége de l'opération pratiquée il y a quatre ans. Section de l'adducteur du gros orteil, des ligaments astragalo-scaphoïdiens et cunéo-scaphoïdiens, par deux ponctions différentes au niveau du bord interne du pied. La double section du tendon d'Achille ne produit qu'un faible degré d'abaissement du talon. Il n'en est pas de même de la section des ligaments. Les brides qu'ils formaient ayant été tendues par un redressement forcé du pied, suivant son axe antéro-postérieur, elles ont été divisées avec un bruit de craquement manifeste, et leur section a été suivie immédiatement d'un mouvement de déviation de l'avant-pied en dehors plus considérable que celui qui avait été précédemment obtenu par plusieurs mois de traitement mécanique. Le 22, les petites plaies sont complétement cicatrisées. Il n'existe aucune trace d'inflammation locale, le siége des opérations est à peine sensible.

Les 23 et 24, les manipulations réduisent, au moyen d'efforts un peu énergiques, les subluxations astragalo-scaphoïdiennes et scaphoïdo-cunéennes. La saillie, formée sur le côté du cou-de-pied par les têtes osseuses déplacées, disparaît graduellement et fait place à une dépression. La flexion de l'avant-pied ne suit pas les mêmes progrès.

Le 9 février, les manipulations et l'action de l'appareil, ne parvenant pas à produire le degré de flexion voulu du pied, on fait la section sous-cutanée des ligaments tibio-calcanéens interne et externe. Ces deux opérations donnent lieu à un épanchement de sang médiocre mêlé à de la synovie. Pansement ordinaire. On continue l'application de l'appareil comme auparavant. Point de trace d'inflammation locale ni de réaction générale.

Le 12, on force l'action de l'appareil; les résistances à la flexion sont toujours considérables, quoique moindres qu'avant la section des ligaments. La disparition de l'obstacle ligamenteux fait voir qu'une déformation de l'astragale empêche la poulie tibio-péronière de glisser librement sur la trochlée astragalienne; lorsqu'on veut forcer ce glissement, la douleur ne se manifeste plus en arrière, mais dans ce point seulement.

Rien de particulier jusqu'à la fin du mois. L'amélioration continue à faire des progrès dans les différents éléments de la difformité; l'abaissement du talon est toujours limité. On insiste sur les embrocations huileuses et sur les bains émollients. Le sujet commence à marcher, mais avec une grande modération. Il ne survient aucun engorgement ni aucune douleur.

Du mois de mars à la fin de juillet, traitement de consolidation. Le sabot mécanique est remplacé par un brodequin qui rend la marche plus facile, quoiqu'il remplisse à peu près les mêmes indications que le premier appareil. Le pied reprend peu à peu sa forme normale; il a acquis de la force et de la souplesse au point que tout traitement peut cesser à partir du mois de juillet.

Le 18 mai 1845, c'est-à-dire plus d'une année après la cessation de tout traitement, la commission a revu le sujet et constaté ce qui suit :

1° L'élévation du talon, le renversement, l'adduction et l'enroulement du pied ont complétement disparu. Plus de saillie sur le côté du dos du pied, résultant de la subluxation des os de la première et de la deuxième rangée du tarse ; au contraire, légère dépression en ce point. Le pied a la direction et la forme normales; néanmoins, il est toujours un peu plus large, plus court, et sa voussure plantaire un peu moins accusée que du côté opposé ;

2° Les tendons divisés n'offrent plus aucune tension anormale. Tous sont réunis sans aucune nodosité ni adhérences appréciables. Le tendon d'Achille ainsi que tout le mollet sont restés plus grêles et sensiblement moins développés qu'à droite.

3° Tous les mouvements du pied sont conservés : l'extension et la flexion du pied sur la jambe sont restées un peu moins étendues et moins souples qu'à l'état normal.

4° Plus de claudication ni embarras aucun dans la marche. Le sujet fait de longues courses sans fatigue ni douleur.

Sa santé est bonne, mais il reste toujours dans plusieurs parties du corps quelques traces de scrofules.

Ce cas a été présenté par M. J. Guérin comme un premier exemple de pied-bot composé qu'il appelle *fixe* ou *ligamenteux*. Dans cette variété du pied-bot, la ténotomie seule, quoique aidée des meilleurs moyens mécaniques, ne suffit pas, parce que les ligaments sont rétractés en même temps que certains muscles; en conséquence il est indispensable de recourir à la section sous-cutanée des ligaments aussi bien que des tendons : c'est un ordre de moyens nouveaux et efficaces très-rationnellement approprié à une indication nouvelle. Ce cas est d'ailleurs propre à montrer la différence que présente la ténotomie, suivant qu'elle procède, d'après les traditions vulgaires, ou suivant qu'elle se dirige d'après les notions étiologiques posées par M. J. Guérin.

On se rappellera, en effet, qu'un premier chirurgien très-connu s'était borné à faire, pour ce cas de pied-bot varus équin très-prononcé, la seule section du tendon d'Achille, ainsi que cela était d'usage à cette époque (1).

QUATRIÈME CAS.

VARUS ÉQUIN CONGÉNITAL DU PIED DROIT AVEC ENROULEMENT CONSIDÉRABLE CHEZ UN ENFANT AGÉ DE 17 MOIS. — ÉLÉVATION DU TALON, RENVERSEMENT DU PIED ET ADDUCTION EXTRÊME DE L'AVANT-PIED. — SUBLUXATION CONSIDÉRABLE DES OS DE LA SECONDE RANGÉE SUR CEUX DE LA PREMIÈRE. — FIXITÉ DE LA DIFFORMITÉ. — SECTION DU TENDON D'ACHILLE, DES JAMBIERS ANTÉRIEUR ET POSTÉRIEUR, DU FLÉCHISSEUR COMMUN DES ORTEILS. — TRAITEMENT MÉCANIQUE CONSÉCUTIF IRRÉGULIER, MANIPULATIONS. — GRANDE AMÉLIORATION.

Un enfant âgé de 17 mois, fort bien constitué et jouissant d'une bonne santé, né de parents sains et bien conformés, porte un pied-bot varus équin congénital au deuxième degré, du côté droit, qui offre à considérer les éléments suivants :

1° Élévation du talon;

2° Renversement du pied sur sa face externe;

(1) Un certificat écrit de la main même de ce chirurgien et légalisé par les autorités compétentes, porte : « qu'il a pratiqué la section du tendon d'Achille pour un pied-bot congénital équin varus, qui s'était tellement aggravé qu'il aurait fini par priver le sujet de l'usage de la jambe gauche. »

3° Adduction extrême de l'avant-pied, avec raccourcissement du pied; courbures suivant ses bords, et exagération de sa cambrure normale.

Le talon est élevé au-dessus du sol, de manière à former avec l'horizon un angle ouvert en arrière de 70 degrés.

Le pied, renversé en dehors, porte sur le sol par son bord externe. On peut évaluer ce renversement à 45 ou 50 degrés.

Le pied est en outre porté directement en dedans, de manière à former avec la jambe un angle droit. Cette disposition, qui tient à une forte déviation de l'avant-pied sur le talon en dedans, est masquée en partie, dans l'attitude ordinaire, par une rotation temporaire du membre abdominal en dehors, laquelle a pour effet de ramener l'extrémité du pied un peu en avant. En replaçant le membre dans la situation normale, la rotule dirigée en avant, le pied coupe transversalement la jambe à angle droit; sa pointe est même un peu dirigée en arrière.

Il résulte de ces directions vicieuses un ensemble de déformations assez considérables. Le pied est raccourci, un peu plus étroit transversalement, mais plus épais que le pied sain. Sa face dorsale est plus arrondie, plus courte que celle du pied opposé; elle est dirigée beaucoup plus obliquement d'arrière en avant, et de haut en bas. On y remarque, en dehors, des saillies osseuses formées par la tête de l'astragale, par l'extrémité antérieure du calcanéum, et par le cuboïde, résultant des déplacements dont il va être question tout à l'heure.

La face plantaire du pied est légèrement concave, et présente un angle rentrant transversalement au niveau des articulations tarso-métatarsiennes.

Le talon est petit, réduit de volume et aminci, surtout dans le sens transversal. Il est beaucoup plus petit et beaucoup plus élevé qu'il ne le paraît au premier abord : la portion molle du talon n'ayant pas suivi au même degré le mouvement ascensionnel du calcanéum.

Les orteils sont un peu plus courts que ceux de l'autre côté, mais ils sont bien conformés et régulièrement rangés.

Le bord interne du pied est très court, concave, et présente un angle rentrant à l'union de l'avant-pied avec le talon.

Le bord externe, au contraire, est plus allongé, convexe, et offre une saillie légèrement anguleuse au niveau de la dernière articulation tarso-métatarsienne.

Toutes ces déformations sont liées à des déplacements et à des subluxations plus ou moins complètes des articulations du pied. Il existe, en effet, une subluxation du scaphoïde sur l'astragale en dedans, et une diastase des articulations calcanéo-cuboïdiennes, calcanéo-astragalienne et tarso-métatarsienne, dans le même sens.

Le pied et la jambe ont subi un commencement d'atrophie.

Périmètre du mollet.	à droite. . . .	16c	15mm
Id.	à gauche. . . .	18	5
Longueur du pied.	à droite. . . .	8	»
Id.	à gauche. . . .	11	5

Tout le membre abdominal droit est en outre un peu moins développé que le gauche.

La peau n'offre aucune modification sensible. Elle présente au niveau des saillies osseuses, et sur la portion moyenne du bord externe du pied un commencement de callosité. A la face plantaire et au talon, elle est souple et unie.

L'exploration des muscles fait reconnaître une tension considérable du tendon d'Achille, tension très-appréciable dans l'attitude habituelle du pied, mais qui devient beaucoup plus sensible lorsqu'on cherche à le redresser.

Les efforts de redressement ont pour effet de rendre sensible la tension du jambier antérieur. On trouve enfin l'adducteur du gros orteil et les petits muscles de la région plantaire interne dans un état de tension modérée. L'état du jambier postérieur est difficile à apprécier. Tous les muscles paraissent avoir conservé leur contractilité normale, ce dont on peut s'assurer par les mouvements que l'enfant exécute instinctivement dans presque tous les sens.

Les mouvements des diverses brisures du pied peuvent avoir lieu dans tous les sens, mais dans des limites très-variables, et en général très-restreintes, dans le sens opposé aux déviations du pied. A peine peut-on fléchir légèrement le pied sur la jambe; on a à surmonter une résistance considérable de la part des jumeaux et soléaire. On éprouve les mêmes difficultés pour replacer le pied dans la direction horizontale, pour le renverser en dedans, ainsi que pour diriger sa pointe en dehors. On sent toutefois que la résistance ne réside pas tout entière dans les muscles dont il s'agit, mais qu'une partie de cette résistance paraît provenir d'obstacles plus profonds, et notamment des déplacements et des déformations des os.

Il est difficile, à cause de l'âge peu avancé de l'enfant, de juger de l'étendue possible des mouvements physiologiques volontaires.

Pendant la station et la marche, les dispositions que nous avons fait connaître s'exagèrent encore : ainsi le pied se renverse plus complétement, et appuie sur le sol par la portion externe de sa face dorsale.

La marche a lieu avec une claudication postéro-latérale assez prononcée.

Point d'autre difformité.

Opéré le 28 janvier : Section des jambiers antérieur et postérieur, du long fléchisseur commun et du tendon d'Achille. L'ouverture d'une veine tibiale postérieure fournit une quantité assez notable de sang et donne lieu à un trombus. Pansement ordinaire avec compression du trombus. Application immédiate de l'appareil.

Le 30 janvier, la constriction de l'appareil a déterminé un gonflement général de la jambe et du pied, sans rougeur, ni chaleur, ni douleur vive. On relâche l'appareil; le lendemain le gonflement a beaucoup diminué, et il disparaît les jours suivants. On modère l'action compressive du bandage; mais on supplée à cette action par des manipulations plus fortes et plus souvent répétées.

A partir de ce jour, l'enfant est emporté par sa mère, qui se charge seule d'exécuter les prescriptions. Ce n'est que plusieurs mois après qu'elle le ramène, et alors on constate une amélioration notable des divers éléments de la difformité. Le pied a la direction normale, mais il est resté court, dur; ses mouvements sont rétablis, mais il a une grande tendance à reprendre ses anciennes directions.

L'enfant est de nouveau emmené par sa mère. Il est pris d'une coqueluche qui a duré plusieurs mois. Pendant tout ce temps, le traitement mécanique est exécuté avec peu de soins et de suite, et la difformité reste à peu près ce qu'elle était au départ de la mère.

Voici l'état dans lequel cette difformité se trouvait le 19 mai 1845, époque où la commission a revu l'enfant pour la dernière fois :

1° Plus d'élévation du talon ni de renversement du pied sur sa face externe. L'adduction de l'avant-pied est réduite d'un angle de 90 degrés à 35 degrés environ. Le pied est néanmoins resté court, large et arrondi, suivant sa face et son bord externes, et un peu concave suivant son bord interne.

2° Plus de tension musculaire ou tendineuse anormale; les tendons divisés se sont réunis sans nodosités ni adhérences sensibles. Le tendon d'Achille est resté grêle et le mollet atrophié.

3° Les mouvements sont conservés, mais assez bornés dans les différents sens; il est resté une roideur générale du pied.

4° La marche s'exécute assez bien; cependant la plante du pied ne reste qu'incomplétement appliquée sur le sol, l'avant-pied tourné en dedans. Le talon ne touche au sol que pendant le premier temps de la station.

CINQUIÈME CAS.

VARUS ÉQUIN CONGÉNITAL DOUBLE, AU TROISIÈME DEGRÉ DES DEUX CÔTÉS, CHEZ UN ENFANT DE 5 ANS. — RÉTRACTION PRESQUE GÉNÉRALE DES MUSCLES DE LA JAMBE ET DU PIED. — ÉLÉVATION DU TALON. — RENVERSEMENT ET ADDUCTION CONSIDÉRABLE, PIED COURT, ROND, FIXE, ENROULEMENT EXTRÊME. — SAILLIE DES OS SUBLUXÉS : MARCHE DIFFICILE, DOULOUREUSE ET PAR BONDS. — MANIPULATIONS PRÉPARATOIRES. — SECTION DE LA PLUPART DES TENDONS, APONÉVROSES ET LIGAMENTS DU PIED. — TRAITEMENT MÉCANIQUE CONSÉCUTIF. — AMÉLIORATION TRÈS-CONSIDÉRABLE.

Un enfant de 5 ans, né de parents sains et bien constitués, est présenté à la commission le 28 janvier 1844, pour un double pied-bot varus équin congénital au troisième degré. La mère n'a rien éprouvé de particulier pendant sa grossesse. D'après le rapport des parents, la difformité était presque aussi considérable à l'époque de la naissance qu'actuellement. Les deux pieds offrant exactement les mêmes formes, la description leur sera commune. Ils présentent à considérer les éléments suivants :

1° Élévation du talon;

2° Renversement sur la face externe;

3° Adduction de l'avant-pied;

4° Courbure suivant le bord interne, et exagération de la cambrure normale.

L'élévation du talon est telle que la plante du pied forme avec le sol un angle de 75 à 80 degrés.

Le pied est renversé sur sa face externe de manière à former un angle de 60 degrés.

Le pied est porté dans une adduction telle qu'il forme avec la jambe un angle presque droit de 80 à 85 degrés.

La concavité du bord interne du pied est accrue au point que l'avant-pied forme avec le talon un angle de 120 degrés.

En même temps, il existe une pliure anguleuse de l'avant-pied sur le talon, en bas, par suite de laquelle la voussure normale du pied est considérablement augmentée. Ces deux segments se rencontrent sous un angle de 130 degrés.

La forme générale du pied a subi de notables modifications ; il est court, large, épais, ramassé ; il présente à sa face dorsale et un peu en dehors quatre saillies osseuses, dont la plus grosse est formée par la tête de l'astragale subluxée en dehors, les trois autres par la malléole externe, l'extrémité antérieure du calcanéum et l'extrémité postérieure du cinquième métatarsien. Le talon est court, étroit, et semble appliqué immédiatement contre le tibia; l'épaisseur des parties molles qui le recouvrent diminue en apparence cette disposition. A la face plantaire, on voit un pli cutané transversal assez profond, surtout vers le bord interne du pied. Les orteils sont maintenus habituellement à demi fléchis, à l'exception du gros orteil qui se rebrousse fréquemment. Ils sont assez régulièrement rangés d'ailleurs

Ces différentes formes coïncident avec un déplacement de la plupart des articulations du pied. L'astragale a subi un mouvement de rotation sur son axe vertical; sa tête, portée en dehors, est en grande partie décoiffée du scaphoïde qui a glissé en dedans; le calcanéum a subi un léger renversement sur sa face externe. L'articulation calcanéo-cuboïdienne présente une diastase en dehors, ainsi que les articulations tarso-métatarsiennes. Pas de rotation sensible de la jambe. La jambe est amaigrie, de forme conique. Le mollet, un peu atrophié, est d'une consistance un peu plus dure qu'à l'état normal.

La peau est sèche, rugueuse; il y a au niveau des saillies osseuses indiquées, des callosités, une surtout très-épaisse, correspondant à l'extrémité postérieure du cinquième métatarsien.

Muscles. — Tension très-prononcée des jumeaux et soléaire, même à l'état de repos, devenant extrême lorsqu'on fait des efforts de redressement. Dans l'attitude ordinaire du pied, on n'aperçoit point d'autre relief musculaire bien appréciable; mais en faisant effort pour réduire l'adduction et le mouvement du pied, on sent se tendre sous le doigt, d'une manière très-sensible, le tendon du jambier antérieur. Celui du jambier postérieur quoique plus difficile à explorer, est également tendu et raccourci. A la face plantaire, on constate la rétraction très-évidente de l'aponévrose plantaire et du muscle court fléchisseur des orteils. La contractilité est passablement conservée dans tous les muscles, mais l'indocilité de l'enfant ne permet pas de s'en assurer d'une manière directe.

Les mouvements physiologiques sont très-bornés; ils se réduisent à une légère extension et flexion des orteils, et à une adduction et flexion du pied sur lui-même, qui exagèrent la difformité.

Les efforts mécaniques ne modifient que très-peu les formes de la difformité. La marche exagère ces formes : le pied se renverse davantage et appuie sur le sol par la partie externe de sa face dorsale; les extrémités des mêmes parties regardent directement en dedans. La démarche est pénible, difficile; l'enfant marche les jambes écartées et est obligé de lever fortement le pied, qu'il porte en avant, pour le faire passer par-dessus l'autre. On remarque enfin, lorsque le sujet marche, que ses deux genoux dévient sensiblement en dedans, circonstance qui paraît tenir à la nécessité où se trouve l'enfant, de marcher les jambes écartées, et à ce que la ligne du poids du corps cesse de passer par l'axe des jambes.

Pas d'autres difformités.

Déjà l'enfant avait été soumis depuis huit à dix jours à des manipulations ayant pour but d'assouplir les articulations et de détacher les tendons à diviser des parties environnantes. Dès le 28 janvier, on procède à la section des jambiers antérieurs et postérieurs, des longs fléchisseurs communs, des aponévroses plantaires, des courts fléchisseurs et des tendons d'Achille. Rien de particulier à noter quant aux opérations. Pansement comme d'habitude. Application des appareils le lendemain.

1er février : La flexion des pieds va presque jusqu'à l'angle droit, ainsi que le renversement. La voussure plantaire a également diminué. L'adduction, et la courbure du pied, suivant son bord interne, n'ont pas diminué en proportion.

Le lendemain, l'enfant est pris de fièvre et d'une éruption générale non caractérisée. Cette éruption persiste après la fièvre pendant une dizaine de jours, et se termine par l'exfoliation générale de l'épiderme. Toutefois, les piqûres de la peau et le siége des opérations sous-cutanées n'ont manifesté aucun symptôme de participation à la maladie. La cicatrisation suit sa marche habituelle.

Suspension des appareils mécaniques pendant le cours de cette petite maladie.

Le 14 février, après la desquammation de la peau du pied, on réapplique les appareils. En raison de l'état particulier de la peau, ils déterminent en quelques heures la formation d'une escarre à chaque pied, qui force à en interrompre de nouveau l'usage. On se borne, pendant le reste de février et le mois de mars, à faire des efforts de redressement avec la main.

Le 28 mars, on reprend l'usage des appareils : le pied est roide et résistant. On ne peut chercher à modifier sa forme ni sa direction sans rencontrer de très-grandes résistances ou sans provoquer de la douleur. On insiste sur les manipulations, les embrocations et les bains prolongés.

Le 15 avril, nouvelle section du tendon d'Achille, des jambiers postérieurs et fléchisseurs communs des orteils. On y ajoute celle des adducteurs du gros orteil et des ligaments astragalo-scaphoïdiens et scaphoïdo-cunéens. Après ces diverses sections, le pied obéit beaucoup plus facilement aux efforts de redressement. On peut le placer presque entièrement redressé dans les appareils, et ceux-ci ne produisent plus aucune douleur.

Les jours suivants on s'efforce de réduire les subluxations astragaliennes et cuboïdiennes par les manœuvres déjà indiquées. Les déformations des os apportent une grande résistance. Pendant les mois de mai à octobre, on obtient le redressement à peu près complet des éléments de directions vicieuses, élévation du talon, renversement, adduction de l'avant-pied, moins les éléments de déformation. Voussure plantaire anormale, courbure du bord interne, enroulement proprement dit, s'amendant avec une difficulté beaucoup plus grande.

Vers la fin d'octobre, le sujet est emmené dans sa famille, les pieds munis d'appareils contentifs, avec lesquels il pouvait marcher très-librement. Il n'est revenu que le 19 mai 1845, pour être examiné une dernière fois par la commission.

Voici le résultat de ce dernier examen :

1° Difformités. — Pied droit. — Plus d'élévation du talon ni renversement du pied, ni adduction de l'avant-pied, ni enroulement. Les diverses subluxations et saillies osseuses sont réduites.

Pied gauche. — Même résultat, moins un peu de saillie et d'obliquité en dehors du dos du pied, et d'adduction de l'avant-pied.

Les deux pieds sont notablement allongés. Toutefois, dans leur ensemble, ils offrent encore un aspect anormal, caractérisé surtout par la courbure exagérée de leurs bords externes et internes.

2° Tendons. — Les tendons divisés sont tous réunis sans nodosités ni adhérences appréciables. Toutefois, ils sont restés grêles et peu caractérisés. L'atrophie des muscles de la jambe et du pied a persisté jusqu'ici. Néanmoins, ils se contractent tous plus ou moins.

3° Mouvements. — Tous les mouvements existent, mais ils sont réduits et peu étendus : ils sont moins réduits et plus souples au pied droit qu'au pied gauche. L'extension se fait plus par l'avant-pied que par le pied lui-même. La flexion ne va guère au delà de l'angle droit. L'adduction et l'abduction, le renversement en dedans et en dehors, sont également limités.

4° La marche. — S'exécute sans douleur ni claudication. Le pied porte à plat. Du côté gauche, il appuie un peu plus par le bord externe. Le sujet, aidé de la main, peut se tenir alternativement sur l'un et l'autre pied.

Deux nouveaux plâtres, représentant l'état exact des deux pieds, ont été parafés par la commission.

Ce cas, comme les deux précédents, appartient à la catégorie des pieds-bots compliqués *fixes* ou ligamenteux. Celui-ci offre un double exemple de cette difformité portée au plus haut degré, et dans lequel toutes les ressources de la syndesmotomie et du traitement mécanique ont dû être mises en œuvre.

C'est dans les cas de cette espèce que la commission a pu apprécier le mieux la valeur des indications fournies par une analyse rigoureuse des éléments de la difformité, et l'importance d'une méthode de traitement qui comprend des moyens pour toutes les indications.

TROISIÈME CATÉGORIE.

PIEDS PLATS VALGUS DOULOUREUX.

SIXIÈME CAS.

PIED PLAT VALGUS DOULOUREUX TRÈS-PRONONCÉ A DROITE, RUDIMENTAIRE A GAUCHE, CHEZ UN JEUNE HOMME DE 15 ANS ET DEMI; RÉTRACTION DE L'EXTENSEUR COMMUN DES ORTEILS, DU PÉRONIER ANTÉRIEUR ET DES PÉRONIERS LATÉRAUX. — RENVERSEMENT DU PIED SUR SON BORD INTERNE. — DÉVIATION DE L'AVANT-PIED EN DEHORS SUR LE CALCANÉUM.—SUBLUXATION ASTRAGALO-SCAPHOÏDIENNE EN DEDANS.—EMPÊCHEMENT COMPLET DU MOUVEMENT D'ADDUCTION. — STATION DEBOUT ET MARCHE IMPOSSIBLES. — SECTION DES TENDONS DES MUSCLES RÉTRACTÉS, RÉDUCTION DE L'AVANT-PIED, TRAITEMEMT MÉCANIQUE CONSÉCUTIF. — GUÉRISON.

Un jeune homme âgé de 15 ans et demi, né de parents bien conformés, affecté d'un pied plat valgus à droite et d'un commencement de la même difformité au pied gauche, est présenté à la commission le 31 décembre 1843.

Ce jeune homme, doué d'une bonne constitution, d'un tempérament lymphatico-sanguin, taille moyenne, bien développé, paraît avoir toujours joui d'une bonne santé. Il est ouvrier mécanicien, travaille habituellement debout, et se sert alternativement des deux pieds pour faire mouvoir un tour. La double difformité dont il est atteint était jusque-là restée inaperçue pour lui ainsi que pour ses parents. Il y a six semaines seulement qu'une légère douleur à la partie interne du pied droit, au-dessous de la malléole interne et au niveau des articulations médio-tarsiennes, lui fit apercevoir que cette partie était saillante et un peu tuméfiée, et son pied déformé. A dater de ce moment, cette déformation paraît avoir fait de jour en jour des progrès. Elle augmenta ainsi pendant une quinzaine de jours; après quoi, sous la seule influence du repos, elle est restée stationnaire et la tuméfaction s'est dissipée. La douleur qui, dans le principe, était bornée au point que nous venons d'indiquer, et qui ne se fait sentir que pendant la station et la marche, s'est étendue à tout le pourtour du cou-de-pied, et surtout dans l'articulation tibio-tarsienne. Peu de temps après, le genou est devenu lui-même le siége d'une douleur analogue à celle du pied.

Voici l'état que présente ce sujet le 31 décembre 1843 :

Le pied droit offre un exemple remarquable de pied plat valgus; il présente dans son ensemble les déformations suivantes : le cou-de-pied, au lieu d'être convexe et arrondi, est à peu près plane et dans une direction horizontale. La face plantaire est tout à fait plane. Le bord interne du pied est convexe; il présente un angle saillant au niveau de l'articulation astragalo-scaphoïdienne. Le bord externe est au contraire légèrement concave et présente un angle rentrant au niveau de l'articulation calcanéo-cuboïdienne. Ce même bord est beaucoup plus rapproché de la malléole externe qu'à l'état normal, tandis que le bord interne est beaucoup plus rapproché de la malléole correspondante.

Cette difformité est plus particulièrement caractérisée par les éléments suivants :

1° Renversement du pied sur son bord interne;

2° Abduction de l'avant-pied sur le talon;

3° Saillie interne au niveau de l'articulation artragalo-scaphoïdienne, avec aplatissement de la voûte plantaire et dépression externe correspondante.

Le pied est renversé sur son bord interne; il forme avec l'horizon un angle ouvert en dehors de 6 à 8 degrés environ.

L'avant-pied est porté dans une abduction considérable. Il est dévié sur le pied postérieur d'un angle de 25 à 30 degrés. Il présente en outre un abaissement de la portion moyenne ou médio-tarsienne tel, que la voussure normale est complétement effacée, et que les deux faces dorsale et plantaire du pied représentent un plan à peu près uni et parallèle au sol.

On remarque enfin la saillie dont il a été question au bord interne du pied, au niveau de l'articulation astragalo-scaphoïdienne, et la dépression correspondante au bord externe au niveau de l'articulation du calcanéum avec le cuboïde.

Cette saillie paraît résulter d'un double déplacement de l'astragale et du scaphoïde : le premier porté en dedans et en bas, et le second en haut et en dehors, par rapport à l'astragale. La portion inférieure et interne de la tête de l'astragale est en partie décoiffée par le scaphoïde, qui est entraîné avec toute la portion antérieure du pied en dehors : d'où résultent, d'une part, la saillie que forment ces deux os au bord interne du pied, et la diastase assez considérable de la partie interne de l'articulation astragalo-scaphoïdienne.

En explorant les parties molles du pied dans le repos et dans son attitude ordinaire, on voit de légers reliefs musculaires formés par le long extenseur commun des orteils et les péroniers latéraux. Au toucher les tendons de ces mêmes muscles offrent une tension modérée.

Cette tension augmente d'une manière sensible, particulièrement dans le court péronier latéral, lorsqu'on cherche à fléchir le pied en le portant en même temps dans l'adduction.

A l'exception des mouvements d'adduction et de renversement du pied sur son bord externe, lesquels sont sensiblement limités, tous les autres mouvements ont leur étendue à peu près normale.

On peut, jusqu'à un certain point, réduire temporairement la difformité; mais les efforts spontanés du malade n'y apportent aucun changement.

La marche, qui jusqu'alors avait été facile et sans douleur, est devenue pénible et promptement suivie de fatigue et de douleur; elle a en outre pour effet d'accroître sensiblement la difformité. L'abduction de l'avant-pied et le renversement du pied augmentent; la démarche est gênée et offre la particularité qui suit : chaque fois que le pied est porté en avant, il se présente dans un degré de flexion sur la jambe assez prononcé, les orteils étendus de manière que le talon porte seul d'abord sur le sol; ce n'est que dans un second temps que la face plantaire s'y applique à son tour. Celle-ci porte principalement par sa partie moyenne et interne, ce qui est d'ailleurs accusé par la présence d'une légère callosité sur la partie interne de la face plantaire et le long du bord interne du pied.

Le pied gauche est le siége d'une difformité en tout analogue à celle du pied droit, mais à un degré beaucoup moins prononcé. Cette difformité a été reconnue en même temps que celle du pied droit, mais elle n'était encore que rudimentaire; elle a fait depuis des progrès assez sensibles. Des douleurs semblables à celles du pied droit ont commencé à s'y faire sentir depuis quelques jours.

Opéré le même jour sous les yeux de la commission. Section sous-cutanée de l'extenseur commun des orteils, du péronier antérieur et des péroniers latéraux par quatre ponctions distinctes. Point de douleur notable ni d'épanchement de sang. Aussitôt l'avant-pied peut être ramené dans l'adduction. Pansement ordinaire. Application immédiate de l'appareil, qui consiste dans un brodequin à triple flexion, construit d'après le système des précédents, et réalisant le renversement du pied sur sa face externe, l'adduction de l'avant-pied, et la courbure sur son bord interne et sa face plantaire.

Dès le surlendemain de l'opération, la difformité est presque entièrement retournée : plus d'abduction de l'avant-pied, plus de renversement sur son bord interne; la voûte plantaire commence à se dessiner. Il ne reste plus qu'une saillie modérée le long du bord interne du pied, au niveau de l'articulation astragalo-scaphoïdienne.

Du 6 au 13 janvier, les manipulations ont principalement pour but de compléter la réduction de cette subluxation. On procède à cette réduction par une manœuvre analogue à celle indiquée pour la réduction de la même subluxation en dehors dans le pied varus équin, mais agissant dans un sens opposé.

Le 13 janvier, la forme du pied est presque normale. La voûte plantaire est en grande partie rétablie. La saillie astragalienne a presque disparu. Continuation du même traitement jusqu'au 1er mars. A partir de cette époque, le sujet commence à marcher : une sangle de suspension adaptée à son brodequin, passant de dehors en dedans sous la voûte plantaire au niveau de l'articulation astragalo-scaphoïdienne, est destinée à soutenir la voûte du pied pendant que le talon et l'avant-pied s'appliquent sur le sol.

Du 1er mars au 15 avril, essais de marche progressifs qui s'exécutent sans douleurs ni accidents. Les améliorations obtenues ne font que se compléter et se consolider. Le 15 avril, la forme du pied est normale, sauf une très-légère saillie du premier cunéiforme, qui dépasse un peu le niveau des autres os.

Le sujet commence à reprendre ses occupations, le pied continuant à être maintenu à l'aide de l'appareil.

Le 9 juin, il est représenté à la commission, qui constate ce qui suit :

1° Le pied est complétement redressé; l'abduction permanente et la flexion du pied sur la jambe ont complétement disparu. La dépression anormale de la partie externe du tarse a fait place à la saillie normale. La voussure de la plante du pied est en grande partie rétablie.

2° Les différents mouvements du pied sont conservés dans leur étendue normale.

3° La marche s'exécute sans douleur ni claudication.

Un second moule en plâtre, représentant l'état du pied, est parafé par la commission.

A partir de cette époque, le sujet a cessé tout traitement; il a repris ses occupations et a marché comme s'il n'avait jamais été opéré. Représenté à la commission le 15 juin 1845, il a été trouvé dans l'état suivant :

1° Plus de renversement ni abduction anormale du pied. Réduction complète des subluxations astragalo-scaphoïdiennes : néanmoins, il reste encore un peu de saillie, résultant du gonflement des os au niveau de l'articulation astragalo-scaphoïdienne. Face dorsale du pied régulière. Face plantaire moins déprimée qu'à l'état normal; toutefois, la conformation du pied droit est meilleure que celle du pied gauche.

2° Les tendons divisés sont complétement réunis et distincts, sans nodosités ni adhérences appréciables. On peut très-bien toucher et sentir les deux péroniers latéraux séparément. Tous les muscles se contractent au degré normal.

3° Les mouvements sont conservés ou rétablis au degré normal. Le mouvement d'adduction est parfaitement libre.

4° La marche est régulière et sans douleur. Le sujet a repris son état de serrurier qu'il avait été obligé d'interrompre; il est toute la journée debout et peut faire de longues courses sans éprouver ni douleur ni fatigue.

SEPTIÈME CAS.

PIED PLAT VALGUS DOULOUREUX DU CÔTÉ GAUCHE, PAR RÉTRACTION DE L'EXTENSEUR COMMUN DES ORTEILS, DES PÉRONIERS ANTÉRIEUR ET LATÉRAUX. — RENVERSEMENT DU PIED SUR SON BORD INTERNE. — ABDUCTION FORCÉE ET PERMANENTE DE L'AVANT-PIED. — SUBLUXATION DE L'ASTRAGALE ET DU SCAPHOÏDE. — APLATISSEMENT DE LA VOUTE PLANTAIRE ET DÉPRESSION DE LA FACE DORSALE EXTERNE DU PIED. — IMPOSSIBILITÉ DU MOUVEMENT D'ADDUCTION. — MARCHE IMPOSSIBLE. — SECTION SOUS-CUTANÉE DES TENDONS DE L'EXTENSEUR COMMUN DES ORTEILS, DES PÉRONIERS ANTÉRIEUR ET LATÉRAUX. — REDRESSEMENT IMMÉDIAT. — TRAITEMENT MÉCANIQUE CONSÉCUTIF. — MANIPULATIONS, MASSAGE. — DISPARITION DE TOUS LES ÉLÉMENTS DE LA DIFFORMITÉ. — MARCHE RÉGULIÈRE.

Un jeune homme, âgé de 15 ans, de bonne constitution, est présenté à la commission le 23 mars 1844, pour un pied plat valgus douloureux du côté gauche.

Ce sujet n'a point fait de maladies graves ni éprouvé d'accident au pied. Né de parents sains et bien conformés, il avait toujours paru exempt de difformité; seulement on avait remarqué depuis longtemps qu'il marchait mal. Il y a trois mois, sans cause appréciable, il éprouva des douleurs assez vives dans le pied gauche, et on remarqua en même temps que le pied était déformé et renversé en dedans. Les douleurs allèrent en augmentant, au point que, depuis quelques jours, la marche est devenue complétement impossible.

État actuel. — Il existe du côté gauche un pied plat valgus prononcé, offrant à considérer les éléments suivants :

1° *Renversement du pied sur son bord interne.* Le pied forme avec l'horizon un angle ouvert en dehors de 18 degrés environ. Le renversement porte presque exclusivement sur l'avant-pied, le talon est presque vertical.

2° *Abduction forcée et permanente de l'avant-pied.* L'avant-pied forme avec le talon un angle de 20 à 22 degrés. Il est comme brisé à angle, suivant son axe antéro-postérieur, au niveau de l'articulation scaphoïdo-astragalienne.

3° *Aplatissement de la voûte plantaire et dépression de la face dorsale et externe du pied.* L'aplatissement porte surtout sur le bord interne du pied, où l'excavation plantaire est remplacée par une saillie assez considérable, résultant de la subluxation de l'astragale en dedans et du scaphoïde en dehors. La dépression de la partie externe de la face dorsale du pied correspond exactement à la saillie du bord interne et résulte, comme cette dernière, de la subluxation astragalo-scaphoïdienne.

Il y a en outre un léger degré d'extension permanente des orteils.

Ces directions et ces formes sont invariables. Si l'on cherche à porter l'avant-pied en bas et en dedans, on éprouve des résistances douloureuses et invincibles. On voit, et le malade accuse une roideur et une tension considérables dans les muscles abducteurs du pied, le péronier antérieur et les péroniers latéraux surtout. Même au repos, ces deux derniers muscles sont tendus et forment un relief marqué sous la peau.

La marche s'exécute difficilement. Claudication et douleurs qui augmentent après la moindre course, même sous l'influence de la station un peu prolongée. Dans la marche, le pied appuie d'abord sur le talon, sur l'avant-pied en second lieu et sur le bord interne du pied particulièrement. La douleur siége surtout dans l'articulation des os de la première avec ceux de la seconde rangée, en dedans et en dehors.

Indépendamment du changement de direction et de rapport des os du pied, il y a peut-être un certain degré de gonflement de la tête de l'astragale. Du reste, pas d'autre difformité, si ce n'est un commencement de pied plat valgus du côté droit.

Un moule du pied est parafé par la commission.

M. J. Guérin annonce, avant de commencer le traitement, qu'aussitôt que la section des tendons aura été pratiquée et la subluxation du pied réduite, la douleur disparaîtra.

Le 30 mars, section sous-cutanée de l'extenseur commun des orteils, des péroniers antérieur et latéraux. Pansement ordinaire. On constate immédiatement que l'adduction est possible. Le pied, après avoir été réduit d'une certaine quantité, est placé dans l'appareil indiqué à l'occasion du cas qui précède.

Du 1er au 4 avril, manipulations destinées à réduire la subluxation de l'astragale et du scaphoïde, adduction de l'avant-pied et reformation de la voûte plantaire. Ces différents buts sont atteints de la manière la plus facile et la plus complète. Le pied est même amené à des dispositions inverses à celles qu'il présentait.

Le 6 avril, le sujet est représenté à la commission, qui constate ce qui suit :

1° Le pied est tout à fait redressé ; il offre plutôt les caractères de la difformité inverse ; léger renversement sur sa face externe, adduction de l'avant-pied et surtout réduction de la subluxation astragolo-scaphoïdienne et disparition de la saillie osseuse qui existait en dedans, suivant le bord interne du pied.

2° La douleur vive occupant les articulations des os de la première et de la seconde rangée a complétement cessé dès le jour même de l'opération, et aussitôt qu'il a été possible de ramener le pied à sa forme normale.

3° Depuis quelques jours, des douleurs, qui n'avaient jamais existé dans le pied droit, s'y sont développées.

Un second plâtre, représentant l'état du pied, est parafé par la commission.

Le reste du mois, on continue à maintenir le pied à l'aide de l'appareil, et le sujet ne commence à faire quelques pas que le 15 mai. A cette époque, le pied est toujours un peu trop redressé. Les tendons sont réunis. On ne permet d'abord que de courts essais de marche, le pied muni de l'appareil, et la voûte plantaire parfaitement soutenue à l'aide de la sangle transversale.

On augmente tous les jours la durée de la marche.

A la fin du mois, le sujet est représenté pour la dernière fois à la commission, qui constate les résultats suivants :

1° Plus de renversement ni abduction anormale du pied. Réduction complète des subluxations astragalo-scaphoïdiennes ; il reste un peu de saillie de l'articulation réduite. Face dorsale du pied régulière, face plantaire moins ondulée qu'à l'état normal.

2° Les tendons divisés sont complétemsnt réunis sans nodosités ni adhérences appréciables. On commence à pouvoir les distinguer isolément. Tous les muscles se contractent à peu près comme à l'état normal.

3° Tous les mouvements sont conservés au degré normal. Le mouvement d'adduction est parfaitement libre. L'abduction est un peu faible.

4° La marche s'exécute sans claudication ni douleur. Le sujet peut rester longtemps debout et faire de longues courses, muni de son appareil, sans éprouver de douleur. Il continuera à le porter jusqu'à ce que le redressement du pied soit tout à fait consolidé.

HUITIÈME CAS.

PIED PLAT VALGUS DOULOUREUX TRÈS-CONSIDÉRABLE A GAUCHE, PAR RÉTRACTION DE L'EXTENSEUR COMMUN DES ORTEILS, DES PÉRONIERS ANTÉRIEUR ET LATÉRAUX. — RENVERSEMENT DU PIED EN DEDANS. — DÉVIATION DE L'AVANT-PIED EN DEHORS. — SUBLUXATION TRÈS-PRONONCÉE DE L'ARTICULATION ASTRAGALO-SCAPHOÏDIENNE EN DEDANS. — EFFACEMENT DE LA VOUSSURE PLANTAIRE. — EMPÊCHEMENT DU MOUVEMENT D'ADDUCTION. — MARCHE DOULOUREUSE. — SECTION DES TENDONS DES MUSCLES RÉTRACTÉS. — REDRESSEMENT IMMÉDIAT. — TRAITEMENT MÉCANIQUE CONSÉCUTIF. — GUÉRISON.

Un jeune garçon, âgé de 12 ans, constitution assez bonne, tempérament lymphatique, présenté à la commission le 9 juin 1844, offre un pied plat valgus du côté gauche, avec un commencement de la même difformité à droite.

L'origine de cette difformité est inconnue. Il y a quatre mois que les parents s'en sont aperçus pour la première fois, et leur attention a été provoquée par des douleurs qui se faisaient sentir seulement pendant la marche. Antérieurement, l'enfant n'avait jamais souffert de ce côté, n'avait pas fait de chute, ne s'était pas fatigué à la marche. Jamais il n'a eu de convulsions.

Aucun traitement n'a encore été employé.

La difformité a toujours été en augmentant, aussi bien que les douleurs. Actuellement elle présente les caractères suivants :

1° Reversement du pied sur son bord interne, de telle sorte que la face plantaire forme avec l'horizon un angle de 14 ou 15 degrés. Par un effort mécanique, on peut réduire cet angle d'une petite quantité; mais aussitôt qu'on abandonne le pied à lui-même, il revient avec une certaine force à la direction primitive.

2° Abduction de l'avant-pied suivant un angle de 10 à 12 degrés; on peut à peine avec la main le ramener à la rectitude, mais non le porter dans l'adduction.

3° Déformation du pied. Léger abaissement du talon, qui est un peu plus saillant que celui du côté opposé. Effacement partiel de la voûte plantaire. La face dorsale est moins convexe qu'à droite; on voit au niveau du cou-de-pied, entre le jambier antérieur, d'une part, et l'extenseur commun et le péronier antérieur, de l'autre, une gouttière longitudinale assez profonde, et dont il n'existe qu'un rudiment du côté droit. La face interne du tarse est convexe, irrégulièrement arrondie; on y voit une saillie osseuse particulière très-prononcée, correspondant à l'extrémité antérieure de l'astragale, qui est subluxé en dedans. Le scaphoïde, porté en dehors, se détache un peu du plan général de cette région. La face interne du tarse est en outre plus développée, plus large de ce côté que de l'autre.

De l'extrémité de la malléole à la saillie du scaphoïde.	à gauche. . .	2c	»mm.
Id.	à droite. . .	1	6

En dehors, le tarse est déprimé. Il existe au-dessous de la malléole externe une gouttière assez profonde, dirigée d'arrière en avant, et qui se termine en dehors de l'extenseur commun par une dépression en godet. Le bord externe du pied est plus rectiligne qu'à droite, et aussi plus rapproché de la malléole externe.

Distance entre ces deux points.	à droite. . .	3c	5mm.
Id.	à gauche. . .	»	7

Le pied et la jambe ont le même volume et la même longueur des deux côtés.

Muscles. — Au repos, soulèvement et tension marquée des muscles extenseurs communs des orteils et péronier antérieur. La tension augmente quand on étend le pied sur la jambe, mais n'augmente pas sensiblement quand on se borne à fléchir les orteils, le pied restant placé entre la flexion et l'extension. Soulèvement, tension et dureté considérables des péroniers latéraux, qui forment, à la partie inférieure du péroné, un relief prononcé dans une étendue de plus de 6 centimètres. Cette corde se tend davantage encore dès qu'on cherche à renverser le pied sur son bord externe.

Rien à noter sur les autres muscles de la jambe et du pied.

Les mouvements de flexion et d'extension du pied et des orteils ont, à peu de chose près, la même étendue des deux côtés; mais il n'en est pas de même du mouvement d'adduction et de renversement sur le bord externe, qui sont absolument impossibles à gauche.

La marche a lieu sans claudication tranchée; seulement, si elle a lieu longtemps ou sur un plan inégal, elle amène des douleurs dans la région du pied qui correspond à l'extrémité postérieure des quatrième et cinquième métatarsiens. Il n'y a jamais de douleurs dans le pied droit.

Opéré le même jour. Section sous-cutanée de l'extenseur commun des orteils, des péroniers antérieur et latéraux. Aussitôt diminution considérable des principaux éléments de la difformité. Le pied est placé dans l'appareil.

Le 12 juin, les plaies sont complétement cicatrisées; on ramène sans efforts considérables, à l'aide de manipulations appropriées, l'avant-pied dans l'adduction. Aussitôt la saillie formée en dedans par l'astragale disparaît, en même temps que la dépression de correspondance qui existe au côté externe du dos du pied se remplit. La voûte plantaire est en partie rétablie, et le pied est plutôt renversé un peu en dehors qu'en dedans. L'appareil ne fait que maintenir les résultats obtenus. Plus de douleur aucune dans l'articulation.

Les jours suivants, on se borne à cette contention en renouvelant de temps à autre les pressions et flexions propres à refouler l'astragale et le scaphoïde en dehors. Rien à noter jusqu'à la fin de juin.

Le 10 juillet, le sujet est représenté à la commission, qui constate le redressement complet du pied, la disparition de l'abduction et la réduction de la subluxation astragalo-scaphoïdienne, ainsi que le rétablissement complet du mouvement d'adduction.

Un second plâtre, représentant l'état actuel du pied, est parafé par la commission.

A partir du 15 juillet, le sujet commence à marcher, muni de son appareil. Il augmente généralement le nombre et la durée de ses courses jusqu'à la fin d'octobre; à cette époque, il quitte et reprend alternativement son appareil tous les deux jours; puis, à la fin de l'année, il le quitte tout à fait et reprend ses occupations comme s'il n'avait jamais éprouvé de difformité.

La commission revoit le sujet une dernière fois le 15 juin 1845, et constate les résultats suivants :

1° Les principaux éléments de la difformité ont complétement disparu : renversement du pied en dedans, abduction de l'avant-pied, subluxation astragalo-scaphoïdienne et aplatissement anormal de la voûte plantaire. Toutefois, il reste le long du bord interne du pied un peu de saillie de l'articulation astragalo-scaphoïdienne.

2° Les tendons divisés sont réunis sans nodosités ni adhérences appréciables.

3° Tous les mouvements du pied sont conservés : le mouvement d'adduction jouit de son étendue et de sa liberté normales.

4° La marche s'exécute librement et sans douleur. Le sujet peut se tenir longtemps debout et faire de longues courses sans éprouver de gêne ni de fatigues extraordinaires.

Les trois cas qui précèdent sont relatifs à une difformité que M. J. Guérin a rattachée à la théorie de la rétraction musculaire, et qu'il a soumise au traitement chirurgical et mécanique institué par lui pour les autres variétés du pied-bot.

Les résultats qui viennent d'être rapportés, et que la commission a observés avec d'autant plus d'attention qu'ils étaient plus nouveaux, lui ont paru confirmer de tout point les vues et les principes posés par M. J. Guérin. Elle n'a pas constaté avec moins d'intérêt le double fait anatomique de l'abduction permanente de l'avant-pied et de la subluxation de l'astragale et du scaphoïde en dedans, liés à la rétraction des muscles abducteurs, et la disparition facile et complète de ces dispositions anormales, par l'effet de la section des tendons et du traitement mécanique consécutif. Enfin, la cessation complète et immédiate de la douleur articulaire dans les trois cas, après la réduction de la subluxation et le redressement du pied, a heureusement sanctionné la prévision de l'opérateur, et fourni une dernière preuve en faveur de la justesse de ses idées et de leur concordance parfaite avec sa pratique.

QUATRIÈME CATÉGORIE.

PIEDS-BOTS PLANTAIRES PARALYTIQUES.

Cette quatrième et dernière catégorie comprend, comme la précédente, des cas relatifs à des variétés de pieds-bots encore inexplorées jusqu'ici, et pour le traitement desquelles l'art n'avait fait aucune tentative fructueuse.

NEUVIÈME CAS.

PIED-BOT PLANTO-VARUS ÉQUIN DU CÔTÉ GAUCHE, PAR PARALYSIE INCOMPLÈTE DES MUSCLES DU MOLLET ET PARTIELLE DE L'EXTENSEUR COMMUN DES ORTEILS, ASSOCIÉES A LA RÉTRACTION DU COURT FLÉCHISSEUR, DE L'APONÉVROSE PLANTAIRE, DU JAMBIER POSTÉRIEUR, AVEC INTÉGRITÉ DU LONG EXTENSEUR DU GROS ORTEIL. — ABAISSEMENT DU TALON. — EXCAVATION DE LA VOUTE PLANTAIRE. — PLIURE DE L'AVANT-PIED SUR LE PIED POSTÉRIEUR. — ÉQUINISME CONSÉCUTIF. — ATROPHIE DU MEMBRE. — MOUVEMENTS INCOMPLETS ET DIFFICILES. — MARCHE DOULOUREUSE. — CLAUDICATION. — SECTION SOUS-CUTANÉE DE L'APONÉVROSE PLANTAIRE DU COURT FLÉCHISSEUR DES ORTEILS, DU JAMBIER POSTÉRIEUR. — APPAREIL MÉCANIQUE CONSÉCUTIF. — MANIPULATIONS, MASSAGE, ÉLECTRO-PUNCTURE. — GRANDE AMÉLIORATION DE LA DIFFORMITÉ. — PLUS DE CLAUDICATION.

Une jeune fille âgée de 12 ans, bonne constitution, tempérament lymphatico-sanguin, portant un pied-bot planto-équin varus, du côté gauche, est présentée à la commission le 10 mars 1844.

Ce pied-bot est congénital. L'enfant était venue au monde à huit mois. La mère, qui est bien conformée, n'avait rien éprouvé de particulier pendant sa grossesse, si ce n'est quelques chagrins. Le père boite, et a la jambe gauche plus courte que la droite. Sur quatre enfants nés des mêmes parents, l'aîné boite comme le père; un autre a eu, dit-on, les deux jambes paralysées. La jeune personne n'a jamais eu de convulsions, et jouit habituellement d'une bonne santé. Seulement, il y a six mois, elle a eu une affection typhoïde qui l'a rendue sujette aux maux de tête, aux étourdissements, et, plus rarement, aux coliques.

Primitivement, la difformité était beaucoup plus considérable qu'aujourd'hui. Le pied *ressemblait, d'après les renseignements fournis par la famille, à un poing fermé, et était tordu en dedans de telle sorte que l'enfant eût appuyé à terre le dessus du pied. Le calcanéum n'était pas apparent, non plus que la malléole interne.*

La difformité a été soumise, pendant les neuf premières années, à un traitement mécanique, qui a consisté dans l'emploi, jour et nuit, d'une bottine avec un montant latéral externe. Sous l'influence de ce traitement, le pied s'est ouvert en partie, le renversement a diminué, et le talon est devenu apparent.

Actuellement le pied-bot, accompagné de paralysie partielle et incomplète, et d'atrophie de tout le membre abdominal gauche, offre à considérer les éléments suivants :

1° Flexion du pied suivant sa face plantaire avec abaissement du talon;

2° Extension permanente du pied sur la jambe;

3° Léger renversement du pied sur son bord externe;

4° Adduction de l'avant-pied;

5° Flexion permanente des quatre premiers orteils.

La flexion du pied sur lui-même suivant sa face plantaire, a lieu au niveau des articulations tarso-métatarsiennes, sous un angle de 120 à 125 degrés, qu'on peut ouvrir, par un effort mécanique, à 150 degrés environ. Le talon est abaissé et beaucoup plus saillant que du côté opposé. Le calcanéum, oblique d'arrière en avant et de bas en haut, forme avec l'axe de la jambe un angle de 110 degrés ouvert en arrière, tandis que l'angle correspondant à droite n'est que de 100 degrés. Dans l'attitude habituelle, l'extension du pied sur la jambe est telle, qu'il forme avec celle-ci un angle à sinus antérieur de 160 degrés. Mais on peut, par le seul effort de la main, le redresser jusqu'à un angle de 110 à 115 degrés. Le renversement du pied sur son bord externe est maintenant peu prononcé et évaluable à 15 degrés tout au plus. On peut, avec la main, le redresser, et même le renverser en sens opposé, mais seulement dans le quart ou la moitié de l'étendue normale. Le pied, enfin, dans sa position habituelle, et principalement dans la station, semble au premier abord porté dans l'abduction; et, en effet, sa pointe regarde un peu en dehors, mais on s'aperçoit bientôt que cette disposition tient uniquement à une rotation de la cuisse dans le même sens. Si l'on a soin de placer les deux membres parallèlement l'un à côté de l'autre, les deux rotules regardant directement en avant, le pied gauche est porté alors dans une adduction qui ne dépasse pas 7 à 8 degrés, tandis que le pied droit affecte la direction normale. On arrive par un simple effort mécanique à faire disparaître cette adduction, mais on ne peut la remplacer par l'abduction.

Les quatre derniers orteils, avons-nous dit, sont demi-fléchis, mais il est facile, en les relevant avec la main, de les porter dans l'extension complète; mais celle-ci n'a lieu que par l'extrémité des orteils, par les phalangettes et les secondes phalanges. Quant au gros orteil, il offre la direction normale, et l'on peut l'étendre et le fléchir sans le moindre obstacle.

Le pied est plus court, plus gros, plus ramassé que celui du côté opposé.

Longueur du pied (du talon à l'extrémité du gros orteil).	à gauche. . .	19c	»mm.
Id.	à droite. . .	21	»
Contour au niveau des têtes des métatarsiens.	à gauche. . .	20	»
Id.	à droite. . .	19	5

Pas de différence appréciable dans la largeur; de la tête du premier métatarsien à celle du cinquième, on trouve des deux côtés 7 centimètres 8 millimètres. La face dorsale du pied gauche est très-convexe, et l'on aperçoit vers son milieu, outre la saillie générale, une saillie osseuse appartenant aux deuxième et troisième cunéiformes. La face plantaire est au contraire fortement concave, et forme une voussure qui ne lui permet pas, dans la station, d'appuyer partout fermement contre le sol, principalement vers son bord interne. Elle présente un grand nombre de plis transversaux assez profonds. Le talon forme un relief mieux détaché, plus pointu que du côté opposé. La malléole externe est un peu saillante, tandis que l'autre est effacée et évidemment atrophiée.

Les quatre derniers orteils sont pendants, surtout les quatrième et cinquième, irrégulièrement rangés, raccourcis, déformés, avec effacement des plis articulaires. Leur pulpe est formée par un panicule cellulo-graisseux très-épais, qui les rend irrégulièrement piriformes. Le gros orteil participe d'une manière remarquable à cette dernière disposition.

La peau du pied est froide, violacée, et couverte d'engelures. Les mêmes choses s'observent à droite; mais le sujet remarque lui-même que le pied gauche s'échauffe toujours moins facilement que le droit.

Les muscles moteurs du pied offrent la combinaison de la tension permanente et du relâchement paralytique.

Les muscles du mollet, mous, atrophiés, ne forment pas de relief sous la peau; ils conservent cependant un certain degré de contractilité. Le tendon d'Achille, grêle, allongé, déprimé, remonte jusqu'au-dessus du milieu de la jambe; il n'est pas sensiblement tendu; il le devient dans les efforts de flexion du pied au delà de l'angle droit. Le jambier postérieur est rétracté; il s'oppose manifestement à l'abduction de l'avant-pied. Le court fléchisseur et l'aponévrose plantaire sont tendus, rétractés; ils forment, à la partie interne de la plante du pied, une corde volumineuse mal circonscrite, tendue même au repos, le devenant davantage dès qu'on veut diminuer la flexion du pied sur lui-même. Cette corde, principalement formée par la portion interne de l'aponévrose plantaire, comprend néanmoins le court fléchisseur, ce dont on peut s'assurer pendant les contractions volontaires de ce muscle. Les muscles antérieurs de la jambe, et particulièrement l'extenseur commun et le jambier antérieur, sont atrophiés, peu consistants et en grande partie dépourvus de contractilité. La paralysie est complète dans les deux derniers tendons extenseurs. L'extenseur propre du gros orteil est au contraire parfaitement contractile. Le pédieux paraît complétement paralysé. Enfin les péroniers latéraux se contractent manifestement, quoique avec moins d'énergie que du côté opposé.

L'atrophie n'est pas bornée au pied et à ses muscles moteurs. Tout le membre inférieur gauche y participe, et il est à la fois moins volumineux et plus court, comme le constatent les mesures suivantes :

Contour de la jambe au niveau du mollet.	à droite. . .	28c	5mm.
Id.	à gauche. . .	25	8
De la tête du péroné à la malléole externe.	à droite. . .	31	5
Id.	à gauche. . .	30	7
De l'épine iliaque antéro-supérieure à la malléole externe.	à droite. . .	81	»
Id.	à gauche. . .	78	»

Par suite de ces dispositions, le bassin est incliné à gauche de 8 à 10 degrés. La colonne vertébrale, inclinée en sens inverse, c'est-à-dire à droite sur le sacrum, présente une légère courbure dorsale moyenne à convexité droite, avec un léger abaissement de l'épaule gauche.

Pas d'autres difformités.

La plupart des mouvements physiologiques du pied sont gênés et limités. Sa flexion sur la jambe est à peu près nulle. Il en est de même de l'extension des quatre derniers orteils, principalement des quatrième et cinquième. Celle du gros orteil a lieu, au contraire, avec la liberté et dans l'étendue normales. Extension du pied sur la jambe assez libre, ainsi que la flexion de tous les orteils.

La marche est accompagnée de claudication latérale; à chaque pas, la pointe du pied touche et balaye le sol. Parfois aussi, mais non constamment, tout le membre inférieur se porte dans l'adduction, ainsi qu'il a été dit plus haut.

Opéré le même jour, sous les yeux de la commission. Section de l'aponévrose plantaire et du court fléchisseur commun des orteils, puis du jambier postérieur et du long fléchisseur commun, suivant les procédés propres à l'opérateur. La division des deux premiers permet de redresser en partie la flexion du pied suivant sa face plantaire, mais l'adduction du pied persiste. Cette persistance, signalée par M. Guérin comme une preuve de la subordination de cet élément de la difformité (adduction de l'avant-pied) à la rétraction du jambier postérieur et du fléchisseur commun, cesse instantanément sous l'influence de la section des tendons de ces muscles, et le pied peut être ramené dans sa direction normale. Pansement ordinaire. Application immédiate de l'appareil. Celui-ci, construit d'après les principes généraux du système des flexions multiples, offre, indépendamment des mouvements de flexion, d'adduction et de rotation en dehors, une brisure articulée à charnière transversale, au niveau de l'articulation de l'avant-pied avec le pied postérieur : cette brisure est destinée à favoriser l'ouverture de l'angle de flexion du pied, suivant sa face plantaire.

Au huitième jour (18 mars), la forme du pied est notablement améliorée. La face plantaire s'est aplatie et allongée, le talon se dirige très-obliquement en arrière.

Le quinzième jour, la direction du pied est normale. La paralysie incomplète d'un certain nombre de faisceaux musculaires est combattue à l'aide du massage, de frictions et de l'électro-puncture. On enfonce des aiguilles suivant le trajet des muscles paralysés, l'extenseur commun des orteils, le péronier antérieur surtout. Ces applications, répétées tous les deux jours pendant trois semaines, développent évidemment la contractilité. Cependant, le sujet, doué d'une irritabilité vive, ne les supporte que difficilement. Bientôt même on est obligé d'y renoncer, non sans en avoir retiré des avantages réels.

Après six semaines de traitement, l'opérée commence à marcher. Les forces de la jambe et du pied se développent. On augmente graduellement les exercices jusqu'au 15, époque où cette jeune fille a quitté Paris pour retourner dans sa famille.

Voici l'état dans lequel la commission l'a trouvée avant son départ :

1° La pliure plantaire de l'avant-pied sur le pied postérieur a presque entièrement disparu;

2° L'adduction anormale permanente a fait place à une direction presque normale;

3° La paralysie des extenseurs a notablement diminué. Le mouvement est très-sensible dans les trois premiers orteils, et borné dans les deux autres. La peau et le tissu cellulaire sous-cutané ont sensiblement perdu de leur empâtement et densité paralytique;

4° La marche s'est sensiblement améliorée; le sujet se sent plus fort de ce côté. La claudication n'est presque plus appréciable, et les deux pieds se portent également en dehors.

Un second plâtre, représentant l'état du pied, est parafé par la commission.

Ce cas a été présenté par M. J. Guérin comme une forme de pied-bot non décrite jusqu'ici, et résultant d'une combinaison particulière de la rétraction musculaire et de la paralysie. Le traitement a réclamé en outre une application toute spéciale de la ténotomie et un appareil nouveau, approprié aux différents éléments de la difformité. C'est en outre un exemple propre à montrer que la paralysie de certains muscles n'exclut pas l'application de la ténotomie à la rétraction de certains autres; qu'elle bénéficie, au contraire, indirectement de cette opération par le rétablissement des formes normales du pied, lesquelles favorisent à leur tour le rétablissement de la contractilité musculaire. Ces principes, posés par M. J. Guérin, trouvent une nouvelle application dans le cas qui suit.

DIXIÈME CAS.

PIED-BOT PLANTO-VARUS PARALYTIQUE GAUCHE ET SUBLUXATION TRANSVERSALE DU GROS ORTEIL PAR RÉTRACTION DU COURT FLÉCHISSEUR DES ORTEILS, DE L'ABDUCTEUR OBLIQUE ET TRANSVERSE DU GROS ORTEIL ASSOCIÉ A LA PARALYSIE INCOMPLÈTE DES MUSCLES DU MOLLET. — PLIURE ANGULEUSE DE L'AVANT-PIED SUR LE PIED POSTÉRIEUR. — ABAISSEMENT DU TALON. — RENVERSEMENT DU PIED SUR SON BORD INTERNE. — BRIÈVETÉ REMARQUABLE DU PIED. — GROS ORTEIL PLACÉ EN TRAVERS SOUS LES AUTRES ORTEILS. — CLAUDICATION LATÉRALE GAUCHE TRÈS-PRONONCÉE. — PARALYSIE CROISÉE DU MEMBRE ABDOMINAL GAUCHE ET DU MEMBRE THORACIQUE DROIT. — SECTION DU COURT FLÉCHISSEUR ET DE L'APONÉVROSE PLANTAIRE, DES ABDUCTEURS OBLIQUE ET TRANSVERSE DU GROS ORTEIL. — TRAITEMENT MÉCANIQUE CONSÉCUTIF. — MANIPULATIONS, MASSAGE. — GRANDE AMÉLIORATION.

Une petite fille, âgée de 8 ans, bien constituée et bien portante, est présentée à la commission, le 25 août 1844, pour un pied-bot planto-varus gauche et une subluxation transversale du gros orteil, avec paralysie croisée incomplète du membre thoracique droit.

Cette enfant fut prise à l'âge de 13 mois, peu de temps après son retour de nourrice, de convulsions violentes, à la suite desquelles le membre inférieur gauche et le membre supérieur droit restèrent presque entièrement privés de mouvement et de sentiment. Sous l'influence d'un traitement sur lequel on manque de renseignements précis, la paralysie diminua par degrés, sans cesser complétement; mais le pied resta difforme, et la difformité, loin de diminuer comme la paralysie, a fait jusqu'ici des progrès continuels.

Aucun traitement mécanique n'a encore été employé.

PIED-BOT. — Le pied offre actuellement les caractères suivants :

1° Pliure anguleuse du pied sur sa face plantaire telle que l'avant-pied forme avec le talon un angle à sinus inférieur de 95 degrés, qu'on ne peut porter, par les efforts mécaniques, au delà de 110 degrés. Par suite de cette disposition, le talon est abaissé, et forme avec l'axe longitudinal de la jambe, au lieu d'un angle droit, un angle de 150 degrés, à sinus postérieur. Il est facile, en poussant le talon de haut en bas avec la main, de porter cet angle à 160 degrés au moins;

2° Renversement du pied sur son bord externe de 30 degrés environ. On peut avec la main le ramener à la rectitude, mais non le renverser en sens opposé.

Pas d'adduction du pied, ni d'enroulement sur un de ses bords.

Le pied est court et atrophié. Le talon, regardant en bas, est très-saillant, et l'extrémité postérieure du calcanéum est recouverte d'un coussinet celluleux beaucoup plus épais que du côté opposé; la peau de cette région est elle-même un peu épaissie et calleuse. La face plantaire, parsemée de rides, est profonde et concave, tandis que la face dorsale présente une augmentation de la voussure normale avec léger relief des os cunéiformes. A la partie interne, la tête de l'astragale, un peu subluxée en dedans, forme une saillie plus prononcée que du côté opposé.

Pour peu qu'on cherche à diminuer la flexion de l'avant-pied, on sent à la face plantaire une corde longitudinale, étroite vers sa partie moyenne, s'élargissant et se confondant près du talon avec les tissus voisins, à ses deux extrémités. Cette corde, soulevée des plans profonds, devient plus tendue quand, sans augmenter la flexion du pied, on porte les orteils dans l'extension. Si alors on abandonne ces derniers à eux-mêmes, en appuyant sur la corde indiquée, ils se fléchissent avec une certaine force. Le jambier antérieur est un peu saillant et tendu. Pas d'autre tension musculaire ou aponévrotique. Le tendon d'Achille ne se tend d'une manière prononcée qu'aux limites de la flexion du pied sur la jambe. Le ventre charnu des jumeaux est mou, flasque, de consistance quasi-celluleuse; leur contraction ne donne à la main qu'une sensation très-obscure.

Par les efforts physiologiques, la flexion de l'avant-pied ne peut être augmentée que d'une petite quantité. Son extension est également très-limitée. La flexion du pied en totalité sur la jambe a lieu dans une étendue à peu près normale; mais pendant ce mouvement, les orteils restent fléchis. Le mouvement d'extension est très-borné et se fait presque uniquement à la faveur d'une légère exagération de la flexion de l'avant-pied.

Subluxation du gros orteil. — Le gros orteil gauche se dirige obliquement en dehors, passe par-dessus le second et vient toucher l'extrémité du troisième. La tête du premier métatarsien, en partie décoiffée, est plus saillante et plus grosse que celle du côté opposé. Dès qu'on veut redresser le gros orteil, on sent superficiellement à la partie antérieure et interne de la plante du pied, et dans la direction de l'abducteur transverse du gros orteil, une corde qui, partant de la racine de cet orteil, se dirige en dehors vers la racine du troisième. A la face dorsale, l'extenseur propre du gros orteil porté vers la partie externe de l'articulation tarso-métatarsienne, est devenu un peu abducteur.

Le mouvement physiologique d'adduction est complétement impossible. Le mouvement d'extension, un peu gêné par le second orteil, se fait pourtant dans une assez grande étendue. Réduction notable du mouvement de flexion auquel la seconde phalange, quoique non ankylosée, ne participe pas.

Il existe en outre une atrophie notable et un peu de faiblesse de tout le membre abdominal gauche.

De l'extrémité du grand trochanter à la tête du péroné	à droite.	34c	8mm.
Id.	à gauche.	34	»
De la tête du péroné à la malléole externe	à droite.	28	»
Id.	à gauche.	26	»
Périmètre de la cuisse à la partie supérieure	à droite.	38	2
Id.	à gauche.	35	»
Id. du mollet	à droite.	25	5
Id.	à gauche.	25	5
Id. du cou-de-pied	à droite.	20	»
Id.	à gauche.	18	»

Tous les mouvements de la cuisse et de la jambe ont conservé leur liberté et leur étendue normales; mais la flexion de la jambe a lieu avec moins d'énergie que du côté opposé, comme on s'en assure en s'opposant avec la main à cette flexion, d'un côté et de l'autre alternativement. Quant aux autres mouvements des membres, ils ont lieu sensiblement avec une force égale des deux côtés.

La marche a lieu avec une claudication latérale gauche prononcée, mais le membre inférieur gauche ne paraît pas fléchir sous le poids du corps. Le pied n'appuie pas sur le sol par toute sa face plantaire; mais seulement par le talon et la partie antérieure du métatarse. Le gros orteil conserve sa position vicieuse, mais sans gêner la marche d'une manière sensible et sans devenir jamais douloureux.

Enfin, le membre thoracique droit est également atrophié et faible. On constate en particulier l'absence presque complète des muscles de l'éminence thénar. Toutes les articulations du pouce sont dans un état de relâchement remarquable. La sensibilité de la peau est conservée, mais sa température est un peu abaissée.

OPÉRATION. — Section sous-cutanée du court fléchisseur des orteils et de l'aponévrose plantaire et section sous-cutanée des abducteurs oblique et transverse du gros orteil. Ces deux opérations pratiquées sans désemparer produisent un notable redressement du pied et du gros orteil. On applique un appareil destiné à compléter le redressement du gros orteil ainsi que de l'avant-pied sur le pied. Cet appareil est le même que celui qui a été imaginé pour le sujet de l'observation précédente, auquel on a ajouté les accessoires réclamés pour le redressement du gros orteil.

Pendant les jours suivants, massage, frictions, bains de pieds, embrocations huileuses. Au bout de quinze jours, le gros orteil était complétement redressé; il était même un peu porté dans l'adduction. L'avant-pied est aussi très-notablement redressé. La plante du pied s'applique sur le sol et le touche presque par tous les points, excepté par la partie qui sépare le talon de l'avant-pied. On veut associer la galvano-puncture au massage et aux moyens mécaniques; la malade ne peut la supporter à aucun degré : elle pousse des cris, se met en fureur et menace de se jeter par la fenêtre. On est obligé de renoncer à l'emploi de ce moyen.

Après un mois, l'enfant commence à marcher sans douleur ni gêne. La claudication a considérablement diminué et le pied pose assez bien à plat.

Les mois d'octobre et de novembre sont employés à compléter les améliorations produites par l'opération. On continue le massage et les manipulations pour prévenir le retour des formes anormales sous l'influence du retrait des cicatrices. Le membre acquiert beaucoup de force et de développement.

Le 24 novembre, l'enfant est revue pour la dernière fois par la commission, qui la trouve dans l'état suivant :

La forme du pied est améliorée. La subluxation transversale du gros orteil a disparu. La jambe a repris de la force et la claudication est moindre.

Un second plâtre représentant l'état actuel de l'enfant est parafé par la commission.

En soumettant ces dix cas de pieds-bots à la commission, M. J. Guérin n'a pas voulu se borner à répéter sous ses yeux ce que d'autres chirurgiens avaient pu faire avant lui, ou en même temps que lui. Son but principal a été de montrer, au contraire, ce que la science et l'art lui doivent de spécial et de nouveau, pour la connaissance et le traitement de cette difformité.

Sous le rapport de la science, ramenée à son expression la plus positive et la plus pratique, il a systématisé les innombrables variétés du pied-bot, et formulé, pour chacune d'elles, une méthode de traitement qui satisfait à toutes les indications. Montrer comment chaque muscle, chaque tendon, chaque ligament, commande, décide ou entretient telle ou telle forme de déviation, c'est mettre le doigt de l'opérateur sur la cause à faire disparaître, sur l'obstacle à diviser, sur la direction vicieuse à redresser; c'est, en un mot, faire rationnellement pour l'ensemble de cette difformité si multiple, si complexe, ce qu'antérieurement on avait tenté empiriquement pour un seul de ses symptômes (la section du tendon d'Achille contre l'élévation du talon).

Sous le rapport de l'art proprement dit, il a donné des procédés opératoires qui assurent la parfaite réunion des tendons divisés sans nodosités ni adhérences, et des appareils mécaniques qui effectuent le redressement des difformités de la manière la plus facile, la moins douloureuse et la plus complète : système de la flexion et des brisures multiples substituées à la pression.

Les deux ordres de résultats qu'on vient de signaler par rapport au pied-bot peuvent, en reportant un regard d'ensemble sur les six catégories de difformités qui précèdent : *strabisme*, *torticolis*, *déviations de l'épine*, *luxations congénitales*, *déviations des genoux*, *pieds-bots*, être élevés du particulier au général; ils montrent alors, d'une manière aussi claire que certaine, que l'ensemble de ces difformités si nombreuses, si complexes et si variées, se résume, grâce à M. J. Guérin, dans un seul et même fait, comme leur traitement dans un seul et même moyen.

VII.

DIFFORMITÉS ARTHRALGIQUES.

M. J. Guérin a traité, sous les yeux de la commission, deux cas de difformités arthralgiques : l'un aigu, l'autre chronique.

PREMIER CAS.

ARTHRALGIE AIGUE DE LA HANCHE GAUCHE, DATANT DE SEPT SEMAINES, CHEZ UNE JEUNE FILLE DE 13 ANS ET DEMI, PENDANT LA CONVALESCENCE D'UNE FIÈVRE TYPHOÏDE. — DOULEURS VIVES DANS UNE PORTION DU TRAJET DU NERF CRURAL ET AUTOUR DE L'ARTICULATION. — EXACERBATIONS NOCTURNES INTENSES. — CONTRACTURE DE PLUSIEURS MUSCLES PELVI-FÉMORAUX, SUBPARALYSIE DE QUELQUES AUTRES. — ABAISSEMENT ET ROTATION ANTÉRIEURE DU BASSIN A GAUCHE. — FLEXION ET CLAUDICATION PERMANENTE DE LA CUISSE DE CE CÔTÉ. — ALLONGEMENT APPARENT DU MEMBRE DE 2 CENTIMÈTRES. — MOUVEMENTS SPONTANÉS IMPOSSIBLES. — MOUVEMENTS COMMUNIQUÉS EMPÊCHÉS PAR LA CONTRACTURE, ET DOULOUREUX. TRAITEMENTS SIMULTANÉS DE LA MALADIE ET DE LA DIFFORMITÉ AIGUE. — FRICTIONS STIBIÉES. — PILULES OPIACÉES FERRUGINEUSES. EAU DE SEDLITZ A DOSES FRACTIONNÉES, CONTENTION PERMANENTE DU MEMBRE, ÉRUPTION STIBIÉE TARDIVE. CESSATION DES DOULEURS. — PERSISTANCE DE L'IMPOTENCE. — DISPARITION DE LA CONTRACTURE. — GUÉRISON COMPLÈTE.

Une jeune fille, âgée de 13 ans et demi, a été présentée à la commission le 8 décembre 1844, pour une arthralgie de la hanche gauche.

Cette jeune fille, d'un tempérament lymphatico-nerveux, d'une constitution débile, a éprouvé, il y a sept semaines environ, les premiers symptômes d'une fièvre typhoïde, en même temps que des douleurs dans la hanche gauche. La fièvre typhoïde a suivi son cours ; mais les douleurs arthralgiques ont été momentanément suspendues. Elles n'ont reparu qu'il y a dix-huit jours environ, à l'époque de la convalescence de la fièvre typhoïde. Dès lors, douleurs très-vives dans la hanche gauche et le genou ; fièvre continue ; exacerbations nocturnes qui arrachent des cris à la malade. Depuis dix jours, les douleurs spontanées ont beaucoup diminué. Elles ne redeviennent très-vives que quand la malade remue, ou lorsqu'on imprime des mouvements au membre affecté.

État actuel. — Point de fièvre. Sensibilité vive au moindre mouvement et au toucher. La face exprime l'anxiété et la souffrance. Diarrhée légère.

La malade garde le lit. Décubitus un peu sur le côté droit. La jambe gauche est habituellement dans un état de demi-flexion ; cependant, elle peut être tendue sans trop de douleur ni difficulté. Allongement apparent du membre : la malléole interne gauche dépasse la droite de 2 centimètres environ. Inclinaison du bassin à gauche. L'épine iliaque antéro-supérieure est, de ce côté, abaissée de 1 centimètre 5 millimètres environ. Elle est aussi un peu plus portée en avant que celle du côté opposé. Il n'y a aucun déplacement articulaire. A un égal degré d'abduction, la distance de l'épine iliaque de la malléole est la même de chaque côté.

A droite.	75c	7mm.
A gauche.	75	7

En outre, le membre abdominal gauche est toujours un peu dans l'abduction. Les muscles du haut de la cuisse et de la hanche sont dans un état de spasme général ; ils sont presque tous un peu durs et tendus : de ce nombre sont le droit antérieur, le tenseur aponévrotique et les adducteurs.

Les mouvements spontanés sont très-obscurs, sinon complétement abolis. La flexion, l'extension, l'adduction, l'abduction et la rotation sont presque impossibles, non-seulement parce que ces mouvements provoquent de la douleur, mais par suite d'une impuissance réelle. Les mouvements communiqués sont un peu plus étendus, mais ils sont aussi en grande partie bornés par la résistance musculaire et très-douloureux. L'abduction est directement empêchée par la contracture des adducteurs; et lorsqu'on veut porter la cuisse en dehors, c'est le bassin seul qui est entraîné.

La douleur augmente au toucher ; elle siége un peu au-dessus du grand trochanter, s'irradie dans tout le pourtour de l'articulation. Elle existait d'abord d'une manière plus vive et plus intense dans l'aine gauche et au point correspondant du nerf crural. Aujourd'hui elle y est moindre, mais s'exaspère encore au toucher. Elle répond au genou au niveau de l'insertion du ligament rotulien.

Il n'y a ni gonflement ni déformation de la hanche. Marche et sustentation complétement impossibles.

Traitement. — Frictions trois fois par jour sur toute la région crurale et fémorale, avec gros comme une amande de pommade stibiée, dans la proportion d'un quart de tartre stibié sur trois quarts d'axonge. La partie reste couverte avec la flanelle qui a servi à faire la friction. Tous les soirs une pilule de 10 centigrammes de sous-carbonate de fer et de 2 centigrammes d'extrait gommeux d'opium. Tous les matins un verre d'eau de Sedlitz en deux doses. En même temps le corps de la malade et le membre abdominal gauche sont assujettis au moyen de trois serviettes tirant transversalement sur le corps en sens inverse : la première appliquée sur le thorax et tirant de gauche à droite; la seconde appliquée sur le bassin et tirant de droite à gauche ; la troisième appliquée sur les jambes et agissant de gauche à droite. Une quatrième serviette passe en travers sur le genou, et s'oppose à la flexion de la jambe et de la cuisse. Bouillons coupés.

Dès le surlendemain (11 décembre), amélioration marquée. Les exacerbations nocturnes sont à peine marquées. Même douleur locale. Point d'éruption. Absence de fièvre. On continue le même traitement. Deux potages.

Le 14, point d'apparence d'éruption ; plus d'exacerbations nocturnes. Sommeil calme. Les douleurs locales ont beaucoup diminué; sensibilité moins vive à la pression. On continue les frictions, les pilules et l'eau de Sedlitz.

Le 18, quelques pustules très-disséminées le long de la crête iliaque seulement ; aucune trace d'éruption dans les autres parties frictionnées. Au repos, plus de douleurs locales ni le jour ni la nuit; sensibilité beaucoup moins vive à la pression, mais toujours plus marquée dans l'aine au point correspondant au nerf crural. Les mouvements, quoique moins douloureux, sont aussi difficiles et aussi bornés. L'allongement apparent du membre gauche a diminué de 1 centimètre. (Frictions stibiées comme de coutume ; un verre d'eau de Sedlitz tous les deux jours seulement ; plus de pilules ; trois potages.)

Le 21, l'éruption commence à paraître sur la région fessière. Une seule pustule en avant. Le bassin a repris sa situation normale. Les mouvements provoqués de flexion et d'adduction sont possibles dans une assez grande étendue ; ils ne causent point de douleur. Les mouvements d'abduction et de rotation en dehors sont toujours très-limités et douloureux ; mais la douleur se fait sentir à l'insertion des adducteurs, dont la contracture persiste. Du reste, aucun mouvement spontané volontaire n'est possible, si ce n'est la flexion du genou. La malade dit ne pouvoir lever la cuisse, si ce n'est en s'aidant de l'autre jambe. (On continue les frictions stibiées et l'eau de Sedlitz tous les deux jours ; trois potages.)

Le 25, la malade se trouve très-bien. Les deux dernières nuits ont été excellentes ; elle a très-faim. Les deux membres sont restés exactement de la même longueur. Les mouvements peuvent s'exécuter sans douleur dans tous les sens, mais toujours un peu bornés dans l'abduction. L'éruption n'est encore qu'incomplétement développée au niveau et au devant de l'articulation ; il n'y a que trois pustules en avant. (La demie ; plus d'eau de Sedlitz.)

Le 29, la commission revoit la malade. Elle constate ce qui suit :

Plus de douleurs ; contracture à peine appréciable dans les adducteurs ; plus de déviation du bassin, à peine reste-t-il un peu de gêne dans les mouvements. La santé s'améliore dans la même proportion. La malade garde toujours le lit. (Les trois quarts.)

La guérison se complète et se raffermit durant le mois de janvier.

Dans le but de fortifier les parties, de réveiller la contraction musculaire, on applique tous les jours deux petits moxas volants au pourtour de l'articulation.

A partir du 15, la malade se livre graduellement à l'exercice de la marche, sans douleurs ni malaise, et, dès le 9 février, la commission peut constater l'entière et complète disparition des derniers vestiges de la maladie et de la difformité.

Pour s'assurer de la persistance de la guérison, elle revoit le sujet une troisième fois, le 10 août suivant, c'est-à-dire six mois environ après la cessation de tout traitement, et elle le retrouve dans l'état suivant :

MALADIE. — Plus de douleur en aucun point, plus de contracture. Les muscles et tous les tissus du membre ont récupéré leurs conditions normales. La température, le volume et la longueur du membre n'offrent aucune différence avec le membre du côté opposé.

DIFFORMITÉ. — Plus de trace de difformité. Les mouvements sont aussi libres, aussi faciles, aussi étendus que du côté opposé. Le sujet peut marcher, courir, sauter, comme s'il n'avait jamais eu d'arthralgie. La peau conserve seule les stigmates de l'éruption stibiée et des moxas volants. Santé générale parfaite.

Par ce premier cas, M. J. Guérin a voulu donner un spécimen des faits nouveaux qu'il a constatés dans l'arthralagie aiguë (douleur du tronc nerveux, contracture musculaire primitive, paralysie plus ou moins complète de certains muscles, impotence du membre), et une application de la méthode de traitement à l'aide de laquelle il combat la maladie, et s'efforce de prévenir les difformités (frictions stibiées, préparations opiacées-ferrugineuses et purgatives d'une part, et d'autre part contention permanente du membre.

Le cas suivant, relatif à une arthralgie chronique offre le spécimen d'une autre phase de la maladie et des difformités qu'elle engendre, ainsi qu'une application de la méthode curative qui convient dans cette période du mal.

DEUXIÈME CAS.

ARTHRALGIE CHRONIQUE. — DIFFORMITÉ DE LA HANCHE DATANT DE DIX-HUIT MOIS, CONSÉCUTIVE A UNE ARTHRALGIE AIGUE. — TRAITEMENT DE L'ARTHRALGIE, CESSATION DE LA DOULEUR. — ABDUCTION TRÈS-LIMITÉE DE LA CUISSE PAR RÉTRACTION DES DEUX PREMIERS ADDUCTEURS. — CLAUDICATION LATÉRALE. — ATROPHIE PARTIELLE DU MEMBRE. — CAUTÈRES SUPPURANTS, MOXAS VOLANTS. — SECTION SOUS-CUTANÉE DES MUSCLES RÉTRACTÉS. — DISPARITION DE LA DIFFORMITÉ.

Un petit garçon, âgé de 6 ans, constitution assez bonne, tempérament lymphatique, est présenté à la commission le 23 juin 1844, pour une adduction permanente de la cuisse droite, suite de coxalgie.

Cet enfant a été pris, vers l'âge de 5 ans, sans cause connue, d'une douleur à la cuisse droite. Cette douleur n'existait habituellement que la nuit, mais assez vive pour arracher des cris. Cependant, à cette époque, l'articulation coxo-fémorale paraissait saine, était exempte de douleurs, et jouissait de la liberté de ses mouvements. Bientôt on remarqua une claudication qui devint de plus en plus sensible. L'emploi des antiphlogistiques locaux, des liniments narcotiques et des vésicatoires n'amena aucun soulagement. L'enfant fut présenté à M. J. Guérin dans cet état le 26 novembre 1843. Alors l'articulation commençait à se prendre ; toutes les nuits l'enfant était réveillé par des douleurs dont le siége correspondait au pourtour de la cavité cotyloïde, et qui se prolongeaient à la partie interne de la cuisse. Celle-ci était habituellement dans l'adduction et un peu fléchie sur le bassin. Quand on voulait la porter dans l'abduction, on sentait sur le trajet des adducteurs une corde tendue et douloureuse. Le mouvement d'adduction déterminait également de la douleur sur leur trajet. Le côté droit du bassin était un peu *abaissé* et il en résultait un *allongement* apparent du membre correspondant; mais mesuré de l'épine iliaque antéro-supérieure à la malléole externe, il avait exactement la même longueur que du côté opposé. La claudication était très-prononcée.

On prescrivit le repos au lit, des frictions avec la pommade stibiée au niveau de l'articulation coxo-fémorale, deux cautères en avant et en arrière du grand trochanter, et, à l'intérieur, des pilules d'extrait aqueux d'opium et de calomel à doses fractionnées. L'éruption pustuleuse, qui s'effectua lentement, diminua les douleurs sans les enlever complétement. Après la dessiccation, on établit deux nouveaux cautères sans supprimer les premiers, et la dose d'opium fut augmentée. Les douleurs ne tardèrent pas à disparaître définitivement, d'abord aux environs de l'articulation, puis à la cuisse; mais le membre resta dans l'adduction; la tension des muscles internes de la cuisse, loin de diminuer, augmenta. Le côté droit du bassin se releva insensiblement, et il devint même plus élevé que le gauche. La claudication diminua beaucoup.

Voici quel est aujourd'hui l'état du sujet :

Dans l'attitude habituelle, l'enfant étant couché sur le dos, la cuisse droite est dans l'adduction permanente, sans flexion ni rotation. Impossibilité du mouvement complet d'abduction. Le bassin étant fixé, on ne peut, par les efforts mécaniques, porter la cuisse en dehors au delà d'un angle de 40 degrés, tandis qu'à gauche le mouvement peut aller jusqu'à l'angle droit. Si l'on essaye de porter plus loin l'abduction de la cuisse droite, le bassin est entraîné dans cette direction. Pendant qu'on opère ce mouvement, on voit se dessiner sous la peau, à la partie interne et supérieure de la cuisse, une grosse corde parfaitement détachée des parties voisines, dure, tendue, indolore même dans les mouvements et suivant le trajet des deux premiers adducteurs. Le droit interne et les autres muscles de la cuisse et du bassin paraissent dans l'état normal.

La fesse droite est exempte de déformation ; les cautères y sont toujours en pleine suppuration. Engorgement indolent, mais assez considérable des glandes inguinales (il existe aussi quelques glandes engorgées à gauche). Un peu d'*élévation* du côté droit du bassin, d'où résulte un léger *raccourcissement* apparent du membre correspondant.

L'épine iliaque antéro-supérieure droite est plus élevée que la gauche de.	»c	5mm.
De ce point à la malléole externe des deux côtés.	47	3
Du grand trochanter à la malléole externe, *id.*	48	5
La malléole interne droite est plus élevée que la gauche de.	»	5

En outre, le membre inférieur droit est un peu amaigri. Le pourtour de la cuisse, à sa plus grande circonférence, n'est que de 25 centimètres 8 millimètres ; tandis qu'il est à gauche de 25 centimètres 5 millimètres.

La marche est un peu gênée et accompagnée d'une légère claudication latérale à droite. Toutefois elle ne provoque aucune douleur ni malaise.

Section sous-cutanée des deux premiers adducteurs : rétablissement immédiat du mouvement d'abduction dans son étendue normale. Les jours suivants, repos. Régime fortifiant, macéré de quinquina froid coupé avec du vin. Les cautères continuent à suppurer. On ne commence à laisser marcher l'enfant que le 15 juillet. On peut s'assurer déjà que les muscles divisés sont réunis : il n'y a point de tuméfaction anormale, ni douleur à pression.

Quoique les premiers essais de marche n'occasionnent aucun malaise ni douleur, on ne permet, jusqu'à la fin de juillet, que des exercices courts et modérés. Du reste, la santé est parfaite ; l'enfant continue à prendre de l'embonpoint. Plus de claudication ; seulement, un peu moins de force dans le membre droit.

Amélioration croissante dans le mois suivant : aucun symptôme qui rappelle l'arthralgie. Toutes les fonctions s'exécutent à l'état normal. L'enfant marche comme s'il n'avait jamais souffert au membre droit, et il se sert de ce membre aussi librement que du gauche.

La commission a constaté comme il suit l'état de l'enfant avant son départ.

1° Plus de symptômes d'arthralgie.

2° Plus d'obstacle au mouvement d'abduction, lequel a recouvré son étendue normale.

3° Plus de tension ni brièveté anormale des adducteurs divisés ; nulle adhérence ni nodosité apparente sur le trajet de ces muscles ; ils se contractent parfaitement.

4° Le membre a recouvré, à très-peu de chose près, le volume de celui du côté opposé.

5° Santé générale parfaite. L'enfant peut faire de longues courses sans douleur ni fatigue.

Ce second cas a été présenté par M. J. Guérin pour montrer que les difformités arthralgiques ne résultent pas nécessairement, comme on l'avait généralement professé jusqu'ici, d'un état pathologique de l'articulation, mais concurremment de cet état, et en premier lieu de la contracture des muscles qui siégent au foyer de la maladie, lesquels commandent ou entretiennent les directions vicieuses des parties ; d'où il suit que dans ces difformités, comme dans les difformités par rétraction pure, la ténotomie peut, lorsque la contracture n'a pu être résolue dans sa période aiguë, intervenir à titre de méthode rationnelle étiologique, sauf à faire concourir avec elle tous les moyens commandés par la nature particulière de la difformité, et appropriés à chacun de ses éléments.

VIII.

RÉTRACTIONS DE CICATRICES.

On sait que les cicatrices, par leur retrait, donnent fréquemment lieu à des difformités auxquelles l'art n'a eu jusqu'ici à opposer que des méthodes incertaines, ou entourées d'inconvénients graves.

La *section transversale des brides* est presque toujours suivie de récidives.

L'*ablation des cicatrices*, avec ou sans autoplastie, est d'une exécution difficile, douloureuse, et d'une application assez souvent impossible, surtout dans les difformités de la main.

Pour remédier aux inconvénients de ces deux méthodes, M. J. Guérin en a imaginé une nouvelle, qu'il désigne sous le nom de *méthode par déplacement des cicatrices*, et qu'il a appliquée sous les yeux de la commission dans les deux cas qui suivent.

PREMIER CAS.

FAUSSE ANKYLOSE DE LA MACHOIRE INFÉRIEURE, SUITE D'ABCÈS GANGRÉNEUX DE LA BOUCHE PENDANT LA CONVALESCENCE D'UNE FIÈVRE TYPHOÏDE. — NÉCROSE DE LA PORTION CORRESPONDANTE DU MAXILLAIRE INFÉRIEUR GAUCHE. — ADHÉRENCE DE LA JOUE ET DES DEUX GENCIVES PAR UNE CICATRICE VICIEUSE, DURE ET FIBREUSE. — OCCLUSION COMPLÈTE DE LA BOUCHE. — ÉCARTEMENT DES DEUX MACHOIRES IMPOSSIBLE. — AVULSION DE DEUX DENTS POUR DONNER PASSAGE AUX ALIMENTS. — MOUVEMENTS OBSCURS DE LATÉRALITÉ. — SECTION PAR LA BOUCHE DE LA BRIDE ET DU BORD ANTÉRIEUR DU MASSÉTER. — EXTRACTION D'UN SÉQUESTRE DE LA MACHOIRE INFÉRIEURE ET DE PLUSIEURS DENTS CARIÉES. — SECTION D'UNE SECONDE BRIDE PLUS PROFONDE ET DU PTÉRIGOÏDIEN INTERNE. — OUVERTURE COMPLÈTE DE LA BOUCHE, MOUVEMENTS LIBRES. — TRAITEMENT MÉCANIQUE CONSÉCUTIF NÉGLIGÉ, COQUELUCHE, INFLAMMATION STOMATEUSE DE LA BOUCHE, RÉCIDIVE. — RESSERREMENT GRADUEL DES DEUX MACHOIRES. — RÉTRACTION DE LA CICATRICE A GAUCHE, FORMATION D'UNE SECONDE BRIDE A DROITE. — RÉOPÉRATION SUIVANT UNE NOUVELLE MÉTHODE PAR GLISSEMENT OU DÉPLACEMENT DE LA CICATRICE. — APPAREIL MÉCANIQUE DESTINÉ A ISOLER LA JOUE DES MOIGNONS DE LA BRIDE PENDANT LA CICATRISATION. — REPRODUCTION D'UNE PETITE BRIDE SECONDAIRE. — ISOLEMENT PRÉALABLE DE CETTE DERNIÈRE A L'AIDE D'UNE PETITE PLAQUE DE PLATINE INTERPOSÉE ENTRE LA JOUE ET LA BRIDE. — SECTION LENTE DE CETTE DERNIÈRE A L'AIDE D'UNE LIGATURE. — ÉCARTEMENT FACILE ET PERSISTANT DES DEUX MACHOIRES.

Une jeune fille, âgée de 10 ans, est présentée à la commission le 31 décembre 1843, pour être traitée d'une ankylose incomplète de la mâchoire inférieure datant d'environ vingt mois.

Cette enfant, d'une constitution assez bonne, tempérament lymphatico-nerveux, a eu, au mois de février 1842, une fièvre typhoïde pendant la convalescence de laquelle il se développa un abcès gangréneux à la face interne de la joue gauche. L'ouverture de cet abcès fut bientôt suivie d'une nécrose de la portion alvéolaire et externe du maxillaire inférieur du même côté. A la suite de cet accident, l'enfant éprouva de la difficulté à ouvrir la bouche ; cette difficulté augmenta graduellement, à tel point qu'en peu de temps il ne fut plus possible d'obtenir le moindre écartement. Depuis lors, les mâchoires sont restées constamment et immédiatement appliquées l'une contre l'autre, l'arcade dentaire inférieure passant au devant de l'arcade supérieure, sans toutefois qu'il existât aucun déplacement dans les articulations temporo-maxillaires. Ce chevauchement des mâchoires tenait à une déviation des incisives et canines inférieures, repoussées en avant. Les gencives étaient d'ailleurs dans le même plan. La difformité paraissait tenir à l'existence d'une bride fibreuse, située au niveau des deuxième et troisième molaires, réunissant la joue aux gencives supérieure et inférieure, et les deux mâchoires entre elles.

Les mouvements d'abaissement étaient tout à fait impossibles. Les mouvements antéro-postérieurs et ceux de latéralité étaient considérablement diminués. La mastication était impossible. L'enfant ne se nourrissait qu'en faisant pénétrer des aliments liquides à travers l'intervalle résultant de l'absence de plusieurs dents, extraites dans ce but.

Tel était l'état de cette malade lorsqu'elle fut présentée pour la première fois à M. J. Guérin, en novembre 1842.

Le 10 décembre suivant, il fit, par l'intérieur de la bouche, la section de la bride et du bord antérieur du muscle masséter. Il en résulta immédiatement un écartement de 2 centimètres 5 millimètres. Un bourdonnet de charpie fut interposé entre la face interne de la joue et la gencive. Le lendemain, on plaça un bouchon de liège pour maintenir les mâchoires écartées.

Quinze jours après, la suppuration étant très-abondante et présentant une très-grande fétidité, on explora la mâchoire et on reconnut un séquestre d'environ 1 centimètre 5 millimètres d'étendue, formé aux dépens du bord alvéolaire externe, et auquel adhéraient encore plusieurs racines de dents cariées. Ce séquestre fut extrait. L'écartement des mâchoires n'étant pas encore complet, on reconnut qu'il était empêché par une bride située plus profondément que la première, et par la portion antérieure du ptérygoïdien interne, lesquelles furent immédiatement divisées. Cette seconde opération produisit un écartement de 3 à 4 centimètres, qui fut maintenu à l'aide des moyens précédemment employés.

L'enfant quitta l'hôpital dans cet état, le 15 février.

Pendant deux mois environ, la mobilité des deux mâchoires a continué à être parfaite. La bouche s'ouvrait dans l'étendue de 3 à 4 centimètres. L'enfant pouvait mordre dans une pomme, dans un morceau de pain ; elle plaçait aisément une noix entre ses molaires. Cependant elle était encore assujettie de temps en temps à un bâillon qui lui tenait la bouche ouverte. Mais, dans le mois de mai, elle fut prise d'une coqueluche qui dura jusqu'à la fin de juillet, et lui fit interrompre l'usage du bâillon. A la suite de cette interruption, les deux mâchoires se resserrèrent assez rapidement. Cette rechute s'est opérée à l'insu de M. J. Guérin : ce n'est que vers la fin d'août ou au commencement de septembre qu'il en fut informé. Depuis lors, le resserrement des mâchoires a augmenté jusqu'au point où on le voit aujourd'hui. La mère attribue cette rechute à une inflammation de la bouche survenue pendant la coqueluche, et aussi à l'impossibilité où elle a été de faire continuer l'usage du bâillon.

Tous ces détails sont confirmés par la mère, en présence de la commission.

État actuel, au 31 décembre.—L'écartement des mâchoires n'atteint plus aujourd'hui que 5 à 6 millimètres à gauche, et encore moins à droite.

Le doigt, introduit entre les joues et les arcades dentaires, se trouve arrêté presque immédiatement à gauche par une bride située à 8 millimètres environ au delà de la commissure des lèvres. Cette bride réunit intimement la joue aux gencives supérieure et inférieure. Il est impossible de constater l'état des parties situées plus profondément.

A droite, on sent beaucoup plus profondément, au niveau de la grosse molaire, une seconde bride qui maintient également la joue adhérente aux gencives.

Ces deux brides s'opposent manifestement à l'écartement des mâchoires. Du reste, les dents antérieures ont repris leur position respective; l'arcade dentaire supérieure déborde un peu l'arcade inférieure.

La bouche est un peu plus attirée à droite.

La joue gauche présente une petite cicatrice, légèrement déprimée au niveau de la bride, c'est-à-dire à 9 ou 10 millimètres de la commissure.

La joue droite est plus saillante, plus arrondie que la joue gauche.

Les masséters se contractent pendant l'élévation de la mâchoire, et se relâchent pendant l'abaissement; ils n'offrent aucune apparence de rétraction ni de contracture.

L'abaissement de la mâchoire se fait obliquement de haut en bas et de droite à gauche, et un peu d'arrière en avant. Le côté gauche s'abaisse beaucoup plus sensiblement que le côté droit.

La mastication est possible, mais très-difficile.

Les digestions s'exécutent d'ailleurs très-bien, et la santé générale est bonne.

La malade est opérée sous les yeux de la commission le 14 janvier 1844. M. J. Guérin procède à l'opération de la manière suivante :

Dans un premier temps il détache, à l'aide d'une dissection convenable, la joue gauche de la cicatrice en forme de bride. Un membre s'assure, en introduisant et promenant le doigt entre la joue et les mâchoires, que la joue a été complétement détachée.

Dans un second temps, M. J. Guérin divise, par la bouche et de dehors en dedans, les faisceaux de cicatrices qui tiennent les deux mâchoires rapprochées. La bride principale est dure, très-saillante, de consistance fibro-cartilagineuse; elle s'insère en haut à la paroi externe de la mâchoire; en bas, à toute la partie de l'arcade alvéolaire où les dents manquent. Elle s'étend depuis le niveau des canines jusqu'au muscle ptérygoïdien interne. M. J. Guérin divise en outre ce dernier muscle et quelques fibres du masséter.

Dans un troisième temps, M. J. Guérin divise transversalement à la joue droite, deux autres petites brides qui s'opposent encore à l'écartement complet des mâchoires. La bouche peut alors s'ouvrir complétement. Les mâchoires s'écartent et se rapprochent très-librement.

Les moignons de la bride principale, à gauche, ont près de 2 centimètres d'épaisseur. A droite, ils sont beaucoup moins considérables.

Il ne s'est manifesté, durant l'opération, aucune espèce d'accident. On remplit les plaies et l'intervalle entre les joues et les mâchoires avec de la charpie. On comprime le tout à l'aide de quelques tours de bandes.

Le soir, l'opérée vomit une certaine quantité de sang qu'elle avait avalé pendant l'opération.

Le lendemain, peu de fièvre, gonflement assez considérable des joues. On retire la charpie qui est imprégnée de sang fétide, et on la remplace par de la charpie fraîche. Aucun accident. La malade demande à manger. (Bouillon.)

Le 17, M. J. Guérin fait l'application d'un nouveau dilatateur des joues combiné avec le bâillon à crémaillère, destiné à maintenir écartées les surfaces correspondantes des joues et des brides, et à favoriser la cicatrisation de la face externe des moignons, en des points supérieurs et inférieurs à ceux auxquels ils correspondaient avant l'opération.

Cet appareil consiste, d'une part, dans un dilatateur des joues, composé de deux segments d'ovoïde en ivoire, placés à l'extrémité de deux tiges horizontales, qui permettent d'écarter les deux pelotes et de les maintenir au degré d'écartement voulu.

Cette première partie de l'appareil est destinée à distendre les joues et à les éloigner des extrémités divisées de la bride.

La seconde partie de l'appareil consiste dans une espèce de bâillon gradué propre à maintenir les mâchoires écartées, et à empêcher la réunion des moignons des brides.

Cet annexe de l'appareil principal prend son point d'appui à l'aide de deux arcs de cercle horizontaux, sur les deux arcades dentaires, de manière à distribuer sur le plus grand nombre possible de dents, la pression produite par l'effort de l'appareil.

Le gonflement des parties et un peu de douleur produite par l'appareil forcent à en interrompre l'application pendant plusieurs heures de la journée. Cependant il peut être repris, sans occasionner de douleurs trop considérables. On le laisse en place la nuit, mais peu développé.

Le 18, le gonflement des joues est considérable, la fétidité de la bouche extrême. Lotions détersives avec de l'eau miellée légèrement acidulée, embrocations extérieures avec de l'huile camphrée, applications par intervalle de l'appareil. (Un potage).

Le 22, un amincissement assez considérable de la joue gauche, avec inflammation assez vive, force de suspendre l'application de l'appareil. On le remplace provisoirement par de simples pelotes en liége, à l'aide desquelles on prévient la réunion des brides entre elles, et de celles-ci avec les joues. Ce moyen est continué jusqu'au 25.

Toute trace d'inflammation ayant disparu, on réapplique le dilatateur après avoir rompu quelques petites adhérences commençantes entre les gencives, les brides, et les portions de joues correspondantes.

Le même système de traitement est continué pendant les derniers jours de janvier et le commencement de février. La surface de la joue commence à bourgeonner : on réprime ces végétations exubérantes à l'aide du nitrate d'argent.

A mesure que la cicatrisation s'opère, l'espace occupé primitivement par les dilatateurs se retrécit : on est obligé de les amincir, et d'en diminuer les diamètres verticaux et transversaux.

L'enfant a commencé à faire pendant quelques minutes des exercices de rapprochement et d'écartement alternatifs, propres à habituer les mâchoires et les joues à reprendre leurs rapports et leurs fonctions.

Rien à noter jusqu'au 15 avril. A cette époque, on s'aperçoit que la joue gauche devient plus épaisse, plus consistante. On insiste sur les cautérisations et l'appareil mécanique.

Les jours suivants, les joues cèdent à l'action des dilatateurs, à l'exception de la partie la plus reculée de la joue gauche. Dans son tiers postérieur, celle-ci ne pouvant être parfaitement atteinte par la pelote, qui est repoussée en avant, continue à durcir et à faire obstacle à l'extension régulière par le bâillon. On se borne cependant aux mêmes moyens (extension, dilatation et exercices) jusqu'au commencement de juin.

Malgré la plus grande exactitude et ponctualité dans l'emploi des moyens mécaniques, la partie des joues restée dure, prend progressivement la forme et le caractère d'un faisceau de cicatrices rétractile; pendant le relâchement il est médiocrement consistant, mais aussitôt que l'on porte l'écartement des mâchoires à son plus haut degré possible, la cicatrice s'amincit, sa surface pâlit, devient nacrée et prend l'apparence d'un faisceau fibreux très-consistant. Néanmoins, l'écartement des mâchoires est possible à peu de chose près au degré où l'a rétabli l'opération.

Le 20 juillet, le caractère fibreux du faisceau de la cicatrice restant n'ayant subi aucun changement, on se résout à en faire la section, mais à l'aide d'une nouvelle précaution propre à empêcher toute réunion et dégénérescence vicieuse. Dans ce but, on détache la portion de bride, en glissant entre elle et la partie de joue saine un bistouri à plat, qui isole de haut en bas le faisceau de tissu inodulaire. La lame étant retirée, on glisse à sa place une plaque de platine de la largeur de la plaie, et assez longue pour venir, en se repliant d'arrière en avant, rejoindre son autre extrémité. De cette manière, la bride est cernée de toute part, comme dans un tube, par la plaque de platine.

Les jours suivants, les choses restent en cet état sans occasionner le plus petit accident. La suppuration s'établit avec le meilleur caractère. Des injections d'eau fraîche, répétées deux fois par jour dans la plaie, entraînent la partie stagnante du pus.

Du 1er au 20 août. — La suppuration diminue graduellement de quantité au point de n'en presque plus fournir; dès lors, on étreint dans une ligature de soie cirée, la partie de la cicatrice isolée. A mesure que la section s'avance, on resserre la ligature, et dès le 27 août la section de la bride est faite, et la plaque de platine peut être enlevée.

On remarque à la surface interne de la joue, mise à découvert, de légères granulations ou bourgeonnements : on les réprime à l'aide du nitrate d'argent. Les moignons de la bride sont retirés, affaissés et réduits à deux mamelons; les jours suivants, leur surface molle et rosée se confond presque avec la portion de joue qui leur est contiguë.

Pendant les mois de septembre et d'octobre, on continue l'application de l'appareil. Toute suppuration a tari. La surface entière de la joue est lisse, rosée; cependant elle est toujours un peu plus consistante et plus épaisse que celle du côté opposé.

A mesure qu'on s'éloigne de l'époque de la dernière opération, les gencives se reforment, et la surface alvéolaire correspondant à la partie nécrosée de la mâchoire s'isole et se dessine de mieux en mieux. Une molaire pousse en arrière du point détruit et favorise la permanence de la séparation des deux mâchoires et des deux gencives en ce point.

Jusqu'à la fin de décembre, on diminue chaque jour la durée de l'application de l'appareil, et on augmente en proportion celle des exercices. L'enfant se sert de ses mâchoires pour mordre et mastiquer, comme si elle n'avait jamais eu d'accident.

Rien à noter dans les premiers mois de l'année 1845. L'enfant garde son bâillon toutes les nuits et une heure à deux dans la journée. Plus d'appareil de dilatation des joues : celles-ci restent à peu près ce qu'elles étaient il y a deux mois. Seulement, quand on force l'écartement des mâchoires, la surface de la cicatrice est toujours un peu dure, consistante, conservant le caractère du tissu inodulaire. Mais lorsque l'enfant tient les mâchoires rapprochées, ou ne les écarte que modérément de 2 à 3 centimètres, les joues, même la gauche, restent molles et seulement un peu plus épaisses qu'à l'état normal, mais sans dureté fibreuse.

L'enfant retourne chez ses parents et reste assujettie à porter le bâillon pendant une heure chaque soir, au même degré d'écartement. La plus grande partie de l'été se passe dans cet état et avec ces seules précautions. L'enfant est représentée à la commission le 10 août 1845, qui constate ce qui suit :

1° La bouche s'ouvre librement et les mâchoires peuvent s'écarter de la quantité normale, c'est-à-dire de plus de 3 centimètres.

2° Les mouvements sont libres, souples; toutefois, les mâchoires ne peuvent se rapprocher complétement, par suite d'un peu de courbure en bas du corps de la mâchoire inférieure.

3° La joue droite est sillonnée en dedans par les traces des opérations qu'on y a pratiquées : lorsque la bouche est largement ouverte, on sent encore en arrière une légère bride verticale, mais qui n'entrave pas les mouvements. A gauche, les deux mâchoires sont parfaitement dégagées.

Il n'existe plus de trace de la masse inodulaire qui les réunissait dans leurs tiers postérieurs; toutefois, la joue gauche est restée épaisse, consistante et le siége d'une large cicatrice, sans pour cela que les mouvements et usages de la bouche en soient notablement entravés.

4° La mastication et tous les autres actes et usages inhérents aux parties s'exécutent d'une manière très-satisfaisante.

L'enfant est encore soumise la nuit à l'action du bâillon, et le jour à des exercices propres à prévenir toute récidive, et à ramener l'entière souplesse et l'entière liberté des parties.

Elle a été revue pour la dernière fois le 19 avril 1848, et retrouvée dans l'état constaté dès le 10 août 1845.

Dans ce premier cas de difformité par rétraction de cicatrices, M. J. Guérin a fait une application de son nouveau système opératoire, qui consiste à détacher la cicatrice fibreuse des parties sur lesquelles elle est appliquée, et à provoquer, après un déplacement ou glissement, sa greffe sur des parties plus éloignées. Il cherche ainsi à prévenir la réunion des deux bouts, et consécutivement le retrait nouveaau du tissu inodulaire.

Cette vue, en partie réalisée dans ce premier cas, l'a été plus complétement et plus clairement dans le cas qui suit, et elle l'a été avec des résultats qui ne permettent pas de méconnaître le caractère nouveau et l'efficacité particulière de la méthode.

DEUXIÈME CAS.

COARCTATION DE LA MAIN GAUCHE ET DES DOIGTS, SUITE DE BRULURES DATANT DE VINGT ANS.—DEUX FOYERS PRINCIPAUX DE CICATRICES PALMAIRES. — BRIDES S'IRRADIANT AUX CINQ DOIGTS. — FLEXION PERMANENTE ET ADDUCTION DES QUATRE DERNIERS DOIGTS. — RÉDUCTION LONGITUDINALE ET COARCTATION DE LA PAUME DE LA MAIN.—RÉDUCTION CONSIDÉRABLE DU MOUVEMENT AUX DIVERSES ARTICULATIONS.— ATROPHIE GÉNÉRALE ET PARTIELLE DE LA MAIN ET DES DOIGTS.—TRAITEMENT CHIRURGICAL ET MÉCANIQUE.—EMPLOI DE LA MÉTHODE PAR DÉPLACEMENT DES CICATRICES. — REDRESSEMENT FORCÉ IMMÉDIAT. — DÉCORTICATION CONSÉCUTIVE DES BRIDES.—ASSOUPLISSEMENT DES ARTICULATIONS. — PERSISTANCE DU REDRESSEMENT.

Un jeune homme, âgé de 20 ans, dessinateur en broderies, affecté d'une flexion permanente des doigts de la main gauche, suite de brûlures, est présenté à la commission le 24 mars 1844.

Ce jeune homme, venu au monde bien conformé, est tombé à l'âge de 3 mois sur un réchaud, la main gauche portant sur du poussier de charbon allumé; il est resté plus d'une minute dans cette position. Il en est résulté à la paume de la main et aux doigts une large brûlure qui a suppuré et n'a été cicatrisée qu'au bout d'environ six semaines. Une attelle fut alors placée à la face palmaire et portée assez longtemps. Cependant, quand elle fut enlevée, les doigts ne tardèrent pas à se fléchir graduellement et très-lentement jusque vers l'âge de 13 à 14 ans. A cette époque, le sujet prit l'état de *boutonnier en nacre*, état qui l'obligeait à tenir, de la main gauche, un mandrin arrondi du diamètre d'une pièce de 5 francs. Pendant trois ans qu'il se livra à ce genre de travail, la difformité resta stationnaire. C'est alors qu'il embrassa la profession de dessinateur en broderies, dans laquelle une main doit être appliquée à plat sur la feuille de papier appelée *poncis*, pendant que l'autre tient un instrument appelé *poncette*, dont le manche arrondi est d'un diamètre plus petit que celui du mandrin dont il a été question (2 à 3 centimètres). Obligé, par la difformité, d'employer sa main droite à tenir le poncis et à manier la poncette avec la main gauche, sa difformité a augmenté, suivant lui, de plus de moitié.

Aujourd'hui, 24 mars 1844, la difformité présente à considérer les éléments suivants:

1° Flexion permanente et légère adduction des quatre derniers doigts de la main gauche, avec réduction considérable du mouvement de la plupart de leurs articulations.

2° Impossibilité d'abduction complète du pouce avec roideur marquée dans son articulation métacarpo-phalangienne.

Dans l'attitude habituelle, les quatre derniers doigts sont complétement fléchis, leur pulpe appliquée contre la paume de la main. Cette flexion a lieu principalement aux dépens des articulations métacarpo-phalangiennes, les seconde et troisième phalanges restant dans la demi-extension. Mais un simple effort de la volonté suffit pour ouvrir la main d'une certaine quantité, et alors ce qui reste de flexion va en augmentant, pour ce qui concerne seulement les articulations métacarpo-phalangiennes, de l'index à l'auriculaire, et se distribue plus irrégulièrement dans les autres articulations. Voici d'ailleurs pour chacun des quatre derniers doigts l'indication et le degré exacts de leurs différents changements de direction:

1° Index. — La première phalange, portée à la fois dans la flexion et l'adduction, forme avec le métacarpien correspondant un angle d'environ 155 degrés, ouvert en avant, et un angle de 160 degrés, ouvert en dedans. La seconde phalange est fléchie sur la première à angle droit, et la troisième sur la seconde suivant un angle de 170 degrés.

2° Médius. — L'angle de flexion de la première phalange sur le métacarpien est de 135 degrés et celui de l'adduction de 150 degrés. La deuxième phalange forme avec la première un angle de 130 degrés, et la troisième avec la deuxième un angle peu considérable, de 180 degrés environ.

3° Annulaire. — La première phalange forme avec le métacarpien un angle de 112 degrés, ouvert en avant, et un angle de 160 degrés, ouvert en dedans; la deuxième forme avec la première un angle de 110 degrés, et la troisième sur la seconde, un angle à peine appréciable.

4° Auriculaire. — Angles de flexion de la première phalange, 108 degrés; d'adduction, 150. Angles de flexion de la deuxième phalange, 165 degrés; de la troisième, 140 degrés.

Le pouce garde habituellement une position normale; mais, ainsi que nous l'avons dit, son abduction est bornée. Par les efforts mécaniques, elle ne peut être portée au delà du point où le pouce forme avec le second métacarpien un angle de 40 degrés ouvert en bas, tandis que l'angle correspondant du côté opposé est de 65 degrés au moins.

Toute la main gauche a en outre subi une atrophie sensible. Son périmètre, mesuré vers la partie moyenne du métacarpe, est de 19 centimètres 2 millimètres, le périmètre de la main droite étant de 20 centimètres 7 millimètres. Il n'existe pas de différence appréciable dans la longueur des métacarpes; des deux côtés on trouve, de l'apophyse styloïde du cubitus à l'extrémité du cinquième métacarpien, 7 centimètres 3 millimètres, et de l'apophyse styloïde du radius à l'extrémité du deuxième métacarpien, 8 centimètres 5 millimètres. Quant aux doigts eux-mêmes, ils sont sensiblement plus courts du côté de la difformité.

Voici les différences que présente chaque doigt, mesuré comparativement avec son correspondant du côté opposé, les mesures prises de chaque côté par la face dorsale des doigts, et ceux-ci maintenus du côté sain au degré de flexion qu'ils présentent du côté difforme.

Longueur du pouce, de la tête du métacarpien à l'extrémité de la dernière phalange. . .	à gauche. . .	6c	»mm.
Id.	à droite. . .	6	8

Longueur de l'index.	à gauche.	9c	7mm.
Id.	à droite.	10	6
Id. du médium.	à gauche.	11	3
Id.	à droite.	12	2
Id. de l'annulaire.	à gauche.	10	5
Id.	à droite.	11	4
Id. de l'auriculaire.	à gauche.	8	5
Id.	à droite.	9	3

Les quatre derniers doigts de la main présentent d'ailleurs maintenant, vers leur extrémité libre, un état d'atrophie caractérisé par une forme effilée et légèrement crochue. Cette forme est surtout bien accentuée à l'index, au médius et à l'auriculaire. Le poignet lui-même, l'avant-bras et le bras sont aussi un peu plus petits à gauche qu'à droite, disposition qui peut d'ailleurs, à un faible degré, appartenir à l'état normal.

Périmètre du poignet.	à gauche.	15c	5mm.
Id.	à droite.	16	»
Id. de l'avant-bras à son maximum.	à gauche.	23	2
Id.	à droite.	24	2
Id. du bras.	à gauche.	21	7
Id.	à droite.	23	3

A la face palmaire de la main existe une large cicatrice à plusieurs noyaux, dont le principal, situé en arrière de la racine du doigt annulaire, remonte, d'une part, sous forme d'un tissu peu dense et dépourvu de brides, jusque sur une partie des éminences thénar et hypothénar, et s'irradie, d'autre part, sur l'annulaire et l'auriculaire. Ces deux doigts se trouvent ainsi fléchis par une grosse bride commune qui les réunit jusqu'au-dessous de l'articulation de la première avec la deuxième phalange, et leur donne en avant l'apparence d'un raccourcissement considérable. Au-dessous de ce point, la bride continuée, non par le tissu de la cicatrice lui-même, mais par la peau attirée et tendue, se bifurque et se prolonge jusque près de l'extrémité des doigts. Un autre pli cutané, émané de cette cicatrice et formant bride, se prolonge sur la face palmaire du médius ; mais elle est en outre fortifiée par une autre cicatrice existant vers le milieu de la seconde phalange et s'irradiant en haut et en bas, sans rejoindre pourtant la précédente. Enfin, une troisième cicatrice longitudinale part de l'articulation phalangetto-phalanginienne de l'index, remonte le long de sa face palmaire, se recourbe pour gagner le pouce, et se termine à l'articulation de la première avec la seconde phalange, en formant dans toute cette longueur une bride dure, tendue, mais moins grosse que les précédentes.

Aucune de ces cicatrices n'adhère intimement aux tissus profonds; seulement, au niveau du noyau principal, la peau est sensiblement moins mobile que partout ailleurs.

A part l'atrophie dont il a été parlé plus haut, la conformation générale qui résulte de la flexion permanente des doigs et des brides de la cicatrice, la main n'est pas, à proprement parler, déformée. Pas de gonflements articulaires, pas de saillies ni de dépressions osseuses; seulement, il existe une rigidité générale des articulations des doigts, principalement des articulations phalangino-phalangettiennes, et de l'articulation métacarpo-phalangienne du pouce; encore cette dernière est-elle devenue moins rigide depuis quelques mouvements forcés qu'on lui a imprimés tout récemment.

Tous les muscles de la main, fléchisseurs ou extenseurs, sont dans l'état normal, et jouissent d'une parfaite contractilité.

Le mouvement de flexion est complet pour tous les doigts et toutes les phalanges, à l'exception des phalangettes, qui restent étendues quand le sujet ferme la main.

L'extension est absolument impossible, et les plus grands efforts du sujet ne peuvent diminuer la flexion au delà des limites indiquées plus haut. On ne les dépasse même que très-peu par les efforts mécaniques.

L'opposition du pouce, la main étant ouverte, est complète; mais la main fermée, il ne peut être ramené qu'avec quelques difficultés par-dessus les autres doigts, et reste habituellement étendu le long de l'index. L'adduction est également facile, mais l'abduction est réduite de plus d'un tiers.

Enfin le sujet est obligé, comme on l'a vu, d'intervertir le rôle de ses deux mains, dans l'exercice de sa profession.

Avant d'entreprendre le traitement de cette difformité, M. J. Guérin présente le cas comme très-grave par le degré, l'étendue et l'ancienneté de la difformité. Il se propose de la traiter par une méthode opératoire nouvelle, qu'il désigne sous le nom de méthode par déplacement des cicatrices, et dont une première application moins précise et moins complétement réalisée a été faite sur le sujet de la précédente observation. « Cette » méthode, suivant l'énoncé textuel donné par M. J. Guérin avant l'opération, consiste à détacher les cica- » trices dans toute l'étendue qu'elles occupent, et à provoquer leur réunion adhésive avec la portion de plaie » seulement qui leur correspond après le redressement des parties. On a ainsi pour but de prévenir la repro- » duction de la difformité inséparable de la section transversale des brides, et de réaliser les avantages de l'abla- » tion des cicatrices sans en avoir les inconvénients. »

Dès le même jour (24 mars 1844), M. J. Guérin procède aux opérations suivantes : le pouce et l'index étant maintenus dans le plus grand écartement possible, il plonge à la base de la bride fibro-cutanée du pouce un bistouri à lame droite; l'incision est prolongée parallèlement à l'axe du pouce jusqu'au delà de l'insertion cutanée de la bride, et complète très-obliquement en ce point la section de cette dernière. Cette première opération terminée, l'opérateur fait tendre l'index, de manière à rendre la bride qui le retient aussi saillante que possible. Le bistouri, plongé à plat au niveau du tiers métacarpien de la première phalange, va aboutir au niveau de l'articulation de la seconde phalange avec la troisième. Dans cette opération comme dans la première, l'opérateur évite avec le plus grand soin d'intéresser les tendons fléchisseurs et leur gaîne. Cette précaution est rendue facile à observer par l'élargissement en ce point du diamètre antéro-postérieur des doigts, par suite du soulèvement des cicatrices. Les deux lambeaux ainsi détachés, on procède immédiatement au redressement du pouce et de l'index. Le premier n'offre aucune résistance; le second ne cède que difficilement. Néanmoins, on ne craint pas d'employer de grands efforts pour obtenir le redressement immédiat, et on le rend plus facile, à l'aide de quatre petites incisions latérales des rebords cutanés de la plaie, deux de chaque côté, au niveau des articulations phalango-phalanginiennes et phalangino-phalangettiennes. Le redressement est en grande partie obtenu. En vertu de ce redressement, les parties détachées ne correspondent plus qu'à la moitié environ de la longueur des plaies; elles sont d'ailleurs plus courtes, mais plus larges et plus souples qu'avant d'avoir été détachées. On provoque immédiatement leur adhésion avec la portion de plaie qui leur correspond, au moyen de bandelettes enroulées autour de chaque doigt. Celles-ci recouvrent en outre toute l'étendue de la portion de plaie restée dénudée. Les doigts sont maintenus écartés et modérément redressés jusqu'au lendemain.

Les jours suivants, même mode de pansement. Peu de fièvre et suppuration très-modérée. A partir du troisième jour, on pratique l'extension à l'aide d'une attelle dorso-latérale externe. Aucun accident. L'appétit est très-développé. Alimentation modérée.

Le 30 mars, le redressement est complet. On renouvelle l'application des bandelettes avec le plus grand soin. La suppuration est à peine sensible.

Les jours suivants, à mesure que les brides détachées se greffent sur les nouvelles surfaces auxquelles elles correspondent, elles se dépouillent, en se cicatrisant, de leur couche épaisse de matière épidermoïque. Cette décortication, lente et nullement douloureuse, laisse voir une surface parfaitement lisse et d'une grande mollesse qui se continue sans interruption avec la peau saine.

Dans tout le cours du mois d'avril, on complète le redressement; on le porte même au delà du degré normal, à l'aide des manipulations saccadées et de l'appareil. On pratique intercurremment des mouvements alternatifs de flexion et d'extension, dans la vue d'assouplir les articulations qui sont restées roides.

Le 16 mai, M. J. Guérin procède au débridement des autres doigts et de la main. Il détache successivement les brides qui retiennent le médius, l'annulaire et l'auriculaire, en procédant comme la première fois. Dans ce but, il détache, du centre à la circonférence, les deux brides qui se perdent dans la peau des éminences thénar et hypothénar. Ces différentes sections réussissent à faire cesser toute coarctation, et permettent le redressement forcé et immédiat des doigts et de la main. Pansement par occlusion des plaies, au moyen de bandelettes agglutinatives et d'un taffetas très-collant.

Le 19 mai, pas même de suppuration, si ce n'est un léger suintement séro-purulent des plaies du creux de la main. Nouveau pansement de ces dernières; on ne touche pas aux doigts.

Le 20, pas encore de suppuration aux doigts. L'appareil est laissé en place; on augmente légèrement l'extension des doigts.

Le 22 seulement, la suppuration est établie partout, mais beaucoup moindre encore qu'à la suite de la première opération. Déjà les lambeaux déplacés sont soudés avec les tissus sous-jacents. L'épiderme de ces lambeaux, à l'exception de celui de l'auriculaire, se détache sous forme de callosités épaisses. Aucun symptôme de fièvre ni de réaction générale.

Dès le 25, la cicatrisation est à peu près complète : des applications continues de bandelettes de diachylon favorisent la décortication des callosités. Celles-ci se détachent progressivement, surtout à la paume de la main, par plaques qui correspondent exactement aux lambeaux déplacés. D'autre part, cet appareil extensif, composé de cinq ressorts très-élastiques qui se rendent à une embrasse métallique commune, est appliqué contre la surface dorsale de la main et de l'avant-bras. Des courroies, fixées à chacun de ces ressorts, attirent et maintiennent au degré voulu d'extension chacun des doigts.

Le 30 juin, la commission constate le résultat suivant :

Redressement à peu près complet des doigts; absence de toute coarctation; conservation des mouvements des doigts dans leurs diverses brisures; encore un peu de gonflement des articulations.

Le 28 juillet, après la continuation des mêmes moyens, elle s'assure que :

1° Le redressement des doigts s'est parfaitement maintenu et complété, sans la moindre apparence de retrait de cicatrices.

2° La greffe des brides déplacées est attestée par des lignes de cicatrices distinctes autour des points où elles ont été appliquées.

3° Le tissu des lambeaux détachés offre de plus en plus les caractères anatomiques et physiologiques de la peau normale (souplesse, mollesse, température et perspiration normales).

4° Le mouvement de la main et des doigts s'est accru en étendue et en souplesse, de manière à permettre au sujet d'embrasser et de retenir avec une certaine force les gros objets, comme le poignet d'un adulte.

5° Par suite de ces améliorations, le sujet peut confier à la main gauche, dans l'exercice de son état, la partie des opérations qu'il avait été obligé de transporter à la main droite.

6° Finalement, la main et les doigts ont récupéré la plus grande partie de leurs fonctions et usages ordinaires.

Depuis cette époque le sujet est retourné dans sa famille, se livrant à toutes sortes de travaux et ne s'occupant que très-accessoirement des moyens de perfectionner les résultats obtenus. Au contraire, ayant acquis de la main gauche à peu près la force normale, il s'est fait meunier, et il peut très-bien suffire à ses nouvelles fonctions.

Pour s'assurer de ces faits et de la permanence des résultats obtenus, la commission a revu le sujet le 10 août 1845, et a constaté ce qui suit :

1° La main et les doigts sont presque complétement redressés. Il n'existe plus qu'un très-faible degré de flexion des troisièmes phalanges sur les deuxièmes, avec un peu de gonflement de la face dorsale de l'articulation phalangino-phalangettienne. La main est toujours plus petite et sa forme moins régulière que celle du côté opposé.

2° Il n'existe plus de coarctation ni de brides fibreuses. La greffe des brides déplacées est accusée par des lignes distinctes. Le tissu des cicatrices offre, à très-peu de chose près, les caractères de la peau normale (coloration, souplesse, température, perspiration).

3° La main et les doigts ont recouvré la plus grande partie de leurs mouvements normaux. La flexion des deux derniers doigts est seule un peu limitée ; elle s'arrête aux deux tiers de son étendue normale. Toutefois, le sujet peut embrasser et retenir avec une certaine force des objets peu volumineux, comme le doigt d'un adulte. La force de la main et des doigts s'est considérablement accrue depuis six mois. Le sujet peut soulever et retenir avec les doigts un poids de 20 kilogrammes.

4° Finalement, la main et les doigts ont récupéré la plus grande partie de leurs usages.

Dans ce second cas, la méthode par déplacement des cicatrices a reçu sa complète application. Le résultat a répondu de tous points aux vues de l'opérateur ; c'est-à-dire redressement de la difformité sans récidive, conservation et même amélioration notable des mouvements, et, ce qui caractérise surtout la nouveauté de la méthode, décortication de la couche épidermoïque de la cicatrice, suivie du retour partiel de la peau à sa consistance et à ses fonctions physiologiques.

Depuis que la commission a été à même d'apprécier le mode opératoire de M. J. Guérin, deux de ses membres (1) ont eu occasion de l'appliquer, et ils en ont retiré les mêmes avantages.

(1) MM. Blandin et Jobert.

IX.

COURBURES RACHITIQUES DES MEMBRES,

ET DIFFORMITÉS PAR CALS VICIEUX RACHITIQUES.

Cette classe de difformités comprend deux sortes de courbures rachitiques des membres supérieurs et inférieurs : les uns consistant en courbures rachitiques régulières, mais trop prononcées ou d'un trop petit rayon pour qu'on puisse espérer en obtenir le redressement à l'aide des seuls moyens mécaniques ; les autres résultant de fractures rachitiques vicieusement et incomplétement consolidées et contre lesquelles l'art était resté jusqu'ici inactif et sans ressources. La méthode que M. J. Guérin emploie a reçu, sous les yeux de la commission, dans les cas qui suivent, une application tout à fait propre à en montrer les avantages.

1° COURBURES RACHITIQUES.

M. J. Guérin a présenté à la commission deux cas appartenant à cette première catégorie.

PREMIER CAS.

COURBURE RACHITIQUE CONSIDÉRABLE DU TIERS INFÉRIEUR DE LA JAMBE DROITE CHEZ UN ENFANT DE 3 ANS. — RACHITISME A LA SECONDE PÉRIODE. — RACCOURCISSEMENT CONSÉCUTIF DES MUSCLES DU MOLLET. — REDRESSEMENT EXTEMPORANÉ PAR FRACTURE LAMELLAIRE INTERSTITIELLE. — SECTION SOUS-CUTANÉE DU TENDON D'ACHILLE. — ABSENCE DE TOUT ACCIDENT. — TRAITEMENT MÉCANIQUE DE CONTENTION. — TRAITEMENT ET RÉGIME ANTI-RACHITIQUE. — PERSISTANCE ET CONSOLIDATION DU REDRESSEMENT. — GUÉRISON DE LA MALADIE.

Un enfant âgé de 3 ans et 3 mois, constitution faible, tempérament lymphatique, déjà traité sous les yeux de la commission pour un cas de déviation rachitique du genou gauche, est présenté à la commission le 9 mars 1845, pour un cas de courbure rachitique très-prononcé du tiers inférieur de la jambe droite, datant de deux années environ. Les circonstances relatives à la maladie générale et aux autres particularités du squelette ayant été indiquées à l'occasion de la déviation du genou gauche, on se bornera ici à ce qui a trait à la courbure rachitique proprement dite.

Cette difformité consiste en une courbure occupant le tiers inférieur de la jambe. Elle est accompagnée d'une légère torsion du tibia sur lui-même, d'arrière en avant et de dehors en dedans. Sa convexité est tournée en avant et en dehors; elle est telle que ses deux segments se rencontrent sous un angle de 140 degrés environ, à sinus interne et postérieur. Au repos, le pied suit la direction du segment inférieur; sa plante regarde obliquement en dedans, et son axe longitudinal forme, avec le prolongement de l'axe normal de la jambe, un angle de 40 à 50 degrés.

De ce côté, les muscles n'offrent aucune tension ni dureté anormales; seulement, par suite de la concavité qu'offrent les os de la jambe en arrière, le tendon d'Achille forme une sorte de pont saillant sous la peau. Il ne s'oppose pas, du reste, notablement au mouvement de flexion du pied, qui a conservé à peu près toute son étendue.

A gauche, il existe une courbure peu prononcée du tibia, ayant le même siége, la même direction que la droite.

Avant de procéder au redressement de cette difformité, M. J. Guérin fait connaître la méthode qu'il se propose d'employer, et qui consiste, d'une part, dans le redressement extemporané de la courbure rachitique par fracture lamellaire interstitielle, sans lésion du périoste ni déplacement des fragments; d'autre part, dans la section sous-cutanée du tendon d'Achille, pour favoriser et perpétuer le redressement obtenu.

Faisant l'application de cette méthode, M. J. Guérin procède immédiatement, sous les yeux de la commission, au redressement extemporané de la jambe droite.

Embrassant de ses deux mains les deux segments de la courbure, il pose les deux pouces sur le sommet de sa convexité, et cherche à en obtenir le redressement par des efforts intermittents et saccadés. Après quelques secondes de ces manœuvres, on entend un premier craquement sourd, puis un second; en même temps le membre se redresse au point que toute courbure disparaît incontinent. La commission s'assure qu'il n'existe aucune fracture complète, aucun déplacement, aucune crépitation appréciable. L'aspect du membre est maintenant tout à fait normal, si ce n'est que le pied est légèrement étendu sur la jambe (un peu d'équinisme consécutif).

On fait disparaître immédiatement cette disposition à l'aide de la section du tendon d'Achille. La petite plaie ténotomique étant pansée, on assujettit le membre à l'aide de trois attelles de carton, et on le place immédiatement dans un appareil mécanique destiné à le maintenir immobile. Point de malaise ni de réaction. Dès le lendemain, l'enfant était aussi calme, aussi gai que s'il n'avait pas été opéré. Les jours suivants se passent de la même manière; point de douleurs locales ni gonflement. En passant le doigt sur le siége de la fracture, on ne sent aucune dureté, ni saillie, ni empâtement.

Le 23 mars, c'est-à-dire quinze jours après l'opération, la commission revoit l'enfant et constate ce qui suit : le redressement extemporané s'est maintenu; le siége du redressement n'offre aucune particularité (gonflement, rougeur ou chaleur) qui puisse faire comparer la pratique employée à une fracture provoquée dans des conditions ordinaires. La commission s'assure, en outre, que l'opération n'a produit aucune espèce d'accidents ni altérations dans la santé.

Dans le but de s'assurer de la parfaite innocuité de la méthode et de la persistance des résultats obtenus, la commission a revu l'enfant plusieurs fois dans le cours de son traitement, et elle l'a toujours trouvé dans les plus heureuses conditions, soit sous le rapport de la santé générale, soit sous celui de la courbure redressée.

Un plâtre moulé le 6 avril, c'est-à-dire moins d'un mois après l'opération, établit l'exactitude du parfait redressement de la jambe à cette époque, et l'absence de tout gonflement ou déformation des parties.

Dans les trois mois qui suivent on s'occupe surtout du traitement du rachitisme général et de la déviation du genou gauche. L'enfant ne commence à marcher qu'à partir du 15 juillet, et toujours muni de son appareil.

Le 10 août, la commission l'a revu pour la dernière fois. Voici le résultat de son examen définitif :

1° La jambe est parfaitement droite : point de nodosité ni trace aucune de cal au niveau de l'ancienne courbure. Point de sensibilité ni gonflement. Il ne reste qu'un peu de gonflement de la malléole interne et une légère dépression au-dessus.

2° Le sujet se tient très-bien sur sa jambe. Point de faiblesse ni de claudication.

3° Santé générale très-bonne. Il reste à peine quelques traces de rachitisme. Il n'existe plus rien de la double difformité dont l'enfant était atteint (déviation du genou gauche, courbure de la jambe droite), si ce n'est une légère différence dans le volume des deux jambes, dont la droite est restée un peu plus maigre.

Outre ce cas, qui a paru à la commission très-suffisant pour mettre en évidence le caractère propre de la méthode, M. J. Guérin en avait présenté un second du même genre. L'enfant, placé dans le service de l'hôpital, y a contracté une pneumonie double qui l'a enlevé avant que le traitement orthopédique pût être commencé.

M. J. Guérin a insisté avec raison sur le fait d'anatomie pathologique qui a inspiré la méthode et qui lui sert de base. Il avait établi dès longtemps qu'à la seconde période du rachitisme, les os sont le siége d'un travail d'ossification nouvelle, en vertu de laquelle les lamelles de l'ancien os sont plus ou moins dédoublées et réduites à des parcelles peu consistantes, tandis qu'une substance de nouvelle formation, spongieuse, élastique, forme la plus grande partie de la trame de l'os et devient plus tard le siége de dépôts calcaires qui lui restituent sa résistance normale. La connaissance exacte de ce fait anatomique pouvait seule suggérer le mode de traitement employé par M. J. Guérin, comme elle peut seule le justifier.

2° COURBURES ANGULEUSES PAR CALS VICIEUX RACHITIQUES.

Les sujets atteints de rachitisme sont souvent atteints de fractures accidentelles ou spontanées, qui sont méconnues ou vicieusement réduites. Cet ordre d'accidents est la source de difformités dont l'art ne s'était pas occupé jusqu'ici, et auxquelles M. J. Guérin oppose un système de moyens procédant à la fois de ceux indiqués dans la catégorie précédente et d'autres d'un ordre tout à fait spécial.

Les cas de cette catégorie, soumis à la commission, sont au nombre de trois : le premier a trait à un cal vicieux rachitique de la jambe, les deux autres à un cal vicieux rachitique de la cuisse : courbures anguleuses de la jambe et de la cuisse.

PREMIER CAS.

COURBURE ANGULEUSE DE LA PARTIE MOYENNE DE LA JAMBE GAUCHE, SUITE DE FRACTURE RACHITIQUE, DATANT DE PLUS DE SEPT MOIS, CHEZ UN ENFANT DE 14 MOIS. — NODOSITÉS OSSEUSES AU NIVEAU DE L'ANGLE OSSEUX. — GONFLEMENT DES PARTIES MOLLES. — MOBILITÉ OBSCURE DES FRAGMENTS ET DANS UN SENS SEULEMENT. — LÉGÈRE TORSION DE LA JAMBE EN DEHORS. — RACCOURCISSEMENT CONSÉCUTIF DES MUSCLES. — LÉGERS SYMPTÔMES GÉNÉRAUX DE RACHITISME. — REDRESSEMENT EXTEMPORANÉ SANS FRACTURE APPRÉCIABLE. — DISTENTION FORCÉE ET ALLONGEMENT IMMÉDIAT DES MUSCLES RACCOURCIS. — TRAITEMENT MÉCANIQUE CONSÉCUTIF.

Un enfant âgé de 14 mois est présenté à la commission le 1er juin 1845, pour une courbure anguleuse de la jambe gauche, par suite de fracture rachitique du tibia et du péroné vicieusement consolidés, avec symptômes généraux de rachitisme.

Cet enfant, venu au monde bien portant et de parents sains et bien conformés, a été élevé en nourrice, où il paraît avoir été fort mal soigné. Retiré de nourrice il y a quinze jours, il offrait tous les symptômes généraux du rachitisme et une courbure très-prononcée de la jambe gauche. L'état général paraît s'être amélioré depuis; mais la courbure de la jambe est restée stationnaire, ce qui a engagé les parents à présenter leur enfant à M. J. Guérin.

État actuel. — Courbure anguleuse de deux os de la jambe gauche, dans leur partie moyenne, résultant d'une fracture rachitique mal consolidée. Les deux segments de la courbure se réunissent sous un angle de 140 degrés, saillant en dedans et un peu en arrière. Le segment supérieur est presque dans l'axe de la cuisse, sauf un peu d'inclinaison en dehors; le segment inférieur est incliné en dehors et un peu en avant. La jambe, et sa partie inférieure surtout, paraît avoir subi un léger mouvement de rotation en dehors; d'où il résulte que la courbure du tibia est plus prononcée dans le sens antéro-postérieur, et celle du péroné dans le sens latéral.

Le pied a suivi la direction du segment inférieur : il se porte en dehors et un peu en haut; de manière que si l'enfant pouvait se tenir debout, l'avant-pied de la jambe gauche serait tourné en dehors, presque à angle droit, le pied renversé sur son bord interne d'une sommé de 25 à 30 degrés et le talon abaissé, et l'avant-pied relevé de manière à former avec le sol un angle d'environ 65 degrés.

Au niveau du sommet de la courbure il existe une saillie osseuse irrégulière, résultant de la rencontre des deux fragments. Toutefois, cette saillie n'existe qu'en dedans et un peu en arrière : dans les autres points la continuité des os est complète et régulière. Il n'y a point de crépitation ni mobilité appréciables entre les segments de la courbe; cependant on peut, sans beaucoup d'efforts, augmenter ou diminuer la courbure d'une certaine quantité.

Les muscles compris dans la concavité de la courbure (jambier antérieur, long extenseur commun et extenseur propre du gros orteil, péroniers antérieur et latéraux) en forment assez exactement la corde. Pendant leurs contractions, ils se soulèvent et tendent à augmenter la difformité. Ceux du mollet sont flasques et paraissent atrophiés. Tous jouissent cependant d'un certain degré de contractilité.

Il existe encore des symptômes généraux de rachitisme : gonflement des épiphyses, légères courbures de tous les os longs, chapelet rachitique des articulations chondro-costales, dépression des parois latérales de la poitrine, ventre un peu gros, sensibilité générale assez vive au toucher. Ophthalmie légère; cependant point de sueurs habituelles; la peau est, dans certaines parties, le siége d'une excrétion furfuracée. Point de diarrhée. Appétit assez bon.

Après avoir exposé le système de moyens auxquels il se propose de recourir (redressement extemporané, ténotomie sous-cutanée), M. J. Guérin procède immédiatement, sous les yeux de la commission, au redressement extemporané de la courbure anguleuse. Dans ce but, il place les deux pouces en arc-boutant au sommet de l'angle de la difformité, et il attire en sens inverse, à l'aide des doigts, les deux branches de l'angle de courbure. La résistance est vaincue graduellement et par effets progressifs et saccadés. L'opérateur ne s'arrête que lorsque le redressement peut être porté au delà de la ligne droite. On s'assure alors qu'il existe, au niveau de l'angle redressé, une légère saillie osseuse, espèce de cal qui rompt l'uniformité de la surface osseuse. Toutefois, les deux os de la jambe restent en ligne droite et dans l'axe de la cuisse; et les muscles qui, avant l'opération, se montraient raccourcis, formant la corde de la courbure, n'offrent plus que la tension normale. Dès lors, on se dispense d'en faire la section sous-cutanée. Contension immédiate de la jambe à l'aide d'attelles de carton rembourrées et de tours de bandes. L'enfant, qui avait beaucoup crié pendant les efforts de redressement, s'endort immédiatement depuis midi jusqu'à cinq heures sans s'éveiller. Point de fièvre ni d'accidents locaux d'aucune espèce.

Les jours suivants, la jambe se maintient parfaitement droite; le siége de la courbure n'est ni douloureux ni gonflé. Le quatrième jour, on applique un appareil mécanique mobile à tuteurs latéraux et à trois frondes alternes, dont la supérieure et l'inférieure, correspondant aux extrémités des deux segments de la courbe, agissent en sens inverse de la moyenne, laquelle fait effort directement au sommet de l'angle de la courbure, dans une direction opposée à celle des deux autres. Cet appareil, montant jusqu'à la ceinture, est destiné à contenir la jambe et la cuisse plutôt qu'à agir de lui-même. Aussi, dans les intervalles du temps où il est appliqué, des manipulations actives et réitérées ont pour effet de combattre la tendance de la courbure à se reproduire; elles exagèrent même son redressement.

Le 15 juin, l'enfant est représenté à la commission, qui constate la permanence du résultat précédemment obtenu et l'absence de toute espèce d'accident local. Le traitement consécutif est poursuivi avec soin jusqu'à la fin de juin. A cette époque, l'enfant est emmené dans les départements sans que la commission ni M. J. Guérin en aient été instruits autrement que par une lettre de la mère, à la date du 4 juillet, qui constate que la jambe de l'enfant était *bien redressée quand il est parti.*

Ce premier exemple de courbure anguleuse par cal vicieux suffit pour établir la possibilité du redressement extemporané de cette difformité, avec distension suffisante des muscles consécutivement raccourcis. A un degré et surtout à un âge plus avancé, il est indispensable de joindre à ces moyens la section sous-cutanée des muscles, ainsi qu'on le voit dans le second cas qui suit.

DEUXIÈME CAS.

COURBURE ANGULEUSE DU FÉMUR DROIT A CONVEXITÉ EXTERNE ET ANTÉRIEURE PAR CAL VICIEUX RACHITIQUE, DATANT DE TROIS MOIS ET DEMI, CHEZ UNE PETITE FILLE AGÉE DE 9 MOIS ET DEMI. — GONFLEMENT PÉRIOSTAL DOULOUREUX. — RÉSOLUTION — PLIURE DES FRAGMENTS SANS DÉPLACEMENT AUCUN. — RACCOURCISSEMENT CONSÉCUTIF DU MEMBRE DE 1 CENTIMÈTRE 3 MILLIMÈTRES. — SYMTÔMES GÉNÉRAUX DE RACHITISME A LA DEUXIÈME PÉRIODE. — REDRESSEMENT EXTEMPORANÉ. — SECTION SOUS-CUTANÉE DES ADDUCTEURS ET DU DROIT INTERNE. — APPAREIL CONTENTIF; TRAITEMENT GÉNÉRAL DU RACHITISME. — PERSISTANCE DU REDRESSEMENT.

Une petite fille, âgée de 9 mois et demi, est présentée à la commission le 1er juin 1845, pour un cal vicieux du fémur droit, suite de fracture rachitique.

Cette enfant est venue au monde bien conformée; elle a été élevée en nourrice et soumise à une alimentation prématurée. Elle éprouve depuis plusieurs mois les symptômes généraux du rachitisme, sueurs abondantes, surtout à la tête, chapelet rachitique, gonflement du ventre, mais sans dévoiement.

Fracture rachitique. — On s'est aperçu, il y a trois mois et demi, d'une courbure anguleuse de la cuisse droite, développée spontanément. Cette courbure était accompagnée d'un gonflement considérable du membre et d'une vive sensibilité au toucher. Il ne paraît point qu'il y eût alors solution de continuité, ni déplacement des fragments; c'était une simple pliure de l'os.

État actuel. — Le fémur droit présente, dans sa partie moyenne, une courbure anguleuse en avant et un peu en dehors. Les deux fragments sont parfaitement réunis à angle de 120 degrés. Pas de mobilité appréciable du cal. On ne perçoit plus de nodosité au niveau de la réunion. Il n'y a plus de sensibilité dans la région de la fracture. Raccourcissement du membre de 1 centimètre 3 millimètres résultant de la flexion anguleuse du fémur. Les parties molles de la cuisse ne présentent rien de remarquable. Point de tension anormale des muscles internes et postérieurs de la cuisse; ils ne sont que consécutivement raccourcis.

Symptômes généraux du rachitisme à sa seconde période. Chapelet rachitique peu prononcé. Léger gonflement des épiphyses. Ventre médiocrement ballonné. Sueurs moins abondantes.

Séance tenante, M. J. Guérin procède au redressement extemporané de la difformité, par les mêmes manœuvres que dans les cas précédents. Le redressement s'opère rapidement. Au moment où l'angle de la difformité cède, on n'entend aucun bruit de craquement; mais après un premier effort un peu prononcé, le redressement s'achève comme si une résistance considérable avait été d'abord vaincue. Les muscles compris dans la concavité de la courbure qui, avant le redressement, n'étaient que raccourcis mais non tendus, font saillie sous la peau et s'opposent à la permanence du redressement. Dans la crainte qu'ils ne reproduisent la difformité ou qu'ils ne soient au moins un obstacle à la consolidation régulière de la fracture, M. J. Guérin pratique immédiatement la section sous-cutanée des deux premiers adducteurs et du droit interne. Cette section s'exécute avec la plus grande facilité et ne donne lieu qu'à un écoulement de quelques gouttes de sang.

Pansement ordinaire. Le membre est placé dans un appareil destiné à maintenir le fémur immobile en même temps qu'une extension et une pression permanentes préviennent tout déplacement des fragments osseux et laissent les bouts des tendons divisés dans un écartement suffisant. L'appareil remplit ce triple but:

1° Au moyen de deux tuteurs latéraux, dont l'interne monte arcbouter contre la branche du pubis et l'ischion, et l'externe se prolonge jusqu'à l'aisselle;

2° Au moyen d'un allongement facultatif de l'extrémité inférieure des deux tuteurs et d'une semelle contre laquelle le pied reste fixé ;

3° Au moyen d'une fronde, agissant sur le siége de la convexité de la courbure redressée.

L'ensemble de cet appareil est maintenu en place à l'aide d'une ceinture élastique, embrassant le bassin et une grande partie du tronc.

Les jours suivants, aucun symptôme de réaction générale. Pas le plus petit accident local ; seulement l'appareil est maintenu avec une extrême difficulté. Le défaut de propreté de l'enfant ajoute encore aux difficultés de son emploi ; cependant le redressement persiste et aucun gonflement ne se manifeste au niveau de l'angle de la courbure.

Le 7, de légères excoriations à la partie latérale de la cuisse, du genou et au niveau du cou-de-pied, forcent à suspendre l'emploi de l'appareil. L'enfant n'habitant pas Paris, et ne pouvant être revue qu'à des intervalles assez éloignés, on lui applique un bandage inamovible, en ayant soin de ménager les points où siégent les excoriations.

L'appareil reste appliqué jusqu'au 14. Ce jour-là, on est obligé de le reséquer à cause du retrait produit par la dessiccation. La courbure du fémur est un peu reproduite, cependant pas à un degré appréciable à l'œil. On réapplique le bandage.

Rien de particulier jusqu'à la fin du mois. Alors le défaut de contention du membre oblige à enlever l'appareil inamovible, et à lui substituer un simple bandage à trois attelles de carton, recouvertes de trois petites attelles en bois de sapin. Cet appareil ne reste pas mieux en place que les précédents. Tous les quatre ou cinq jours, on est obligé de le réappliquer, et la mère ne venant chaque fois pour sa réapplication qu'un jour ou deux après qu'il a cessé de contenir parfaitement le membre, il en résulte que ce dernier n'est maintenu que pendant une partie du temps.

Cependant la courbure anguleuse ne se reproduit pas. L'os présente plutôt une exagération de la courbure normale qu'un retour de la difformité première.

On arrive ainsi à le maintenir, à travers beaucoup de difficultés, jusqu'à la parfaite consolidation du cal.

Le 10 août, la commission revoit l'enfant pour la dernière fois, et constate son état ainsi qu'il suit :

La courbure anguleuse du fémur a en partie disparu ; ce qu'il en reste ne suffit pas pour produire une différence de longueur apparente entre les deux membres. Point de gonflement au niveau de l'ancien cal. Plus de mobilité entre les deux fragments. La santé de l'enfant s'est sensiblement améliorée.

Le traitement a été continué jusqu'à parfaite guérison de la maladie et consolidation du résultat obtenu.

Dans ce second cas, plus compliqué que le précédent, la ténotomie est venue au secours du redressement extemporané. De plus, M. J. Guérin, se basant sur une condition d'anatomie pathologique propre aux cas de cette catégorie, pense que le redressement brusque, dans ces cas, a pour effet de disjoindre les deux fragments osseux en déchirant en partie la substance sub-osseuse de nouvelle formation qui les réunit. Sans cette solution de continuité, possible seulement dans les cas où l'organisation du tissu spongioïde est encore peu avancée, M. J. Guérin pense que le redressement ne serait que temporaire, la courbe se reproduisant avec le retrait du tissu dont l'élasticité n'aurait été que momentanément vaincue. Or, dans les cas de cette dernière espèce, c'est-à-dire dans ceux où la déchirure du tissu du cal serait impossible, à cause de sa trop grande résistance fibreuse, M. J. Guérin a imaginé un troisième moyen qu'il a fait connaître à la commission, à l'occasion du cas qui suit.

TROISIÈME CAS.

COURBURE ANGULEUSE DU FÉMUR GAUCHE, PAR CAL VICIEUX RACHITIQUE, DATANT DE NEUF MOIS, CHEZ UNE ENFANT DE 2 ANS ET DEMI. — CONVEXITÉ EXTERNE ET ANTÉRIEURE. — FIXITÉ ABSOLUE DE L'ANGLE DE COURBURE. — GONFLEMENT DU CAL SANS DÉPLACEMENT. — RACCOURCISSEMENT CONSÉCUTIF DU MEMBRE GAUCHE DE 1 CENTIMÈTRE 5 MILLIMÈTRES. — RETRAIT MARQUÉ DES MUSCLES COMPRIS DANS LA CONCAVITÉ DE LA COURBURE. — SYMPTÔMES GÉNÉRAUX DE RACHITISME A LA DEUXIÈME PÉRIODE, TRÈS-DÉVELOPPÉS. — EXCURVATION DE LA COLONNE ET DÉFORMATIONS MULTIPLES DE LA PLUPART DES OS ET DES ARTICULATIONS. — ALTÉRATION PROFONDE DE LA CONSTITUTION. — TOURNIS. — TRAITEMENT GÉNÉRAL DU RACHITISME : GRANDE AMÉLIORATION. — DISPARITION DU TOURNIS. — PNEUMONIE LOBULAIRE. — MORT. — SECTION SOUS-CUTANÉE DE L'OS, APRÈS LA MORT, DANS LA CONCAVITÉ DE LA COURBURE, COMME MOYEN DE REDRESSEMENT.

Une petite fille âgée de 29 mois est présentée à la commission, le 7 avril 1844, pour une courbure anguleuse du fémur droit, par cal vicieux, accompagnée d'une excurvation rachitique de la région dorso-lombaire, le tout compliqué de rachitisme général.

Cette enfant, venue au monde forte et bien développée, de parents sains, bien conformés, lesquels ont d'autres enfants exempts de difformités, avait été confiée à une nourrice enceinte qui ne lui a jamais donné le sein, et l'a nourrie avec de la bouillie et de la soupe.

Retirée de nourrice à 7 mois, elle était petite, chétive, faible, et le dos commençait, disent les parents, à s'arrondir. Elle n'eut point d'autre nourrice; son alimentation fut à peu près celle de ses parents. La tête, par intervalles, se balançait alternativement sur l'une et l'autre épaule, comme par un mouvement automatique. A 1 an, l'enfant fut vaccinée; l'éruption se développa mal. Depuis cette époque, appétit vorace, selles liquides, abondantes, suivant presque immédiatement le repas; plus tard, sueurs copieuses à la tête, dépérissement rapide, augmentation graduelle de l'excurvation, qui se prononça à la région dorso-lombaire en même temps que le gonflement général de toutes les articulations.

Il y a environ neuf mois, sans cause appréciable, les parents s'aperçurent que la cuisse était tuméfiée à sa partie moyenne et le siége de douleurs très-vives; la résolution de cette tuméfaction ne se fit que d'une manière incomplète, et quand il fut possible d'apprécier exactement l'état du membre, c'est-à-dire quinze jours plus tard, on reconnut que la cuisse était courbée et le membre très-raccourci. La mère prétend que l'enfant n'a jamais reçu de coups ni fait de chutes, qu'elle n'a jamais marché ni même été posée sur ses jambes; jamais, non plus elle n'a eu de convulsions. Cette difformité avait été en quelque sorte abandonnée à elle-même.

Il y a six semaines, elle a été présentée à la consultation chirurgicale d'un hôpital, où l'on a prescrit une alimentation substantielle, animale, l'application de cautères sur les côtés de l'excurvation : six ont été appliqués. La cuisse a été mise dans un appareil à attelles pendant trois semaines. Ce traitement n'a été suivi d'aucune amélioration.

État actuel. — Le fémur gauche présente un peu au-dessus de sa partie moyenne une pliure ou courbure anguleuse très-prononcée, à convexité externe et antérieure. Ses deux segments forment, par leur rencontre, un angle mousse de 130 à 135 degrés, que des efforts mécaniques tentés avec ménagement ne peuvent ouvrir de la moindre quantité. Le fémur, un peu aplati transversalement dans presque toute la longueur de sa diaphyse, est notablement renflé et plus arrondi au niveau de la courbure. Ce renflement, qui diminue graduellement à mesure qu'on s'éloigne de ce point, paraîtrait fusiforme si le fémur était redressé. La palpation n'y découvre ni saillies anguleuses ni fragments détachés; nulle sensation de mobilité. La cuisse est courte, ramassée, plus volumineuse et surtout plus large que celle du côté opposé.

Du pubis au condyle interne du tibia	à gauche.	10c	»mm
Id.	à droite.	12	5
Circonférence de la cuisse gauche au sommet de la courbure	à gauche.	20	5
Id.	à droite.	18	8

La peau présente à la partie interne et postérieure de la cuisse, dans la concavité de la courbure, un pli très-profond, beaucoup plus marqué que le pli correspondant de la cuisse. Les muscles de la région interne (droit interne et adducteurs), presque rectilignes entre leurs points d'insertion, forment la corde de la courbure fémorale. Ils sont médiocrement tendus et participent à l'émaciation générale du système musculaire.

Indépendamment de cette difformité spéciale, les membres inférieurs ont subi quelques autres changements de direction. Dans l'attitude habituelle, le membre gauche est porté dans l'adduction et le droit dans l'abduction, de manière à former avec l'axe du tronc un angle ouvert, à droite, d'environ 160 degrés. En outre, le membre gauche a subi un mouvement de rotation en dehors, qu'on peut évaluer à un arc de cercle de 30 à 35 degrés. Ces positions vicieuses ne sont pas permanentes, et l'on n'éprouve aucune difficulté à porter le membre dans les positions inverses. Les deux genoux sont déviés en dedans, mais cette déviation, à peine appréciable à droite, est assez considérable à gauche; de ce côté, quand on a fait cesser la rotation du membre en dehors et ramené la rotule en avant, l'axe de la jambe forme avec celui de la cuisse un angle de 160 à 165 degrés, ouvert en dehors. Les efforts mécaniques ne diminuent que très-peu cette inclinaison de la jambe, sans amener la tension normale d'autres muscles. Enfin, le pied gauche a subi un léger renversement de 10 à 12 degrés sur son bord externe. Il suffit d'un léger effort mécanique pour le renverser en sens opposé.

Le membre inférieur gauche, dans sa totalité, est notablement plus court que le droit. Ce raccourcissement n'est lié à aucun changement de rapport entre le fémur et le bassin, et entre les différentes brisures du membre, et dépend uniquement du raccourcissement du fémur, comme le constatent les mesures suivantes :

Les deux épines iliaques antéro-supérieures étant de niveau et les deux membres placés parallèlement à l'axe du tronc, la malléole interne gauche se trouve plus élevée que la droite de 1 centimètre 5 millimètres.

Du sommet du grand trochanter à la malléole externe	à gauche.	24c	5mm
Id.	à droite.	26	»
Du même point à la tête du péroné	à gauche.	13	5
Id.	à droite.	15	»
De la tête du péroné à la malléole externe des deux côtés		11	»

Les membres inférieurs, dans le décubitus, ou la position assise, jouissent d'une mobilité normale dans tous les sens; mais leur faiblesse est telle que la station n'est pas possible. L'enfant ne peut même rester assise si elle n'est soutenue, et retombe assez lourdement en avant ou en arrière. La cuisse gauche est le siége de douleurs vives, si l'on en juge par les cris de l'enfant, dès qu'on la remue ou seulement qu'on la palpe un peu fortement.

L'enfant présente en outre, à un degré très-prononcé, les caractères généraux du rachitisme. Tête volumineuse relativement à la petitesse du corps; développement assez prononcé des bosses frontales. Dépression latérale considérable de la poitrine, prononcée surtout aux régions sous-axillaires, qui sont un peu concaves.

Cette concavité augmente pendant l'inspiration. Projection du sternum en avant. Évasement de la base du thorax tel, que le rebord costal forme des deux côtés, en avant, un relief marqué sur les parois abdominales. Courbure anguleuse des clavicules en avant, principalement à gauche. Nodosités costales assez apparentes. Ventre volumineux et tendu. Étroitesse du bassin dans tous les sens; ses ailes, au lieu de s'évaser, se rapprochent de la direction verticale. Exagération de la courbure du sacrum; projection du coccyx en avant. Mais on observe surtout, comme difformité rachitique, une excurvation s'étendant depuis la dixième dorsale jusqu'à la quatrième lombaire, et se continuant presque insensiblement par ses deux extrémités avec le reste de la colonne. Son sommet correspond à la douzième dorsale. Dans tout son trajet elle est régulièrement arrondie, et a la forme d'un arc de cercle d'un grand rayon. Pas d'apophyses épineuses hors rang. Le sujet étant assis, la longueur de la portion excurvée (de la dixième dorsale à la quatrième lombaire) est de 9 centimètres. Corde, 8 centimètres 4 à 5 millimètres; flèche, 1 centimètre 3 millimètres. Dans le décubitus, sur le ventre, l'excurvation diminue notablement, mais ne disparaît pas complétement. Sa flèche n'est plus que de 5 à 6 millimètres. Pas d'incurvation de balancement dans le reste de la colonne, qui décrit au contraire une courbe à convexité postérieure et à grand rayon; mais en bas, l'excurvation et la convexité sacrée sont séparées par une légère incurvation au niveau de la cinquième lombaire. Pas de courbure latérale ni d'inclinaison du rachis sur le bassin.

Sonoréité normale au niveau de l'excurvation. Des deux côtés se voient les cicatrices des six cautères qui ont été appliqués.

La santé générale est très-altérée. Constitution faible, émaciation considérable. Intelligence peu développée; l'enfant ne parle pas encore. Air de souffrance. Disposition aux cris.

Le balancement alternatif de la tête, de gauche à droite et de droite à gauche, persiste; il dure quelquefois un quart d'heure ou vingt minutes. Il est à craindre que l'encéphale ne soit le siége de quelque maladie chronique. Cependant, il n'y a pas d'autre signe d'affection cérébrale. Sommeil assez calme; appétit toujours vorace; diarrhée habituelle; sueurs moins abondantes qu'autrefois. Absence de fièvre.

En présentant ce sujet, M. J. Guérin a annoncé qu'il s'occuperait d'abord du traitement général de l'affection rachitique, se réservant de combattre la difformité de la cuisse à l'époque où l'état général de la constitution le permettrait.

La méthode de traitement que M. J. Guérin emploie contre le rachitisme est une déduction directe de l'étiologie de la maladie, telle qu'il l'a établie par ses recherches cliniques et ses expériences sur les animaux. Cette méthode consiste principalement dans la suppression de l'alimentation prématurée, d'où dépend principalement la maladie et le rétablissement d'une alimentation appropriée à l'âge des enfants et à la force des organes digestifs. Ainsi, pour les très-jeunes enfants, le lait de la nourrice seulement; pour ceux d'un âge plus avancé, l'usage exclusif et gradué des potages au bouillon de veau et de bœuf, d'œufs frais, sans viandes ni légumes. Au régime alimentaire il associe l'usage des bains salés, et dans un certain nombre de cas, de boissons légèrement alcalines. C'est à l'ensemble de ces moyens que M. J. Guérin a donné le nom de régime antirachitique.

A l'aide de ce régime, appliqué avec la plus grande rigueur et poursuivi avec persévérance pendant trois mois, l'enfant avait presque entièrement recouvré la santé; le tournis avait cessé et l'embonpoint avait reparu. Mais vers la fin de juin, une pneumonie lobulaire catarrhale se développe et enlève le sujet après dix jours de maladie.

Profitant de l'occasion pour montrer sur ce cadavre les conditions anatomiques qui servent de base à sa méthode, M. J. Guérin a fait voir que dans les courbures anguleuses par cal vicieux rachitique, il existe au niveau de l'angle de la fracture un tissu fibreux spongioïde résistant, élastique, au milieu duquel sont placées les lamelles de l'ancien os, brisées ou simplement pliées directement sur elles-mêmes; il a montré ensuite que ce tissu, quand la fracture est déjà ancienne, comme dans le cas dont il s'agit (neuf mois), ce tissu qui compose principalement le cal est toujours élastique, mais trop consistant et trop peu extensible pour céder aux efforts du redressement. En conséquence, M. J. Guérin a imaginé, pour assurer l'ouverture de l'angle de la courbure et favoriser le redressement de la difformité, de recourir à la section partielle sous-cutanée de l'os, après la section préalable des muscles. Par ce moyen, la portion la plus résistante de la concavité de l'angle cède, tandis que la moitié correspondante à la convexité est conservée intacte. Cette section, pratiquée sur le fémur même du sujet de la précédente observation, a fait voir avec quelle facilité, d'une part, l'instrument tranchant l'effectue; et, d'autre part, comment elle rend facile le redressement immédiat de l'os, à moitié divisé en travers.

La commision n'a pas vu appliquer cette méthode sur le vivant; mais elle en a compris l'indication très-simple, et elle regrette que M. J. Guérin n'ait pas pu trouver l'occasion de répéter sous ses yeux les applications qu'il dit en avoir faites, et dont il a offert de montrer les résultats, notamment chez l'enfant Picard, adressé à M. J. Guérin par M. le docteur Roux, traité d'abord sans succès pour fracture du fémur dans le service chirurgical d'un des hôpitaux de Paris, et opéré par M. J. Guérin, en présence du public, dans l'amphithéâtre du même établissement.

La méthode de M. J. Guérin, pour remédier aux courbures anguleuses par cal vicieux rachitique, comprend donc quatre procédés ou moyens appropriés aux différents cas et à leurs différents éléments de résistance : 1° le redressement extemporané; 2° la section sous-cutanée des muscles raccourcis; 3° la section sous-cutanée partielle de l'os; 4° les appareils contentifs. Cette méthode, appliquée exclusivement jusqu'ici aux seuls cals vicieux rachitiques, serait encore, suivant M. J. Guérin, applicable avec succès à des cals vicieux récents, ou même déjà anciens, chez de très-jeunes enfants exempts de rachitisme, mais dont l'ossification est encore peu avancée.

X.

EXCURVATIONS TUBERCULEUSES.

On sait que l'affection tuberculeuse des vertèbres donne fréquemment lieu à une inclinaison de la colonne en avant avec saillie d'une ou de plusieurs apophyses épineuses en arrière. C'est à cette difformité que M. J. Guérin donne le nom d'*excurvation tuberculeuse*. Pour prévenir toute confusion ou malentendu, il importe de faire remarquer que M. J. Guérin ne cherche à combattre des excurvations tuberculeuses, que celles d'un certain degré et pendant le cours même de la maladie vertébrale, alors que la destruction des corps vertébraux est encore bornée, et quand les fragments de vertèbre ne sont pas encore soudés entre eux. Il considère, au contraire, comme tout à fait au-dessus des ressources de l'art les excurvations consolidées par l'ankylose. Or la méthode de traitement de M. J. Guérin repose précisément sur la prise en considération de ces deux états différents. Partant de l'idée que la terminaison favorable spontanée de l'excurvation tuberculeuse en l'ankylose est la soudure des surfaces à l'aide d'un tissu osseux de nouvelle formation, il s'est donné pour but de chercher à obtenir cette ankylose, cette soudure, dans les conditions les plus voisines possible de la rectitude normale de la colonne. Pour reproduire les expressions mêmes de M. J. Guérin : « L'excur- » vation tuberculeuse (considérée au point de vue mécanique et abstraction de la maladie), » est une sorte de fracture dont il faut chercher à obtenir la consolidation dans la direction » et les rapports les plus normaux possibles de ses fragments. » Aussi, les moyens employés par M. J. Guérin tendent-ils à ce double but : 1° combattre l'affection tuberculeuse en général et la maladie vertébrale en particulier; 2° assurer le travail de consolidation de la colonne dans la meilleure situation possible des os. On verra, par les observations qui suivent, les différentes pratiques ou procédés à l'aide desquels on arrive à ces deux résultats.

Six sujets ont été traités sous les yeux de la commission pour des excurvations tuberculeuses, c'est-à-dire pour la maladie et pour la difformité. De ces six, un est parti en province après quelques semaines de traitement; un second ne l'a pas continué. Voici les observations relatives aux quatre autres.

PREMIER CAS.

EXCURVATION TUBERCULEUSE CERVICO-DORSALE, DEUXIÈME DEGRÉ, CHEZ UNE PETITE FILLE AGÉE DE 5 ANS ET DEMI. — LÉGÈRE INCLINAISON A GAUCHE. — ANGLE D'EXCURVATION DE 50 DEGRÉS. — SAILLIE MARQUÉE DE L'APOPHYSE ÉPINEUSE DE LA SEPTIÈME CERVICALE. — ÉCARTEMENT DES APOPHYSES ÉPINEUSES SUPERPOSÉES. — MOUVEMENT D'EXTENSION IMPOSSIBLE. — LIMITATION TRÈS-PRONONCÉE DU MOUVEMENT D'INCLINAISON LATÉRALE ET DE ROTATION. — DOULEUR DANS LA RÉGION CERVICO-DORSALE, AUGMENTANT PAR LA PERCUSSION. — TOUX HABITUELLE. — GANGLIONS MAXILLAIRES DÉVELOPPÉS. — TRAITEMENT GÉNÉRAL, LOCAL ET MÉCANIQUE. — PURGATIFS SALINS RÉPÉTÉS QUOTIDIENNEMENT. — RÉGIME ANIMAL. — BAINS SALÉS. — CAUTÈRES SUPPURANTS. — MOXAS VOLANTS QUOTIDIENS. — CEINTURE A SUSPENSION VERTICALE ÉLASTIQUE DYNAMOMÉTRIQUE. — CESSATION DES SYMPTÔMES PULMONAIRES. — EMBONPOINT. — GRANDE AMÉLIORATION DES MOUVEMENTS DE FLEXION ET D'EXTENSION. — REDRESSEMENT PRESQUE COMPLET DE LA TÊTE ET DU COU.

Une petite fille, âgée de 5 ans et demi, constitution primitivement assez forte, tempérament lymphatique, est présentée à la commission le 23 mars 1845, pour une excurvation anguleuse de la région cervicale.

Cette enfant, dont la mère et un frère sont morts phthisiques, a eu vers l'âge de 2 ans le muguet et la coqueluche.

Il y a un an, une petite tumeur s'est développée à la région sus-claviculaire droite et s'est abcédée au bout de plusieurs mois. Depuis quatre mois environ, l'enfant tousse habituellement. Toutefois, la toux a considérablement diminué depuis l'application d'un emplâtre de poix de Bourgogne; quelques ganglions sous-maxillaires sont développés. Enfin, il n'y a pas plus de huit à dix jours que, sans avoir été averti par aucun signe précurseur, soit local, soit général, on s'est aperçu d'une saillie à la région cervicale. Depuis cette époque seulement, l'enfant a parfois accusé un peu de douleur dans cette région.

ÉTAT ACTUEL. — La difformité présente aujourd'hui à considérer les caractères suivants :

1° Inclinaison brusque de la colonne cervicale sur la colonne dorsale en avant, suivant un angle de 50 degrés environ.

2° Courbure à convexité tournée en arrière et à droite, comprenant toute l'étendue de la colonne cervicale. Flèche, 4 à 5 millimètres. Par suite de cette disposition, la tête se trouve portée en avant, en bas et à gauche. Le transport en avant et en bas est tel que le menton, dans sa position habituelle, n'est éloigné que de 3 à 4 centimètres du sternum. L'inclinaison à gauche est de 10 degrés environ. En outre, la tête a subi un très-léger mouvement de rotation à droite.

3° Pas d'autres courbures de balancement qu'une incurvation générale de la région dorso-lombaire. Pour parler plus rigoureusement, la région dorsale supérieure offre, au lieu de l'excurvation normale, un aplatissement marqué, et l'incurvation normale des régions dorsale inférieure et lombaire est considérablement augmentée.

De ces différentes dispositions résultent des déformations notables du cou et du tronc. Le cou est allongé et arrondi en arrière, avec soulèvement de la masse musculaire droite. L'apophyse épineuse de la septième cervicale est plus proéminente et aussi plus volumineuse que de coutume, et les apophyses des sixième, cinquième et quatrième vertèbres sont très-écartées les unes des autres. En avant le cou est très-court. Au tronc, on remarque la saillie des deux omoplates fortement dessinées sous la peau dans toute leur longueur, la cambrure considérable des lombes, la projection de la région sternale en avant, et la saillie de la région abdominale.

Rien à noter sur les muscles du cou et du tronc.

Le mouvement d'extension du cou est impossible; dans les plus grands efforts, l'angle d'inclinaison de la région cervicale ne s'ouvre que de quelques degrés. Le sujet parvient pourtant à renverser un peu la tête en arrière; mais le mouvement se passe presque entièrement dans l'articulation occipito-atloïdienne. Limitation très-prononcée des mouvements d'inclinaison latérale et de rotation.

Point de signe de paralysie commençante dans les membres; un peu de douleur parfois dans la région cervicale postérieure, augmentant un peu par la percussion pratiquée sur les côtés de l'excurvation.

Santé générale assez bonne. Pas de céphalalgie habituelle. Sommeil tranquille. Appétit un peu vorace. Digestions faciles. Ni diarrhée, ni sueurs, ni fièvre nocturne. La percussion et l'auscultation du thorax n'indiquent rien de particulier.

Traitement : — 1° Application de larges cautères sur les côtés de la saillie vertébrale; 2° aussitôt que les escarres des cautères seront tombées, on appliquera tous les jours deux petits moxas volants non suppurants (rondelles d'amadou de 2 à 3 millimètres de diamètre brûlées instantanément); 3° tous les deux jours, un bain salé gélatineux, le plus frais possible; après chaque bain, friction et massage; 4° les autres jours, le matin à jeun, un demi-verre d'eau de Sedlitz à 32 grammes, coupée avec du bouillon de veau; 5° aux repas, macéré de quinquina à froid (3 grammes de poudre de quinquina rouge par litre d'eau; faites macérer vingt-quatre heures dans de l'eau froide, filtrez au papier gris jusqu'à parfaite clarification) coupé avec un tiers de bon vin; 6° le jour, la tête sera constamment soutenue à l'aide de l'appareil à suspension élastique dynamométrique à 2 kilogrammes environ de tension; la nuit, collier en carton rembourré.

Ce système de traitement est suivi avec la plus grande ponctualité.

Pendant les trois premiers mois, la toux disparaît et reparaît à divers intervalles. Cependant, l'appétit se développe, l'enfant prend un peu d'embonpoint. Son teint se colore et ses chairs s'affermissent. Toutes les fonctions s'exécutent comme à l'état normal.

Du mois de juin au mois d'août, on cesse l'usage semi-quotidien de l'eau de Sedlitz. En place, on donne tous les jours des bains salés. Frictions au pourtour du cou avec une flanelle imbibée d'eau-de-vie de lavande ou de genièvre. Promenades modérées au grand air, séjour momentané à la campagne, on augmente d'un 1/2 kil. à peu près la tension verticale de l'appareil.

En septembre, on diminue la fréquence des bains salés : on reprend l'usage de l'eau de Sedlitz : un demi-verre deux fois par semaine. Le reste comme précédemment.

A partir de cette époque, l'empâtement du col diminue graduellement ainsi que l'engorgement des ganglions. Aucune douleur ni malaise ne se manifeste. L'enfant commence à exécuter quelques mouvements de rotation de la tête, celle-ci toujours soutenue par l'appareil.

Du mois de septembre à la fin de novembre, on continue le même traitement sans aucune espèce d'interruption. L'amélioration obtenue fait de nouveaux progrès. La toux n'a plus reparu depuis trois mois. Toutes les fonctions continuent à s'exécuter comme à l'état normal. A partir du 1er décembre, on cesse les bains salés, ainsi que l'usage de l'eau de Sedlitz. Voici l'état dans lequel la commission a trouvé cette enfant le 7 décembre 1845.

Difformité. — La flexion du cou en avant a diminué des trois quarts. La saillie, formée par la septième cervicale, est toujours un peu plus marquée qu'à l'état normal; mais la tête, quoique un peu portée en avant, est tout à fait horizontale. Les mouvements d'extension du cou, de rotation et d'inclinaison de la tête, se sont notablement accrus. Le menton, qui touchait presque le sternum, peut s'en écarter aujourd'hui de 9 centimètres. La rotation à droite et à gauche arrive aujourd'hui à la moitié de l'étendue normale.

Santé générale. — Très-bonne. Plus de toux, si ce n'est à de longs intervalles. Toutes les fonctions sont régulières. La malade a repris de l'embonpoint. On continue l'usage des moxas volants et de l'appareil à sustentation élastique.

Cette enfant a été revue une dernière fois au commencement de cette année; sa santé avait continué d'être parfaite, et le redressement du cou n'avait rien perdu en se consolidant.

Par ce premier cas, M. J. Guérin a voulu montrer tout à la fois les conditions dans lesquelles on peut tenter simultanément la guérison de la difformité et de la maladie, et les moyens à l'aide desquels on peut l'obtenir. D'une part, la difformité siégeait à l'union de la région cervicale avec la région dorsale, c'est-à-dire sur un point libre et mobile de la colonne; d'autre part, l'appareil mis en usage a eu pour but spécial de soustraire la partie malade de la colonne à l'action verticale de la pesanteur. Pendant que cet appareil maintenait la colonne dans la situation la plus favorable à la régularité de sa consolidation, on hâtait et favorisait cette dernière à l'aide de moyens propres à arrêter la maladie dans sa marche. Cette double indication, posée pour le cas qui précède, a continué à être remplie dans les cas qui suivent.

DEUXIÈME CAS.

DÉVIATION COMPOSÉE TUBERCULEUSE DE LA RÉGION DORSALE INFÉRIEURE DE L'ÉPINE (EXCURVATION ANGULEUSE ET COURBURE LATÉRALE), DATANT DE HUIT MOIS, CHEZ UN JEUNE GARÇON DE 6 ANS ET DEMI. — SAILLIE DE LA ONZIÈME VERTÈBRE DORSALE. — DÉVIATION DU TRONC A GAUCHE. — MATITÉ LÉGÈRE A GAUCHE. — MOUVEMENTS DU TRONC TRÈS-BORNÉS. — MARCHE DIFFICILE. — APPARENCE DE CLAUDICATION. — ACCÈS FÉBRILES PASSAGERS : TOUX PASSAGÈRE. — AMAIGRISSEMENT. — TRAITEMENT GÉNÉRAL ET LOCAL. — DÉCUBITUS SUR LE VENTRE. — CAUTÈRES ET MOXAS RÉPÉTÉS. — EAU DE SEDLITZ ET MACÉRÉ DE QUINQUINA. — AMÉLIORATION DE L'ÉTAT GÉNÉRAL ET DE LA DIFFORMITÉ.

Un jeune garçon, âgé de 6 ans et demi, d'une constitution débile, tempérament lymphatique, est né à Paris, de parents sains. Il a été presque toujours maladif depuis sa naissance. Dentition difficile, abcès à la tête, gourme considérable. Il y a deux ans, il a été pris d'une affection catarrhale intense, à la suite de laquelle sa santé est restée chancelante.

Il y a six à huit mois, il s'est plaint de douleurs vives dans le dos, qui ont duré plus d'un mois; après quoi il n'est plus resté qu'un peu de sensibilité au toucher; mais il y avait une grande faiblesse des reins. La marche est devenue difficile. La santé générale a continué à se détériorer. Anorexie, douleurs de tête, fièvre le soir, sommeil agité. Il n'y a que cinq ou six semaines que les parents se sont aperçus d'une saillie légère dans le dos, avec dérangement et faiblesse plus marquée dans la marche.

État actuel. — Déviation composée tuberculeuse de la région dorso-lombaire. Cette difformité consiste dans la combinaison de l'excurvation anguleuse et de la courbure latérale, d'où résulte une courbure qui n'est ni latérale ni postérieure, mais oblique dans un plan intermédiaire; elle offre donc à considérer séparément l'excurvation et la courbure latérale.

Excurvation. — Occupe la région dorsale inférieure. Elle comprend les dixième, onzième, douzième vertèbres dorsales. Cependant, la onzième dorsale forme seule une saillie assez prononcée; son apophyse épineuse paraît un peu gonflée : l'angle d'excurvation peut être évalué à 130 degrés. Au-dessus du centre de l'excurvation, la colonne est moins excurvée qu'à l'état normal; mais, au-dessous, il y a une véritable incurvation de balancement qui est plus considérable, plus courte, et occupe un point plus inférieur que l'incurvation lombaire normale.

Courbure latérale.—En même temps que la onzième dorsale fait saillie comme centre de l'excurvation, elle forme le sommet de l'angle de la courbure latérale; les fragments supérieur et inférieur forment deux courbes à grand rayon qui se rencontrent sous un angle de 110 degrés environ. La colonne décrit en outre deux courbures latérales de balancement : l'une supérieure, à convexité droite, mobile et très-prononcée, occupe la région dorsale moyenne; son sommet répond à la sixième dorsale; sa flèche est de 5 à 6 millimètres. L'autre, en sens inverse, plus courte, plus fixe et plus prononcée, occupe la région lombaire; son sommet répond à la troisième lombaire; sa flèche est de 1 centimètre.

Le tronc est en outre dévié en totalité à gauche : la flèche de la déviation, au point du plus grand écartement, est de 2 centimètres 4 millimètres; cependant, lorsque le sujet veut combattre cette attitude forcée par une attitude inverse, le tronc se dévie à droite; mais au repos et dans la station sur les deux jambes également tendues, le tronc est porté à gauche.

De cet état complexe de la colonne résulte un ensemble d'altérations consécutives du dos et de la cage thoracique. Saillie légère de la région scapulaire supérieure droite. Dépression assez marquée de la région dorsale inférieure du même côté et du flanc correspondant. A gauche, dépression et saillie en sens inverse : au niveau du sommet de la courbure latérale, saillie prononcée, circonscrite, disproportionnée, avec dépression correspondante du côté droit. En avant et sur les côtés, les parois du thorax sont un peu modifiées, moins toutefois que ne le ferait supposer le degré de la déviation. Un peu d'aplatissement latéral des deux côtés, plus prononcé à droite qu'à gauche. Verticalité du sternum plus grande qu'à l'état normal. Légère saillie des cartilages des dernières côtes à droite. Ces dispositions sont un peu variables avec la variabilité des attitudes du sujet.

Point de douleur marquée de la colonne à la pression et à la percussion. Sonorité normale à droite, au niveau de l'excurvation; un peu de matité à gauche. La résonnance thoracique est partout à peu près normale, si ce n'est en avant à gauche où elle est moindre. Point de râles ni bruits anormaux.

Les mouvements sont gênés et bornés dans tous les sens. La flexion en avant n'augmente pas l'excurvation. La flexion latérale à droite et à gauche ne s'exécute pas au centre du mouvement normal, mais résulte d'un mouvement de totalité des vertèbres lombaires seulement. Le sujet ne peut rester longtemps debout. La marche est gênée et difficile. Apparence de claudication.

La santé générale est aujourd'hui moins altérée qu'il y a deux mois. Toux rare, pas de fièvre continue, accès passagers; appétit assez bon; pas de diarrhée ni sueurs; mais de la faiblesse et de l'amaigrissement.

Traitement. — Deux cautères à la potasse sont appliqués sur les côtés de la saillie vertébrale. Tous les jours, deux petits moxas volants au pourtour de la partie malade. Décubitus sur le ventre sans interruption, suspension complète de la marche. A l'intérieur, un verre d'eau de Sedlitz tous les deux jours; pour boisson ordinaire, macéré de quinquina coupé avec du vin vieux. Régime animal.

A peine ce système de traitement avait-il été appliqué pendant six semaines, que la santé générale avait éprouvé une amélioration marquée : appétit plus développé; plus de toux; sommeil plus calme, teint plus clair. Sentiment de bien-être général et de retour à la santé. A partir du mois d'avril, bains salés, presque froids, tous les deux jours.

On continue le même système de traitement pendant tout l'été. Rien de particulier à noter, si ce n'est que la suppuration des deux cautères ayant beaucoup diminué, on en fait appliquer deux nouveaux. Rien n'est changé dans le reste du traitement.

L'amélioration fait des progrès sans aucune interruption. La saillie vertébrale a notablement diminué. On remarque surtout que le tronc est beaucoup plus dans l'axe du corps. Dès le mois d'octobre, on a grand'peine à contenir le sujet. On commence à le laisser marcher muni d'une ceinture à tuteurs. A l'aide de ce moyen de support, la colonne ne cède nullement au poids du corps. La saillie vertébrale reste la même. Dans les deux mois qui suivent, l'enfant va et vient, toujours muni de son appareil, mais comme si la maladie avait complétement disparu. Voici l'état dans lequel la commission a trouvé le sujet le 7 décembre 1845.

Difformité. — Le tronc s'est notablement redressé. La moitié supérieure de la colonne, qui s'était déjetée en dehors à gauche, est revenue dans la verticale. L'excurvation est moins saillante : elle est répartie sur plusieurs vertèbres. La courbure latérale anguleuse est restée à peu près ce qu'elle était; mais la courbure dorso-lombaire a sensiblement diminué, quoique d'autre part l'ensélure ait un peu augmenté.

Santé générale. — Beaucoup améliorée : plus de fièvre ni de faiblesse. Fonctions digestives régulières. Les mouvements, qui étaient très-gênés, sont libres. Le sujet, qui pouvait à peine se tenir debout, peut aujourd'hui courir et faire de longues marches très-facilement.

La commission a revu ce sujet une dernière fois en janvier 1848, c'est-à-dire deux ans après la cessation du traitement. La guérison n'avait fait que se consolider.

Ce second cas avait été présenté par M. J. Guérin, comme propre à mettre en évidence les caractères spécifiques de la déviation composée tuberculeuse, et à montrer l'influence favorable du siége de cette dernière sur le résultat du traitement. Ces caractères sont la direction oblique du tronc dans un plan intermédiaire au plan antéro-postérieur et latéral, l'inclinaison brusque d'une partie de la colonne sur celle qui la supporte, l'exagération de la gibbosité du côté de la convexité, qui n'est pas proportionnée à la dépression du côté concave; la réduction, sinon l'absence complète des mouvements de la colonne et le déplacement de son centre de mouvement de flexion dans un point autre que son centre de flexion normale. Quant à l'influence du siége de la difformité sur son traitement, M. J. Guérin a fait remarquer que, dans ce cas, elle n'occupait pas encore absolument le point le plus favorable au redressement : la région dorso-lombaire; mais seulement le voisinage de cette région, lequel n'est encore qu'imparfaitement accessible à l'action du décubitus sur le ventre, comme moyen de redressement et de consolidation dans la direction normale. Quoi qu'il en soit, le fait suffit déjà pour prouver qu'on peut, même dans les cas les plus difficiles, arrêter les progrès de la difformité et de la maladie, et même améliorer l'une en même temps qu'on arrête ou guérit l'autre. Les cas qui suivent montreront beaucoup mieux ce qu'il est permis d'attendre de ces vues et de cette méthode.

TROISIÈME CAS.

DÉVIATION TUBERCULEUSE COMPOSÉE DE LA COLONNE VERTÉBRALE (INCURVATION ET EXCURVATION) DE LA RÉGION DORSO-LOMBAIRE. — INCLINAISON LATÉRALE DE LA COLONNE LOMBAIRE SUR LE BASSIN. — VERTÈBRES DOULOUREUSES A LA PRESSION. — GÊNE ET RÉDUCTION NOTABLE DES MOUVEMENTS DE LA COLONNE. — MARCHE DIFFICILE. — LÉGÈRE CLAUDICATION LATÉRALE. — SYMPTÔMES DE PARAPLÉGIE COMMENÇANTE. — IDEM DE TUBERCULISATION PULMONAIRE. — ALTÉRATION GÉNÉRALE DE LA SANTÉ. — TRAITEMENT SIMULTANÉ DE LA MALADIE ET DE LA DIFFORMITÉ. — CAUTÈRES SUPPURANTS. — MOXAS VOLANTS. — DÉCUBITUS SUR LE VENTRE. PURGATIFS SEMI-QUOTIDIENS, MACÉRÉ DE QUINQUINA. — RÉGIME ANIMAL. — GUÉRISON DE LA MALADIE ET DE LA DIFFORMITÉ.

Une jeune fille âgée de 11 ans, constitution faible, tempérament lymphatique, est présentée à la commission le 9 février 1845, pour une déviation composée de l'épine (incurvation, excurvation et déviation latérale) de nature tuberculeuse.

Cette enfant a eu, l'été dernier, une maladie aiguë, caractérisée par de la toux, de la fièvre et des sueurs. Cette maladie, qui a duré plusieurs semaines, paraissait complétement terminée, sauf un peu de diarrhée par intervalles, quand, il y a trois mois environ, l'on s'est aperçu pour la première fois que la marche de l'enfant devenait comme roide et incertaine. Ses mains devenaient brûlantes chaque soir. Un mois plus tard, elle commença à accuser une douleur sourde à la partie inférieure du dos. C'est pour ces symptômes qu'elle fut amenée à la consultation de l'Hôpital des Enfants.

ÉTAT ACTUEL. — La difformité présente aujourd'hui à considérer : 1° une incurvation de la région dorsale inférieure; 2° une excurvation de la région lombaire; 3° une inclinaison de la colonne lombaire sur le bassin à gauche, et une inclinaison de la colonne dorsale sur la colonne lombaire à droite, avec courbures de balancement variables.

1° L'incurvation est tout à fait limitée à la douzième vertèbre dorsale, et consiste uniquement dans un enfoncement de cette vertèbre en avant du plan des vertèbres voisines. L'apophyse épineuse de la onzième dorsale forme un relief de 3 millimètres environ; et la première lombaire un relief de 4 à 5 millimètres en arrière de la douzième dorsale. Du reste, cette dernière a subi un déjettement latéral à gauche.

2° Dans la station, le plan postérieur de la colonne lombaire, au lieu d'offrir la concavité normale, est à peu près rectiligne. Si le sujet se penche en avant, la colonne lombaire forme au contraire une convexité prononcée, tandis que la dépression de la douzième dorsale reste la même.

3° Le plus ordinairement, dans l'attitude habituelle du sujet, la colonne lombaire est inclinée sur le sacrum, à gauche, de 7 à 8 degrés, sans présenter de courbure latérale. La colonne dorsale, inclinée sur la colonne lombaire à droite de 8 à 10 degrés, forme au contraire, dans toute sa longueur, une courbure à grand rayon, à convexité droite et de 5 millimètres de flèche. Alors, le tronc est légèrement dévié en totalité à droite de la verticale. Mais en raison de la grande mobilité de la colonne, ces dispositions ne sont pas très-fixes. Parfois, la colonne lombaire décrit une courbure latérale à convexité gauche, dont le segment supérieur se continue jusqu'à la neuvième dorsale inclusivement, et se continue d'une manière insensible avec la grande courbure dorsale; alors le tronc paraît rester dans la verticale.

A part la dépression et les saillies de la colonne, signalées plus haut, le tronc ne présente d'autre déformation qu'un peu d'effacement de la cambrure lombaire et un léger bombement général de la partie postérieure droite du thorax, avec dépression du côté gauche. Le scapulum droit est remonté : son angle inférieur est situé environ 8 millimètres plus haut que celui du côté opposé. Dans les moments où se forme la courbure lombo-dorsale à convexité gauche, les dernières côtes gauches se soulèvent en arrière, et c'est alors le flanc droit qui est légèrement déprimé.

Pas de matité anormale de chaque côté de la colonne dorso-lombaire. Les apophyses épineuses des douzième dorsale et première lombaire sont douloureuses au toucher.

Rien à noter du côté des muscles de l'épine.

Les mouvements de la colonne sont sensiblement gênés.

Dans la flexion en avant, la partie inférieure de la colonne jusqu'à la hauteur de la septième ou de la huitième dorsale ne se courbe presque pas, et le mouvement se passe presque entièrement dans la partie supérieure. Aussi, la flexion est-elle très-bornée, quand on a soin de maintenir les genoux étendus. Quant aux mouvements de flexion latérale de la colonne, ils ne sont pas sensiblement gênés.

La marche est incertaine, dandinante et accompagnée d'une légère claudication latérale à gauche. La malade ne peut marcher longtemps et, de temps à autre, elle sent *ses jambes manquer sous elle.* Sentiment de torpeur dans la cuisse droite ; fourmillements à la plante des pieds ; crampes dans les mollets.

Santé générale débile. Maigreur. Diarrhée habituelle. Chaleur aux mains le soir. Matité précordiale très-étendue, située très-bas et presque entièrement à gauche du sternum. La percussion sur cette région est douloureuse. Bruits du cœur étendus et clairs.

Au moment où le traitement allait commencer, la malade est prise d'une rougeole intense qui, après avoir mis ses jours en danger, ajoute à la gravité de l'affection tuberculeuse, et rend plus évidente encore la maladie et la difformité de la colonne. L'enfant ne peut plus se tenir sur ses jambes. Néanmoins, aussitôt que les restes de la maladie aiguë ont disparu, on commence le traitement de l'affection tuberculeuse et de la difformité de la colonne.

Cautères, moxas volants, décubitus sur le ventre, de manière à placer la partie malade et difforme de la colonne vertébrale entre deux points d'appui, dont l'un correspond au thorax, l'autre au bassin, la partie intermédiaire de la colonne restant complétement libre. A l'intérieur, un demi-verre d'eau de Sedlitz coupée avec du bouillon de veau tous les deux jours. Macéré de quinquina avec du vin pour boisson. Bonne nourriture.

Le premier effet produit par ce traitement est de rendre des forces à la malade et de rétablir la régularité des fonctions digestives. Dans le mois d'avril, l'appétit est constamment bon, un commencement d'embonpoint se manifeste, les joues se colorent. La malade ne montrant pas une extrême docilité, on est obligé de la maintenir dans son lit à l'aide d'un corset-cuirasse élastique, qui lui emboîte le dos et permet de la fixer d'une manière invariable. C'est en quelque façon, pour la colonne, un bandage inamovible.

D'avril à septembre on continue le même traitement : eau de Sedlitz tous les deux jours, macéré de quinquina pour boisson, cautères suppurants, moxas volants tous les jours, bonne nourriture, décubitus sur le ventre, bains salés deux fois par semaine ; la malade ne se met pas une seule fois sur ses jambes. L'amélioration de l'excurvation vertébrale continue et le développement des forces augmente sensiblement.

A partir du mois d'octobre, on permet à la malade de se lever tous les jours quelques heures en plusieurs fois. Le tronc est maintenu par le corset-cuirasse élastique. Cet appareil remplit deux indications spéciales, savoir : la première, qui consiste à embrasser toute la surface du tronc, de manière à éviter toute compression locale ; la seconde, à présenter à la partie excurvée de la colonne une surface élastique, isolant les vertèbres malades de la surface propre de l'appareil.

Les mois d'octobre, de novembre et de décembre, se passent sans encombre. L'embonpoint continue à s'accroître, et la rectitude de la colonne se maintient en s'harmonisant avec toutes les parties environnantes. Le 7 décembre 1845, la commission ayant désiré revoir la malade, l'a trouvée dans l'état suivant :

Difformité. — Plus de déviation latérale, plus d'apparence d'excurvation. Toutefois, en explorant les vertèbres qui étaient le siége de la difformité, on reconnaît encore une très-légère irrégularité dans leur direction et superposition, et une très-légère dépression attestant plutôt l'existence d'une difformité antérieure que d'une difformité actuelle. Un fil à plomb, appliqué sur la colonne, rencontre toutes les apophyses épineuses. Aucune d'elles ne fait de saillie appréciable à l'œil.

Maladie et symptômes généraux. — Plus de toux, ni diarrhée, ni fièvre, ni sueurs. Toutes les fonctions s'exécutent bien. La santé est devenue excellente. Plus d'apparence de paralysie. La malade marche très-bien et sans fatigue aucune depuis deux mois. Les deux cautères persistent. On continue les moxas superficiels tous les deux jours, ainsi que l'usage de la ceinture à sustentation.

La commission a revu le sujet de cette observation en janvier 1848, c'est-à-dire deux ans après son dernier examen : elle l'a retrouvé dans un état de santé parfait, et le redressement de la colonne entièrement consolidé.

M. J. Guérin avait présenté ce cas comme un des plus importants et des plus difficiles à bien diagnostiquer, et comme offrant néanmoins tous les caractères non encore précisés jusqu'ici, propres à le faire reconnaître.

Le résultat a été de tout point conforme à ce qu'avait annoncé M. J. Guérin : 1° la déviation et l'excurvation de l'épine ont disparu, et la portion de colonne en partie détruite par la maladie s'est consolidée, tout en conservant des traces indélébiles du double état pathologique auquel le traitement a porté remède ; 2° la maladie tuberculeuse, dont toute l'économie était comme infiltrée et dont les poumons et l'intestin en particulier commençaient visiblement à être atteints, a cédé à la méthode thérapeutique employée. Un aussi beau résultat a vivement intéressé la commission. Toutefois, elle aurait encore hésité à en admettre la haute signification et la portée, si le fait qui va suivre n'avait dissipé toutes ses incertitudes.

QUATRIÈME CAS.

EXCURVATION DE LA PORTION LOMBAIRE DE LA COLONNE, DE NATURE TUBERCULEUSE. — SAILLIE A PEU PRÈS ÉGALE DES TROISIÈME, QUATRIÈME ET CINQUIÈME VERTÈBRES LOMBAIRES, AVEC IRRÉGULARITÉS DE SITUATION, DE SUPERPOSITION ET D'ÉCARTEMENT DE LEURS APOPHYSES ÉPINEUSES. — DÉPLACEMENT LATÉRAL DU TRONC EN TOTALITÉ. — ENGORGEMENT ET EMPATEMENT DES PARTIES MOLLES AVOISINANT L'EXCURVATION. — MATITÉ DE LA RÉGION VERTÉBRALE MALADE, SURTOUT A GAUCHE. — GANGLIONS DE L'AINE ENGORGÉS. — MODIFICATIONS FAVORABLES DE LA DIFFORMITÉ PAR LE DÉCUBITUS SUR LE VENTRE. — LIMITATION ET GÊNE DES MOUVEMENTS VERTÉBRAUX. — AFFAIBLISSEMENT DES EXTRÉMITÉS INFÉRIEURES. — MARCHE PÉNIBLE. — ALTÉRATION DE LA SANTÉ GÉNÉRALE. — AMAIGRISSEMENT GRADUEL. — FIÈVRE ET DOULEURS NOCTURNES. — SYMPTÔMES LOCAUX DE TUBERCULISATION PULMONAIRE COMMENÇANTE. — DIARRHÉE HABITUELLE. — TRAITEMENT SIMULTANÉ DE LA MALADIE VERTÉBRALE, DE LA DIFFORMITÉ ET DE LA MALADIE TUBERCULEUSE GÉNÉRALE. — CAUTÈRES, MOXAS, DÉCUBITUS SUR LE VENTRE, IMMOBILITÉ. — PLUS TARD, MARCHE A L'AIDE D'UN APPAREIL NOUVEAU DESTINÉ A CONTENIR LA COLONNE AU MOYEN D'UNE COURROIE TRANSVERSALE ÉLASTIQUE. — PURGATIFS SALINS SEMI-QUOTIDIENS. — BOISSONS AMÈRES. — BON RÉGIME ALIMENTAIRE. — GUÉRISON DE LA DIFFORMITÉ, DE LA MALADIE VERTÉBRALE ET DE LA MALADIE TUBERCULEUSE GÉNÉRALE.

Une jeune fille, âgée de 9 ans, constitution lymphatique, est présentée à la commission, le 8 décembre 1844, pour une excurvation tuberculeuse du rachis.

Cette enfant n'avait jamais été malade, quand, il y a trois mois, sans cause occasionnelle appréciable, sans aucun symptôme morbide antérieur, tout à coup elle se plaignit d'une vive douleur à la région lombaire, et fut prise de convulsions. Les jours suivants, les parents remarquèrent qu'elle se tenait de *travers*, puis, deux mois plus tard (il y a maintenant un mois), on s'aperçut pour la première fois, d'une saillie à la partie inférieure de la colonne.

Depuis l'attaque de convulsions, l'enfant a éprouvé des douleurs dans les lombes toutes les nuits, avec fièvre et sueurs abondantes; elle a maigri et la marche est devenue pénible.

Actuellement, il existe une excurvation lombaire assez prononcée, offrant les caractères suivants:

1° EXCURVATION ÉTENDUE DE LA DERNIÈRE A LA SECONDE VERTÈBRE LOMBAIRE EXCLUSIVEMENT. — Le sujet étant debout, la longueur de l'excurvation en suivant la courbure est de 10 centimètres; la corde de 9 centimètres 5 millimètres; la flèche est de 2 à 3 millimètres. Cette excurvation n'est ni anguleuse ni précisement arrondie, mais bien formée par une saillie à peu près égale des troisième, quatrième et cinquième lombaires, qui se trouvent ainsi situées à peu près sur le même plan postérieur. La deuxième vertèbre lombaire, quoique plus saillante que la première, l'est cependant beaucoup moins que la troisième. Cette excurvation n'est pas non plus directement postérieure; mais les trois dernières vertèbres forment une légère courbure à convexité droite, de 3 à 4 millimètres de flèche, dont la corde, inclinée à gauche, forme avec la verticale élevée de la base du sacrum, un angle de 12 degrés.

2° PLUSIEURS COURBURES DE BALANCEMENT DU RESTE DE LA COLONNE. — De la deuxième lombaire à la septième cervicale, la colonne présente une légère incurvation générale. En outre, dans la même étendue, elle forme une courbure à convexité gauche et à grand rayon, dont la flèche, au niveau de la sixième dorsale, est de 1 centimètre. La colonne cervicale paraît dans la rectitude; peut-être cependant décrit-elle une légère courbure à convexité droite.

3° DÉVIATION DU TRONC EN TOTALITÉ, A GAUCHE DE LA VERTICALE. — Cette déviation est de 1 centimètre au niveau de la sixième vertèbre dorsale, formant le sommet de la courbure latérale de balancement. Le tronc est à peu près ramené dans la verticale, au niveau de la vertèbre proéminente.

4° DÉFORMATION DU TRONC. — La région lombaire est remarquable par une forme arrondie contrastant avec l'aplatissement très-prononcé de la région sacrée. De chaque côté de l'excurvation, les gouttières vertébrales sont, pour ainsi dire, comblées et effacées. Les vertèbres comprises dans l'excurvation sont extrêmement écartées les unes des autres; la distance de la deuxième apophyse épineuse lombaire à la troisième est de 1 centimètre 8 millimètres; de la troisième à la quatrième, 2 centimètres; de la quatrième à la cinquième, 2 centimètres. La dernière apophyse lombaire est elle-même éloignée de 8 millimètres du rebord de la base du sacrum. Il résulte de cette disposition que la région lombaire offre une longueur proportionnelle considérable. Ainsi, la distance de la première dorsale à la douzième étant de 15 centimètres 5 millimètres, celle de la douzième au sacrum est de 12 centimètres 2 millimètres; de plus, il existe un engorgement de toute la partie qui est le siége de l'excurvation. Les parties molles profondes donnent au toucher une sensation d'empâtement général. Les apophyses épineuses des troisième, quatrième et cinquième lombaires sont elles-mêmes très-grosses, comme boursouflées, et même, au niveau de la troisième, la peau est un peu rouge et calleuse. Enfin, sur toute la longueur de l'excurvation, matité prononcée, principalement à gauche. La percussion n'y est pas douloureuse.

Pas de déformation sensible du reste du tronc. Pas de signes sensibles d'abcès par congestion. Quelques glandes engorgées aux deux aines.

Le décubitus sur le ventre modifie quelques-uns des caractères de la difformité. Ainsi, l'excurvation diminue sensiblement; les apophyses épineuses lombaires se rapprochent, et la courbure latérale de la région dorsale disparaît entièrement.

5° FONCTIONS. — Tous les mouvements de la colonne lombaire sont sensiblement gênés et limités. Quand le sujet veut se pencher en avant, il fléchit presque aussitôt sur les genoux, et le jeu des vertèbres lombaires est presque nul. De même, dans les mouvements d'inclinaison latérale à droite ou à gauche, le mouvement se passe presque en entier dans la colonne dorsale.

Plus de signes de paralysie proprement dite des membres inférieurs; seulement, ces membres sont faibles et ne peuvent supporter longtemps le poids du corps. La marche est pénible, roide, sans claudication.

La santé générale est altérée. Amaigrissement continu. Fièvre la nuit avec sueurs et douleurs lombaires. Un peu de diarrhée. Respiration un peu bronchique sous la clavicule gauche, suivie d'un bruit d'expiration assez fort.

Traitement exactement comme dans le cas qui précède.

CONTRE LA MALADIE VERTÉBRALE. — Cautères suppurants; moxas superficiels quotidiens; frictions avec la pommade d'iodure de plomb.

CONTRE LA DIFFORMITÉ. — Décubitus sur le ventre, en plaçant sous le thorax et le pubis deux coussins élastiques, de manière à laisser la portion de colonne malade et l'abdomen comme suspendus entre les deux coussins. Immobilité aussi complète que possible. On pratique en outre tous les jours de légères pressions avec les doigts sur les apophyses épineuses saillantes, pour obtenir la réduction lente des vertèbres excurvées.

CONTRE LA MALADIE TUBERCULEUSE GÉNÉRALE. — Tous les deux jours, trois quarts de verre d'eau de Sedlitz le matin à jeun avec du bouillon de veau; pour boisson habituelle aux repas, macéré de quinquina à froid, coupé avec un tiers de bon vin; alimentation succulente animale. Le soir, tant que les douleurs vertébrales persistent et s'exaspèrent pendant la nuit, une pilule composée comme il suit :

Pr. : Extr. gomm. d'opium.	2 centigr.
Sous-carbonate de fer.	10

Ce traitement est appliqué avec le plus grand succès à partir du 24 novembre. La malade est d'ailleurs soumise à l'usage d'un corset-cuirasse, comme le sujet de l'observation précédente, dans le but de rendre immobile la colonne vertébrale.

Dès le commencement de l'année 1845, une très-sensible amélioration s'était opérée dans l'ensemble de la constitution, comme dans la partie malade de la colonne. En même temps que le teint s'éclaircit, les chairs augmentent de volume et de consistance. Cependant, vers le commencement du printemps, l'amélioration paraît devenir stationnaire. Le teint se décolore, et les exacerbations nocturnes reparaissent avec une nouvelle intensité. On se borne à reprendre l'usage des pilules, suspendu après un premier emploi fait pendant un mois. On augmente pendant huit jours la dose d'eau de Sedlitz : au lieu d'un demi ou trois quarts de verre, on donne un verre qui ne produit jamais au delà de trois ou quatre évacuations dans les vingt-quatre heures. Il est à remarquer que l'appétit ni les digestions n'en souffrent; au contraire, lorsque l'appétit paraît s'amoindrir, une dose un peu plus forte d'eau de Sedlitz le rend plus vif.

A partir du mois de mai, une amélioration plus considérable se manifeste. Plus de douleurs nocturnes, point de fièvre, plus de toux ni de diarrhée. — Deux ou trois fois par semaine, bains salés. Un changement des plus notables se fait dans l'ensemble de la constitution comme dans la partie malade de la colonne. La figure reprend tout à fait le caractère de la santé; embonpoint, fermeté et coloration des joues. Les vertèbres excurvées ont en partie repris leur situation et leur aspect normal. Les efforts de réduction tentés tous les jours réussissent même à faire disparaître immédiatement une partie de la saillie des apophyses épineuses, sans qu'il en résulte la plus petite douleur, la moindre gêne. Cependant on continue le reste de l'été à tenir la malade dans une immobilité complète, le tronc assujetti à l'aide d'un corset-cuirasse, et le décubitus sur le ventre très-rigoureusement observé. Vers le commencement d'octobre, la malade commence à marcher quelques minutes dans la journée, le tronc soutenu à l'aide du corset-cuirasse à sangle dorsale élastique. On augmente tous les jours graduellement la durée de l'exercice. Pendant la première quinzaine, on remarque encore un peu de faiblesse et d'incertitude dans la marche; mais, à partir de novembre, l'accroissement des forces et le retour de la santé dissipent toute espèce d'inquiétude. La malade exécute toutes ses fonctions comme à l'état normal.

Le 7 décembre 1845, elle est représentée à la commission, qui constate ce qui suit :

Difformité. — Plus de déviation latérale ni d'excurvation apparente à l'œil. Un fil à plomb rencontre toutes les apophyses épineuses, et aucune ne fait de saillie apparente. Les troisième et quatrième lombaires seules sont toujours un peu plus saillantes au toucher, et forment avec les parties molles environnantes une légère voussure générale. Plus de douleurs ni de sensibilité anormales à la pression. Le dos offre dans son ensemble la régularité normale.

Maladie tuberculeuse. — Plus de symptômes généraux, ni fièvre, ni douleurs, ni sueurs. Les fonctions sont régulières; embonpoint notable. Marche facile à l'aide d'un corset de sustentation. Les cautères restent appliqués. On continue l'usage des moxas volants.

La commission a revu cette enfant une dernière fois en janvier 1848. Elle l'a retrouvée dans un état de santé parfaite, et la colonne n'offrant plus que des traces imperceptibles de sa difformité. Tout traitement orthopédique avait cessé depuis plus d'une année.

Dans ce dernier cas, comme dans le précédent, le double problème de la guérison de l'excurvation et de la maladie tuberculeuse a été résolu d'une manière aussi heureuse qu'évidente. On ne saurait pas plus contester la réalité du résultat que méconnaître le caractère de la maladie. Ce cas est surtout propre à mettre en évidence la condition spéciale sans laquelle il n'y a pas d'excurvation guérissable. Cette condition est que la lésion tuberculeuse occupe un point mobile de la colonne, de manière que, par la seule position des parties (le décubitus sur le ventre, par exemple), la colonne puisse tendre à se courber en dedans, et par conséquent à se redresser.

En présence de faits aussi positifs, la commission n'a pu s'empêcher d'admettre les conclusions suivantes proposées par M. J. Guérin, lesquelles formulent aussi sûrement les faits de sa pratique antérieure que ceux dont la commission a été témoin :

1° L'excurvation tuberculeuse, considérée comme difformité, peut être arrêtée au moyen du décubitus sur le ventre, la portion de colonne excurvée formant comme un pont suspendu entre deux points d'appui, et avec le secours d'appareils contentifs et suspensifs, pendant que la maladie tuberculeuse est combattue par les moyens appropriés.

2° L'excurvation tuberculeuse qui a son siége dans la région cervico-dorsale ou dorso-lombaire est susceptible de guérison, en raison de la mobilité et de la flexibilité antéro-postérieure dont jouissent ces deux régions de la colonne.

3° Dans tous les cas, il est permis de considérer, au point de vue de la lésion mécanique, l'excurvation tuberculeuse récente comme constituant, pour la colonne, un état analogue à celui d'une fracture, dont il convient de chercher à obtenir la consolidation dans les conditions de la plus grande régularité possible, soit en prévenant par le décubitus l'augmentation de la difformité; soit en s'efforçant de la diminuer ou de la faire complétement disparaître, comme dans certains cas d'excurvations cervico-dorsales ou dorso-lombaires.

XI.

ABCÈS PAR CONGESTION.

M. J. Guérin a conservé aux abcès ainsi désignés la signification qu'ils ont habituellement dans la science. Les cas par lui traités sous les yeux de la commission, au nombre de six, sont en effet tous relatifs à des collections de pus, fournies par la destruction tuberculeuse des vertèbres (carie des auteurs). Cinq de ces abcès étaient venus aboutir à l'aine, le sixième à la région lombaire. Avant de rapporter ces six cas, rappelons en quelques mots les principes et la méthode qui sont propres à M. J. Guérin.

Convaincu que le véritable danger inhérent à l'ouverture des abcès par congestion tient à la viciation du pus par l'air, M. J. Guérin s'est surtout attaché à prévenir sûrement la communication du foyer avec l'air extérieur pendant et après l'opération, et il y est parvenu à l'aide de la ponction sous-cutanée. Quelques chirurgiens avaient déjà tendu vers le même but; mais outre que leurs procédés diffèrent notablement de celui de M. J. Guérin, aucun ne paraît avoir obtenu jusqu'ici de guérison authentique. La commission a donc examiné avec le plus grand soin les cas qui lui ont été présentés, et contrôlé avec la plus grande rigueur les résultats produits sous ses yeux. Voici l'histoire détaillée de ces cas.

PREMIER CAS.

VASTE ABCÈS PAR CONGESTION, OCCUPANT TOUT L'HYPOGASTRE, LA FOSSE ILIAQUE GAUCHE ET LA MOITIÉ SUPÉRIEURE DE LA CUISSE DU MÊME CÔTÉ, CONSÉCUTIF A UNE EXCURVATION TUBERCULEUSE DE LA COLONNE LOMBAIRE, CHEZ UN HOMME AGÉ DE 34 ANS. — QUATRE PONCTIONS SOUS-CUTANÉES DANS L'ESPACE DE QUATRE MOIS. — ABSENCE COMPLÈTE D'ACCIDENTS. — FISTULE SOUS-CUTANÉE DE 8 CENTIMÈTRES, SURVENUE CINQ MOIS APRÈS LA PREMIÈRE OPÉRATION, SANS TROUBLE AUCUN DE LA SANTÉ. — OBLITÉRATION DE LA FISTULE PENDANT SIX MOIS. — RETOUR A LA SANTÉ. — CESSATION DE TOUT TRAITEMENT. — EXCÈS DE FATIGUE ET DE TRAVAIL. — RETOUR DE LA MALADIE VERTÉBRALE ET DE L'ABCÈS. — OUVERTURE SPONTANÉE PAR UN POINT DE L'ANCIENNE FISTULE. — SYMPTÔMES DE RÉSORPTION PURULENTE. — TRAITEMENT GÉNÉRAL PAR LES PURGATIFS QUOTIDIENS, ET LOCAL PAR LA POSITION ÉLEVÉE DE L'OUVERTURE FISTULEUSE. — CESSATION DES ACCIDENTS. — RÉTABLISSEMENT ET PERSISTANCE D'UNE FISTULE SOUS-CUTANÉE PENDANT DEUX ANNÉES. — AMÉLIORATION PROGRESSIVE DE LA SANTÉ. — TRAITEMENT EMPIRIQUE. — MORT EN QUELQUES JOURS.

Ce premier cas a été soumis à la commission le 19 novembre 1843, dans le but spécial de lui faire constater les avantages des fistules sous-cutanées consécutives aux applications de la méthode.

Ce sujet, âgé de 33 ans, tempérament lymphatico-sanguin, cheveux châtain foncé, teint coloré, s'était présenté à la consultation de l'hôpital des Enfants le 14 avril 1843, pour un énorme abcès par congestion, occupant une grande partie de l'hypogastre, la fosse iliaque gauche, et s'étendant jusqu'à la partie moyenne de la cuisse du même côté. Cet abcès était dû à une excurvation tuberculeuse de la colonne lombaire.

L'affection de la colonne, que le sujet attribue aux efforts qu'il faisait fréquemment pour soulever des fardeaux et au cahot des voitures, avait débuté six ans auparavant par une douleur à la région lombaire. Cette douleur, d'abord sourde, a pris de plus en plus d'acuïté. C'est seulement quatre ans plus tard que la colonne est devenue plus saillante en arrière, au niveau du point douloureux. La douleur diminua, l'excurvation de la colonne cessa de faire des progrès; mais au printemps de 1842, une tumeur commença dans l'aine gauche. C'est vers cette époque que le malade consulta plusieurs chirurgiens, et entre autres M. Velpeau à l'hôpital de la Charité, lequel diagnostiqua une carie vertébrale avec abcès par congestion, et prescrivit d'appliquer des cautères sur les côtés de la gibbosité, et surtout de ne pas ouvrir l'abcès. Cette consultation, signée de M. Velpeau, a été mise sous les yeux de la commission. Cet abcès ne cessa d'augmenter depuis cette époque.

Lorsque le sujet se présenta à l'hôpital, l'excurvation occupant les quatre premières lombaires était peu considérable; elle n'avait guère que 7 à 8 millimètres de flèche. Les cautères établis de chaque côté suppuraient abondamment. L'abcès par congestion était énorme. Sa forme générale pouvait être comparée à celle d'un sablier, dont le collet eût correspondu au ligament de Fallope. La poche inférieure descendait jusqu'au milieu de la cuisse, dont elle occupait à peu près toute la demi-circonférence antéro-interne. Fluctuation évidente et superficielle. Le liquide ne paraît séparé de la peau que par une couche mince de tissu cellulaire. La poche supérieure s'enfonce dans l'abdomen, remonte jusqu'auprès du niveau de l'ombilic; elle paraît remplir toute la moitié gauche du grand bassin, et s'étendre jusque vers la fosse iliaque droite. La fluctuation, quoique moins superficielle que dans la poche inférieure, y est cependant très-prononcée. L'impulsion du liquide se communique d'ailleurs avec la plus grande facilité d'une poche à l'autre; cependant, en pressant sur l'inférieure, on ne la fait diminuer que d'une quantité presque inappréciable.

Pas d'affaissement ni d'engourdissement des membres inférieurs; seulement quelques douleurs lancinantes dans la cuisse gauche, tout le long de la partie antérieure jusqu'aux genoux.

Ce même jour, 14 avril, on pratique la ponction sous-cutanée de la manière suivante : un large pli étant fait à la peau de la cuisse, à 4 centimètres en dehors et en haut de la poche inférieure et ramené au niveau de cette poche, on y plonge un trocart plat, à cannelure criblée vers son extrémité et muni d'un robinet. On retire lentement le trocart jusqu'à ce qu'un tracé marqué sur sa tige avertisse que sa pointe a dépassé le niveau du robinet, et alors, fermant ce dernier, on retire entièrement le trocart. Une seringue portant une bague folle est alors montée sur la canule, et après avoir ouvert le robinet, on aspire le liquide. Quand le corps de pompe est rempli, on ferme le robinet de la canule et l'on démonte la seringue pour la vider. Après trois aspirations pratiquées de la même manière, le liquide n'arrive plus dans le corps de pompe. Pensant que la lumière de la pompe est obstruée, on essaye de la désobstruer avec un stylet, mais sans résultat aucun. Alors on la retire, en ayant soin de comprimer en la retirant l'orifice interne du trajet parcouru par l'instrument, dans la vue d'essuyer le bec de l'instrument et de s'opposer à la pénétration du pus dans le trajet. On constate alors qu'en effet les criblures et la lumière de la canule sont obstruées par la matière tuberculeuse. La piqûre cutanée est immédiatement fermée avec du diachylon, et le trajet comprimé par la main de l'assistant. Une seconde ponction pratiquée de la même manière et avec les mêmes précautions permet encore de faire deux nouvelles aspirations de liquide. A la troisième, même obstacle que précédemment. La canule est de nouveau retirée, et la plaie cutanée réunie comme la première. En tout, on a retiré environ un litre et demi de pus bien lié, crémeux, sans odeur. La poche est considérablement diminuée. Spica, compression sur les deux trajets.

L'opéré est revu le 22. Il ne s'est développé aucun accident, soit local, soit général. La piqûre supérieure s'est complétement cicatrisée; l'inférieure donne une gouttelette de pus qui ne vient pas du trajet, mais des lèvres non encore agglutinées de la petite plaie.

Depuis cette époque, trois nouvelles ponctions ont été faites : l'une le 29 avril, en dedans et en bas de la poche inférieure; l'autre le 20 mai, directement en dehors; la troisième à la fin d'août, en dehors et en bas, sans jamais développer le moindre accident inflammatoire, la moindre réaction fébrile. Bien que chaque fois on vidât à peu près complétement le foyer, la quantité du pus diminuait à chaque ponction nouvelle; il devenait aussi moins blanc, moins épais, plus séreux.

Après la seconde ponction, la cicatrice de la petite plaie pratiquée, comme on l'a dit, en dedans et en bas de la poche, à une distance de 4 centimètres environ, devint d'un rouge foncé et un peu écailleuse. On pressentit dès lors qu'une fistule s'établirait tôt ou tard en ce point, et on en favorisa l'établissement en s'abstenant de nouvelles ponctions. Ce résultat eut lieu en effet le 5 octobre, plus d'un mois après la quatrième ponction et plus de cinq mois après celle qui avait eu lieu en cet endroit. Le pus qui, les jours précédents, s'était accumulé au-dessus de ce point, probablement dans le trajet suivi par le trocart, s'ouvrit spontanément un passage. Il s'écoula une matière séro-purulente, entremêlée de flocons albumineux. Ces flocons étaient tellement abondants qu'ils formaient bouchon à l'intérieur; ils s'opposèrent pendant deux jours à l'écoulement de la majeure partie du liquide. Le 7 octobre, le bouchon se fit jour à travers la fistule, et l'abcès se vida complétement. Le malade ne se représenta que le 8 octobre, dans l'état suivant : Le gonflement de la cuisse a presque complétement disparu, la peau des environs du foyer est flasque et affaissée. Dans la région abdominale de l'aine, qui est également affaissée, la percussion rend néanmoins encore un son mat, et par des pressions ménagées sur l'hypogastre et la fosse iliaque, on fait encore affluer une certaine quantité de liquide dans le foyer crural. A chaque effort du malade, un peu de liquide s'écoule par la fistule. Celle-ci présente un trajet sous-cutané de 8 centimètres ; son orifice est plat, large de 8 millimètres. Ses lèvres agissent à la façon d'une soupape; elles s'écartent pour livrer passage au pus, puis s'opposent, en se rapprochant, à l'introduction de l'air atmosphérique. Les bords de l'orifice et la peau des environs sont rouges et tuméfiés. Le trajet sous-cutané de la fistule se présente sous la forme d'un cordon noueux, dur au toucher et sensible à la pression. Pas de signe d'inflammation dans le foyer. État général très-bon.

Les parties superficielles, rouges et tuméfiées, sont couvertes d'un morceau de taffetas anglais, gommé sur une de ses surfaces et enduit sur l'autre d'une substance imperméable, en ayant soin de laisser au centre une ouverture destinée à permettre l'écoulement du liquide. Compression légère sur le foyer et la partie inférieure de l'abdomen. Repos absolu au lit.

Dès le lendemain, 9 octobre, l'inflammation de l'orifice et des environs s'est dissipée, et le cordon sous-cutané indiquant le trajet de la fistule, a diminué de volume.

Comme le malade a ressenti et ressent encore des douleurs dans la région lombaire de l'épine, dans le point où existait l'excurvation, on prescrit deux cautères sur les côtés du point douloureux, et le décubitus sur le ventre.

Le 14 octobre, plus de traces, ni au toucher ni à la percussion, d'une collection de liquide dans les deux poches. La fistule continue à rendre un peu de sérosité trouble.

Même système de pansement. A l'intérieur, laxatifs doux, et diurétiques (calomel, digitale) fréquemment répétés. Les jours suivants, l'orifice de la fistule se retrécit de plus en plus, et la quantité de liquide qui s'en écoule diminue en proportion. Point de trace d'inflammation, de malaise ni de fièvre. Appétit excellent. Tel était l'état de ce malade quand il fut présenté à la commission, le 12 novembre 1843.

Elle a pu constater matériellement trois choses :

1° L'existence d'un reste de saillie formé par les troisième et quatrième vertèbres lombaires;

2° L'existence d'une fistule sous-cutanée fournissant du pus séreux, dont une petite quantité a été évacuée sous ses yeux, à l'aide d'une pression exercée sur le siége de l'abcès;

3° Toutes les apparences extérieures d'un état de santé général excellent.

L'état constaté par la commission avait été constamment en s'améliorant. Six mois après, la fistule était complétement fermée, et le sujet avait cessé tout traitement. Retourné dans sa famille, il faisait de longs voyages pour ses affaires; il était aussi dispos que s'il n'avait jamais éprouvé de maladie, ainsi que l'atteste une lettre mise sous les yeux de la commission et écrite par lui à son retour d'un voyage à Lyon.

Cependant, contre toute prudence et tout conseil, il se livra à des travaux pénibles dans la construction d'une maison. Il souleva des poutres, porta des fardeaux. Tout à coup, pendant qu'il aidait à porter un sommier, il éprouva de vives douleurs dans les lombes et un sentiment de craquement qui l'obligèrent à s'arrêter. Bientôt, il se reforma un vaste abcès pour lequel le sujet ne demanda aucun conseil, parce qu'il n'osa avouer ses imprudences, et parce qu'il espérait voir se résoudre le mal. Mais l'abcès se fait jour spontanément par l'ancienne fistule, qui se rouvre largement et dans un point beaucoup plus rapproché du foyer qu'auparavant. Après huit à dix jours d'un écoulement considérable de pus, le sujet tombe dans l'abattement; il perd l'appétit, il éprouve de l'insomnie et il est pris de vomissements. Ce n'est qu'après huit jours de cet état qu'il se décide à en faire part à M. J. Guérin. Il est ramené à Paris. M. le docteur Kuhn, chargé de l'accompagner, craint de le voir expirer pendant le trajet. A son arrivée, oppression extrême avec toux et persistance des vomissements : facies altéré, voix faible, décubitus forcé, fièvre continue. Le pus qui s'écoule de la fistule est fétide et couleur chocolat.

Dans cet état, qui constitue en quelque façon une nouvelle maladie, le sujet est soumis derechef à la commission, qui constate l'exactitude des détails qui précèdent, et prend connaissance du système de moyens à l'aide desquels M. J. Guérin espère conjurer les accidents immédiats et ramener l'ouverture presque directe de l'abcès aux conditions de la fistule sous-cutanée. Ces moyens sont les suivants :

Placer le malade dans une position telle que l'ouverture de l'abcès soit le point culminant de la collection; l'assujettir au repos le plus absolu : le tout dans le but de déplacer le foyer, de l'éloigner de l'ouverture extérieure, d'établir entre ce foyer et cette ouverture une colonne de liquide dont la portion la plus élevée, seule en contact avec l'air, soit incessamment évacuée comme trop plein de la collection.

A l'intérieur, tous les jours, eau de Sedlitz coupée avec du bouillon de veau, de manière à entretenir des évacuations modérées, mais incessantes. Soutenir le malade dans l'intervalle à l'aide de bouillons de bœuf, de macéré de quinquina à froid, coupé avec un quart de vin rouge vieux.

Du 1er au 8 juillet, ce traitement, surveillé et suivi de la manière la plus rigoureuse, amène la disparition des accidents aigus. Plus de vomissements, plus de toux ni d'oppression; l'appétit se rétablit; le pus a changé de couleur et de consistance : il est jaune et lié, il est aussi moins abondant; le pouls est resté un peu vif. On continue pendant tout le mois de juillet à surveiller le malade jour et nuit, afin qu'il ne change pas la position élevée de la cuisse et ne se livre à aucun mouvement capable de produire une évacuation considérable du pus et la pénétration de l'air dans le foyer.

Dès le 1er août, en même temps que tous les symptômes alarmants avaient disparu complétement, l'orifice de la fistule était réduit au diamètre d'une petite plume et le foyer placé profondément et reculé de 3 à 4 centimètres.

Jusqu'à la fin de septembre, aucune circonstance digne de remarque. L'amélioration a continué. Le sujet a gardé le lit sans déroger au système d'attitudes et de repos prescrit. A partir du 1er octobre, il recommence à marcher. Dans la crainte que le mouvement et la position élevée de la fistule ne rapprochent le foyer et ne donnent lieu à un écoulement trop considérable, et par suite à la pénétration de l'air, on applique une légère compression à l'aide de rondelles en agaric, percées à leur centre et collées au-dessus et autour de l'orifice de la fistule, de manière à ne laisser passer et sortir que le trop-plein du pus, et celui-ci en petite quantité.

Ce système de pansement permet au sujet de prendre quelque exercice dans l'appartement. Malgré les plus grandes précautions cependant, il arrive que le pus change de temps en temps de consistance et de nature. Trois fois, du 1er octobre à la fin de novembre, le sujet a été obligé pour cette cause de reprendre le lit et la position voulue, en même temps qu'on insiste sur l'usage de l'eau de Sedlitz à doses modérées. Chaque fois le pus reprend sa bonne consistance et l'état général s'améliore d'une manière sensible.

A la fin de novembre, la famille du malade s'impatientant de son absence, le rappelle. Malgré les conseils les plus insistants, il quitte Paris le 4 décembre, dans un état très-satisfaisant, mais non sans qu'on lui fasse connaître le danger toujours imminent de sa position.

Rentré chez lui, il continua pendant plusieurs mois à observer avec intelligence et patience le système de traitement qui lui avait été prescrit. Il écrivit à plusieurs reprises des lettres satisfaisantes et fut visité par M. J. Guérin jusqu'à la fin de l'été de 1845. A cette époque sa famille, plus encore que le sujet, impatiente d'une guérison qui n'arrivait pas assez tôt, s'adressa à un médicastre qui promit la guérison en six semaines. On transporta le malade à Paris à l'insu de M. J. Guérin, et ce n'est que quelques mois plus tard qu'il apprit qu'il avait succombé dans la première quinzaine du nouveau traitement employé, sans avoir obtenu aucun renseignement précis ni sur le genre de moyens mis en œuvre ni sur les derniers accidents qui ont amené la mort.

Ce premier cas, dont la commission n'a pu constater par elle-même ni le commencement ni la fin, lui a paru néanmoins renfermer quelques éléments précieux de conviction qui, à l'aide d'autres faits plus complétement observés, lui ont permis d'admettre les opinions de M. J. Guérin sur l'efficacité et l'innocuité des fistules sous-cutanées dans le traitement des abcès par congestion, et de rendre justice au système de pansement ingénieux à l'aide duquel ce chirurgien combat les inconvénients d'une ouverture spontanée trop directe, et ramène celle-ci à des conditions plus ou moins analogues aux ouvertures des fistules sous-cutanées.

Le cas suivant offre à la fois la confirmation des présomptions suggérées par le fait précédent, et ouvre la série des succès incontestablement dus à la méthode.

DEUXIÈME CAS.

ABCÈS PAR CONGESTION CARACTÉRISÉ A LA CUISSE GAUCHE, SUITE D'UNE EXCURVATION TUBERCULEUSE DES PLUS CONSIDÉRABLES DE LA RÉGION DORSO-LOMBAIRE CHEZ UNE PETITE FILLE AGÉE DE 8 ANS.—DESTRUCTION PARTIELLE DE HUIT OU NEUF VERTÈBRES.—TENSION EXTRÊME ET IMMINENCE D'EXFOLIATION DE LA PEAU. —SYMPTÔMES DE TUBERCULISATION GÉNÉRALE. — AFFAIBLISSEMENT DE TOUTE L'ÉCONOMIE. — FIÈVRE HECTIQUE. — MARASME. — CAUTÈRES. — MOXAS VOLANTS. — PURGATIFS SALINS SEMI-QUOTIDIENS. — AMERS. — TROIS PONCTIONS A UN MOIS D'INTERVALLE. — FISTULE SOUS-CUTANÉE CONSÉCUTIVE, AUCUN ACCIDENT RÉSULTANT DES OPÉRATIONS. — RÉTABLISSEMENT PERSISTANT DE LA SANTÉ APRÈS DEUX ANNÉES DE TRAITEMENT.

Une jeune fille, âgée de 8 ans, est présentée à la commission le 17 décembre 1843. Constitution scrofuleuse; elle porte à la partie antérieure, supérieure et interne de la cuisse gauche une tumeur considérable, fluctuante, formée par un abcès consécutif à une excurvation anguleuse très-prononcée de la région dorso-lombaire de la colonne.

Les parents sont sains et bien constitués. Il ont eu quinze enfants, dont quatre seulement sont vivants. Sur ceux qui sont morts, un seul a succombé à l'affection tuberculeuse.

Cette enfant a été bien portante jusqu'à l'âge de 5 ans et demi. A cette époque, elle a eu une coqueluche, à la suite de laquelle est survenue de l'oppresssion, avec tuméfaction du ventre. Cette oppression, devenue habituelle, a toujours été en augmentant. Il s'est déclaré ensuite des douleurs vagues, d'abord dans la région lombaire, puis dans la région dorsale, et enfin deux petites saillies distantes de 4 centimètres environ, formées par les apophyses épineuses de la dixième vertèbre dorsale et de la première lombaire. Chacune de ces saillies était bornée à une seule vertèbre.

Dès cette époque l'enfant a éprouvé des douleurs sourdes, des fourmillements dans les membres inférieurs, suivis bientôt d'une paralysie incomplète bornée aux mouvements et plus prononcée dans le membre gauche. Il y a eu en outre de légers mouvements fébriles revenant à des périodes irrégulières, particulièrement le soir. Diarrhée habituelle, mais peu abondante. Sueurs copieuses. Dyspnée habituelle, mais sans toux. Cependant l'excurvation de l'épine est restée stationnaire pendant près de deux ans. Ce n'est que vers la fin d'août 1843 qu'elle prit tout à coup un accroissement considérable, et parvint en quelques semaines au degré où elle existe aujourd'hui. C'est aussi à la même époque que l'on constata pour la première fois l'apparition de l'abcès, lequel s'est manifesté par une petite tumeur située à 6 centimètres environ au-dessous du pli de l'aine. Il n'y a eu qu'un accroissement très-modéré de la tumeur pendant les deux premiers mois; puis elle s'est développée très-rapidement, et a acquis en moins d'un mois le volume qu'elle offre aujourd'hui. L'enfant n'a jamais accusé de douleur dans la tumeur même; seulement elle se plaignait dans les premiers temps d'une douleur au niveau de l'aine. Aujourd'hui cette douleur est réduite à une simple démangeaison.

État actuel. — Abcès situé à la partie supérieure et antérieure interne de la cuisse gauche, ayant le volume d'une tête de fœtus à terme, de forme ovoïde, étendu de haut en bas, depuis une ligne distante de 4 centimètres du pli inguinal jusque vers l'union du tiers moyen avec le tiers inférieur de la cuisse. Son volume peut être apprécié par les mesures suivantes :

Circonférence de la cuisse gauche au niveau de l'abcès.	38c	»15mm.
Id. de la cuisse droite à la même hauteur.	28	»
Diamètre longitudinal du foyer crural.	11	»
Id. transversal.	10	»

Cette tumeur présente dans toute son étendue une fluctuation manifeste, rendue néanmoins un peu obscure par la tension considérable de la peau. On ne sent dans son pourtour ni engorgement ni induration des tissus, si ce n'est à sa partie supérieure, où l'on trouve quelques ganglions engorgés.

La peau, qui avait jusque-là conservé sa couleur naturelle, est devenue d'un rouge obscur depuis quelques jours; mais cette coloration n'est pas permanante. Les veines sous-cutanées sont légèrement développées. La température du foyer est égale à celle des parties voisines; l'enfant n'éprouve de douleurs ni spontanément ni au toucher.

En exerçant une pression graduée et continue sur la tumeur, on fait diminuer sensiblement son volume; et si, pendant qu'on exerce cette pression, on applique en même temps la main sur la fosse iliaque interne correspondante, on perçoit la sensation d'un flot de liquide qui reflue dans l'abdomen, et alors la résistance de la tumeur diminue et la peau reprend en grande partie sa coloration et sa souplesse normales.

La colonne vertébrale est aujourd'hui le siége d'une excurvation anguleuse très-prononcée, comprenant huit ou neuf vertèbres, étendue de la cinquième ou sixième dorsale à la deuxième lombaire. Le sommet de l'excurvation correspond aux dixième et onzième dorsales. Les apophyses épineuses des vertèbres excurvées forment une saillie considérable au-dessus du niveau des autres vertèbres.

L'angle de l'excurvation est de	115 à	120°
La corde est de	13c	»mm.
Sa flèche de	3	7

Cette excurvation est accompagnée d'incurvation de balancement des vertèbres situées au-dessus et au-dessous, manifestée par un accroissement de la cambrure normale des lombes et par un aplatissement et même une légère concavité de la région dorsale supérieure. En outre, il existe une double inclinaison latérale alterne de la colonne au niveau de l'excurvation. La deuxième lombaire et quelques vertèbres situées au-dessus s'inclinent à droite d'une somme de 10 degrés environ, et au-dessus de la dixième dorsale la colonne s'incline quelque peu à gauche (5 degrés environ). Ces mesures sont prises l'enfant étant couchée sur le ventre. Quand elle est debout, les angles d'inclinaison latérale augmentent un peu. L'angle inférieur d'inclinaison est alors de 10 degrés et le supérieur de 7 degrés. L'angle d'excurvation ne subit point de modifications appréciables dans les deux attitudes.

Il résulte de cette difformité un raccourcissement considérable du tronc et une déformation sensible du thorax. Le tronc est comme affaissé sur lui-même. Le thorax, raccourci dans le sens longitudinal, offre un très-grand développement d'avant en arrière. La région dorsale présente un plan incliné en avant, formant avec l'horizon un angle de 20 degrés environ. Les parois latérales du thorax sont inégales; la droite est déprimée, un peu concave; la gauche est convexe et saillante. En avant, l'axe vertical de la poitrine est légèrement incliné à droite; la base du thorax est projetée en avant. On remarque un peu au-dessous du rebord costal une dépression transversale à peu près égale des deux côtés.

L'examen de la poitrine révélait au début, comme à présent, les signes suivants : à la percussion, sonorité normale et égale dans tous les points de la poitrine, excepté dans la région postéro-inférieure et particulièrement aux environs de la gibbosité. A l'ausculation, l'on entend le bruit d'expansion vésiculaire dans toute l'étendue de la poitrine; mais ce bruit est faible et s'accompagne d'un léger craquement dans la partie supérieure de la poitrine, au sommet des poumons, en avant et en arrière. Le nombre des inspirations est de trente-six à quarante par minute.

Les battements du cœur sont réguliers et ne s'accompagnent d'aucun bruit anormal. La situation et le volume du cœur ne paraissent pas sensiblement modifiés. Pouls dépressible, peu marqué, cent vingt pulsations par minute, mais variable.

La peau offre quelques caractères qui indiquent une participation à l'affection tuberculeuse générale dont ce sujet paraît atteint. On remarque dans plusieurs régions, et notamment à la partie externe de la cuisse droite et dans la région dorsale, à droite du siége de l'excurvation, des petits tubercules sous-cutanés du volume d'une lentille, dont quelques-uns ont suppuré.

A part le gonflement résultant de l'abcès, les membres sont d'un volume égal et de la même consistance; cependant il y a un gonflement autour de l'articulation tibio-tarsienne gauche, avec douleur sourde dans le calcanéum. Le développement de la tumeur a effacé le sillon fessier. La marche s'exécute très-difficilement; l'enfant se tient de côté, penchée à droite et en avant, les deux mains appuyées sur les genoux.

Les symptômes généraux sont les suivants : amaigrissement lent et graduel dans l'origine; l'enfant a un peu repris depuis l'apparition de l'abcès; état habituel de tristesse, caractère aigri, légers mouvements fébriles, dévoiement passager, dyspnée comme autrefois, sueurs beaucoup moins copieuses; point de toux; le sommeil est assez bon.

En raison de la tension et de l'exfoliation imminentes de la peau, on pratique, séance tenante, la ponction sous-cutanée de l'abcès. L'opération est faite à la partie supérieure et externe de la cuisse. En trois aspirations de la seringue, on retire environ un demi-litre de pus inodore, d'assez bonne qualité. Pansement comme de coutume.

Un peu de fièvre et de céphalalgie le soir, mais ne dépassant guère en intensité les mouvements fébriles habituels; le lendemain, le calme est rétabli : l'enfant se trouve même mieux qu'avant l'opération. L'appétit est bon. La tumeur de la cuisse est restée affaissée comme la veille après l'opération. On ne sent plus à la place du liquide qu'un empâtement général. La peau est flétrie et ridée en quelques points : elle a repris sa couleur et sa température normales. La plaie de la ponction est réunie.

Le troisième jour de l'opération, plusieurs membres de la commission constatent qu'il n'est survenu aucun accident, que l'état de l'enfant s'est généralement amélioré. La commission entière s'assure des mêmes résultats le 31 décembre; seulement, on constate une légère reproduction de l'abcès; mais la peau a conservé ses caractères normaux, et il n'existe aucune apparence d'inflammation.

Les jours suivants, légère ophthalmie scrofuleuse qui passe successivement de l'œil gauche à l'œil droit, et qui présente des alternatives d'amélioration et de recrudescence, sans acquérir cependant une notable intensité.

A partir du 6 janvier, le volume de l'abcès augmente sensiblement. La fluctuation y est devenue très-appréciable. Le 10, la peau est de nouveau distendue et enflammée; elle est recouverte par places d'écailles furfuracées. L'état général reste le même.

Le 14 janvier, une seconde ponction est pratiquée sous les yeux de la commission, à quelque distance de la première. On retire en une aspiration environ 120 grammes d'un pus plus liquide et moins homogène que la fois précédente. Quelques grumeaux de matière tuberculeuse obstruent le crible de la canule. Cependant on est parvenu à vider complétement le foyer. Diachylon gommé sur la plaie. Compression sur le trajet du canal sous-cutané parcouru par le trocart et sur le siége du foyer.

Les jours suivants, nulle apparence de réaction. La plaie est cicatrisée le troisième jour. La peau, qui était enflammée et même d'un rouge violet dans plusieurs points, a encore une fois repris sa coloration et sa consistance normales.

A la fin de janvier, il n'y a pas encore d'apparence d'un nouveau dépôt; au contraire, la peau a repris de la consistance. Une notable amélioration s'est opérée dans l'état général de l'enfant. Toutes les fonctions s'exécutent librement; l'appétit s'est développé; un commencement d'embonpoint se manifeste, aux joues surtout.

Rien de nouveau jusqu'au 20 février; mais les jours suivants l'abcès se reforme d'une manière beaucoup plus rapide que d'ordinaire. Une troisième ponction devient indispensable : elle est pratiquée le 27 février. On remarque que la quantité de pus qui avait suffi pour distendre la peau d'une manière très-sensible n'atteint pas 80 grammes : un tiers de moins que la seconde fois, et la dixième partie de la première. Plus floconneux, parsemé de stries sanguinolentes.

Du 1er au 15 mars, l'amélioration générale continue, et nul accident n'est arrivé du côté de l'abcès. Cependant, à partir de cette époque, deux des cicatrices des plaies des ponctions paraissent vouloir s'abcéder; elles sont rouges et turgescentes. Un peu de pus s'est de nouveau accumulé dans le foyer, mais en quantité insuffisante pour distendre la peau. On prévoit néanmoins que la tuméfaction des cicatrices, provoquée sans doute par la présence de quelques gouttelettes de pus ou de matière tuberculeuse échappées de la canule pendant qu'on la retirait, aura pour résultat la formation de fistules sous-cutanées, correspondantes au trajet des deux premières ponctions. Loin de s'opposer à l'établissement de ces fistules, on les favorisera, en s'abstenant ultérieurement de toute ponction.

L'état général continue à être fort satisfaisant. Plus de fièvre, appétit bon, digestion facile, garde-robes régulières et naturelles. Toutefois, l'enfant ne pouvant supporter aucun appareil ni rester couchée sur le ventre, l'excurvation augmente sensiblement.

Le 1er avril, une fistule occupant le trajet de la première ponction s'est ouverte depuis deux jours; il s'en est écoulé spontanément une assez grande quantité de pus. Le foyer s'est vidé à moitié. La malade a éprouvé du malaise, de la fièvre, de l'inappétence; le foyer est le siége d'un empâtement; la peau est rouge et sensible. — Diète. Application d'huile camphrée : point de compression. La malade est maintenue, autant que possible, dans une situation propre à placer l'ouverture fistuleuse dans le point culminant.

Les jours suivants, la fièvre cesse; mais la faiblesse et l'inappétence continuent; diarrhée par intervalles. On prescrit tous les deux jours un demi-verre d'eau de Sedlitz le matin. Pour boisson aux repas, macéré de quinquina filtré avec le plus grand soin et coupé avec un tiers de bon vin. Après trois prises d'eau de Sedlitz, la diarrhée a complétement cessé et l'appétit est revenu.

Les mois de mai et juin se passent sans changements notables, si ce n'est que l'état général et local de la malade ont continué sans interruption à s'améliorer. Elle a repris même assez de force pour pouvoir se tenir debout et marcher, ce qu'elle n'avait pu faire depuis plusieurs mois. On continue le même traitement et le même régime. (Cautères suppurants, moxas superficiels semi-quotidiens; de temps en temps un demi-verre d'eau de Sedlitz, bonne nourriture et quinquina.) Dès le mois de juillet, on ajoute à ces moyens des bains salés gélatineux presque froids, mais très-courts.

Le 28 juillet, la malade est représentée à la commission, qui constate la persistance des améliorations obtenues.

La suite de l'été se passe de la même manière : point d'accident d'aucune espèce. De temps en temps la fistule paraît vouloir se boucher; l'écoulement du pus est réduit à une très-petite quanté de sérosité purulente; mais après cinq ou six jours de cet état, le pus recommence à couler en nature.

A la fin de septembre, la cicatrice de la dernière ponction s'ouvre et donne issue à plusieurs grumeaux de matière tuberculeuse. Une seconde fistule s'établit ainsi au côté interne de la cuisse, la première située au côté externe. Toutes deux continuent à couler simultanément ou alternativement. Pendant les premières semaines qui suivent l'établissement de cette seconde fistule, l'état général de la maladie présente quelques alternatives de moins bien, qui semblent coïncider avec l'écoulement d'une quantité plus notable de pus. Alors les bords de la fistule même se gonflent, et l'orifice reste béant. Embrocations avec huile camphrée, et lorsque la turgescence paraît devoir prendre un caractère inflammatoire, légers cataplasmes avec la farine de lin et l'eau de quinquina.

A partir de la fin d'octobre, la suppuration se régularise et diminue notablement. Les deux orifices fistuleux sont réduits à deux pertuis qui laissent suinter à peine quelques gouttelettes de sérosité. L'enfant se fortifie de plus en plus et n'éprouve de malaise qu'à de très-longs intervalles. Le mois de novembre se passe dans cet état satisfaisant. La famille devant quitter Paris pour aller s'établir au Havre, la commission constate pour la dernière fois, le 24 novembre, l'état de la malade avant son départ, et reconnaît « qu'elle est sans fièvre, sans diarrhée, » sans sueurs; qu'elle a bon appétit, digère bien, dort bien et prend manifestement de l'embonpoint. »

Depuis cette époque, l'enfant a pris des bains de mer qui lui ont causé un bien extrême, et sa santé s'est consolidée de plus en plus.

Ce second cas, comme le précédent, atteste : 1° l'innocuité des ponctions sous-cutanées; 2° leur évidente utilité pour prévenir la communication du foyer avec l'air; 3° l'heureuse substitution des fistules sous-cutanées aux fistules directes; 4° finalement, ils montrent que l'ensemble de la méthode est capable de neutraliser la complication si grave qui résulte de l'abcès par congestion dans les affections tuberculeuses des vertèbres, en permettant aux efforts réparateurs de la nature, secondés par les remèdes appropriés à la maladie, d'opérer plus sûrement la guérison de cette dernière.

TROISIÈME CAS.

VASTE ABCÈS PAR CONGESTION A LA CUISSE DROITE, CONSÉCUTIF A UNE EXCURVATION TUBERCULEUSE DORSO-LOMBAIRE, CHEZ UNE PETITE FILLE AGÉE DE 9 ANS. — PARAPLÉGIE COMPLÈTE. — DIMINUTION DE LA SENSIBILITÉ. — TOIS PONCTIONS SOUS-CUTANÉES : ABSENCE DE TOUT ACCIDENT. — FISTULES SOUS-CUTANÉES CONSÉCUTIVES. — INFLAMMATION ULCÉRATIVE DE LA PEAU CAUSÉE PAR DES SÉQUESTRES. — OUVERTURE SPONTANÉE DIRECTE, SORTIE DE PLUSIEURS SÉQUESTRES DE VERTÈBRES, COMMUNICATION PERMANENTE AVEC L'AIR EXTÉRIEUR. — VICIATION DU PUS, RÉSORPTION. — MORT.

Une petite fille, âgée de 9 ans, est présentée à la commission le 25 février 1845, pour un abcès par congestion à la cuisse droite, consécutif à une excurvation tuberculeuse dorso-lombaire très-considérable. Elle est affectée en outre de paralysie des deux membres abdominaux, avec atrophie du membre gauche.

Cette enfant, au dire de ses parents, avait été très-bien portante jusqu'à l'âge de 3 ans. A cette époque, sans cause appréciable, elle fut prise de quelques accidents morbides généraux, tels qu'abattement, fièvre, diarrhée et trouble dans les digestions. On reconnut en même temps l'existence d'une petite saillie anguleuse vers le milieu du dos. Cette saillie s'accrut rapidement. L'embonpoint et les forces diminuèrent au point que bientôt l'enfant cessa de pouvoir marcher. La difformité se serait accrue avec une telle rapidité, au dire des parents, qu'en moins de six mois elle aurait à peu près atteint le degré qu'elle présente aujourd'hui. Quoi qu'il en soit, pendant cette période, l'enfant est restée couchée, ne pouvant faire presque aucun usage de ses membres, n'éprouvant d'ailleurs aucune douleur. Deux cautères avaient été appliqués dès le début sur les côtés de la colonne vertébrale. Ils ont été entretenus pendant cinq à six mois. Au bout de ce temps, la difformité n'avait point fait de progrès sensibles. Les membres ont peu à peu repris leurs forces, au point que l'enfant marchait assez bien et ne paraissait nullement souffrante, lorsqu'au commencement du mois de janvier dernier, elle a été prise de nouveau d'impotence complète des membres inférieurs.

Voici l'état où elle se trouve actuellement : constitution altérée, mais présentant encore des traces d'une constitution primitive assez bonne. Tempérament lymphatico-sanguin, face large, colorée, avec apparence d'embonpoint qui contraste avec l'état d'émaciation des membres.

Le tronc présente une déformation considérable : il est court, ramassé, affaissé sur lui-même, rétréci transversalement, considérablement élargi dans le sens antéro-postérieur. Cette disposition dépend d'une forte excurvation du rachis, de forme anguleuse, regardant directement en arrière ; elle comprend onze ou douze vertèbres environ ; elle s'étend de la sixième ou septième dorsale à la quatrème lombaire ; son sommet répond à l'apophyse épineuse de la dixième ou onzième vertèbre dorsale. Cette saillie peut être évaluée à 10 centimètres.

Au-dessus et au-dessous de l'excurvation existe une double incurvation de balancement ; la première comprenait toute la régio dorso-cervicale ; la seconde, appréciable à peine, et n'ayant que l'étendue d'une à deux vertèbres au plus, immédiatement au-dessus du sacrum.

Cette difformité est compliquée d'un vaste abcès à la cuisse droite. Il a été impossible de savoir au juste de quelle époque date l'apparition de cet abcès. Les parents ne s'en étaient pas aperçus, et l'enfant elle-même, n'en ayant été avertie par aucune douleur, en ignorait entièrement l'existence. Cet abcès a environ le volume du poing d'un homme adulte ; il occupe la région supérieure et interne de la cuisse, étendu depuis l'arcade crurale jusqu'un peu au-dessus de la partie moyenne de la cuisse. Transversalement, il s'étend depuis l'union du tiers moyen avec le tiers externe environ de la face antérieure de la cuisse, où il est limité par le bord interne du muscle couturier jusqu'au bord interne et postérieur de la cuisse, et même jusqu'au voisinage de la fesse. Il circonscrit ainsi à peu près toute la demi-circonférence interne de la cuisse. Son volume peut être apprécié par les mesures suivantes :

Circonférence de la cuisse droite à la racine du membre.	à droite. . .	34c	» mm.
Id.	à gauche. . .	21	8
Immédiatement au-dessus du genou.	à droite. . .	20	»
Id.	à gauche. . .	18	»
Id. au milieu de la cuisse.	à droite. . .	24	80
Id.	à gauche. . .	20	8

Le membre droit est plus fort que le gauche. Cette différence de volume paraît avoir été proportionnellement toujours la même. On n'a pas de renseignements bien exacts sur cette différence de volume.

La tumeur est médiocrement tendue, un peu molle, se laissant déprimer assez facilement. Elle présente dans toute son étendue une fluctuation manifeste. On ne sent ni engorgement ni induration dans son pourtour. La peau offre un aspect normal. Sa coloration et sa température sont les mêmes que dans les autres régions du corps. La seule particularité qu'on y remarque, c'est un développement notable des veines sous-cutanées, un peu au-dessus de l'arcade crurale. La tumeur est parfaitement indolore. La pression exercée d'avant en arrière et de bas en haut la fait disparaître en grande partie. En même temps la région inguinale est sensiblement soulevée par le flot de liquide, que l'on sent très-distinctement fluctuer alternativement de la fosse iliaque à la cuisse, en maintenant les mains appliquées sur ces deux régions et pressant alternativement sur l'une et sur l'autre.

Si l'on percute comparativement les deux fosses iliaques, on perçoit une sonorité sensiblement différente des deux côtés : à gauche, elle est tout à fait claire, tandis qu'elle est un peu obscure et mate à droite, dans l'étendue de 2 centimètres au-dessus de l'arcade crurale. Cette matité devient beaucoup plus sensible, lorsque la main appliquée sur la tumeur fait refluer le liquide dans l'abdomen.

Cette enfant est, en outre, affectée d'une paralysie à peu près complète des membres inférieurs. Elle ne peut ni les soulever ni les fléchir. La marche et la sustentation sont tout à fait impossibles. La sensibilité de la peau est diminuée, mais non tout à fait anéantie. L'enfant y sent les chatouillements, mais beaucoup moins qu'aux membres supérieurs ou à toute autre partie du corps. Lorsqu'on la pince un peu fortement, elle fait un léger mouvement de retrait. Les deux membres sont amaigris, émaciés ; le gauche est beaucoup plus atrophié que le droit, ainsi que l'indiquent les mesures données précédemment. La peau conserve sa température normale, mais elle est sèche, rugueuse, et recouverte, dans un grand nombre de points, d'écailles furfuracées. Enfin, les deux pieds sont œdématiés et maintenus à peu près au même degré d'extension permanente, par la contracture des muscles des mollets.

L'état général n'offre rien de particulier. L'enfant n'a point actuellement de fièvre; l'appétit est bon; les digestions se font assez bien et les selles sont régulières. Point de diarrhée, ni constipation, ni sueurs; elle tousse quelquefois. La respiration s'exécute assez librement. La poitrine résonne également bien, excepté au niveau de la gibbosité.

La malade est opérée le même jour sous les yeux de la commission. Ponction sous-cutanée à la partie antéro-externe de la cuisse avec les précautions ordinaires. On adapte, pour la première fois, à la pompe aspirante un tube de décharge à robinet, qui permet de la vider sans avoir besoin de la dévisser quand elle est remplie. Le résultat de l'opération est entièrement conforme au but qu'on s'est proposé. On a extrait environ 200 grammes d'un pus homogène, mais chargé de petits grumeaux tuberculeux. Quelques-uns de ces grumeaux ont momentanément obstrué le crible de la canule. Pansement comme à l'ordinaire.

Le lendemain et jours suivants, aucune apparence d'accident. La malade est comme si elle n'avait pas été opérée; mais le foyer se remplit rapidement. Dès le dixième jour, il était aussi volumineux qu'avant la première ponction, et menaçait de se faire jour par une ouverture directe.

Une nouvelle ponction est faite du côté interne de l'abcès. L'extrémité de la canule se bouche cette fois entièrement avant l'évacuation complète du foyer. Des flocons de matière tuberculeuse, infiltrés dans les petites ouvertures latérales de cette dernière, en augmentent le diamètre et le volume, de sorte qu'en la retirant, le pus restant de l'abcès se précipite dans le trajet et s'écoule par l'ouverture. L'évacuation du foyer ayant été ainsi à peu près complétée, on recouvre l'ouverture extérieure d'un morceau de diachylon gommé, sans exercer de compression sur le trajet.

Le lendemain, l'appareil est imprégné de pus et un écoulement se fait constamment par l'ouverture de la ponction, restée béante. Le foyer devient le siége d'une vive inflammation. La réaction locale est accompagnée de symptômes généraux qui annoncent un commencement de résorption, tels que toux, oppression, et même un peu de cyanose; en outre, dévoiement abondant. Cependant, la fièvre reste peu développée. On cesse toute compression. Cataplasmes, embrocations avec l'huile camphrée, bouillon.

Dès le surlendemain, amendement notable des symptômes généraux. L'inflammation du foyer se dissipe et reste bornée au pourtour de l'orifice de la fistule sous-cutanée. Peu à peu cette inflammation se résout et la fistule prend tous les caractères d'une fistule parfaitement organisée.

Les mois de mars, avril, mai et juin se passent sans offrir aucune particularité remarquable. L'écoulement du pus durant cette période, se fait régulièrement et d'une manière continue par l'orifice de la fistule. Nuls symptômes d'inflammation du foyer ni de viciation du pus par l'air. La constitution du sujet s'était même sensiblement améliorée ; mais vers le commencement du mois de juillet, un point de la peau formant la paroi antérieure du foyer devint le siége d'une exfoliation inflammatoire, provoquée par la présence de quelques débris de vertèbres. Cette exfoliation donne lieu à deux petites ouvertures placées très-près l'une de l'autre. Dès ce moment, l'écoulement du pus continue, principalement par ces deux ouvertures directes. Quelque précaution qu'on prenne, l'air pénètre dans le foyer, vicie le pus, et la malade présente à plusieurs reprises des symptômes d'infection purulente. Toux, oppression, inappétence, vomissements, diarrhée. La commission prend connaissance dès le 11 août 1844, de cet état de la malade et de la cause spéciale des ouvertures directes de l'abcès.

M. J. Guérin lui fait part en même temps de ses appréhensions sur les conséquences inévitables et prochaines de cet état, et la malade ne tarde pas à les justifier, en succombant, le 24 septembre, aux progrès incessants de la maladie.

Malgré sa terminaison fâcheuse, ce troisième cas permet de discerner la part qui revient à la méthode dans la prolongation de la vie du sujet, et de reconnaître la véritable cause qui a paralysé les bienfaits de cette méthode.

L'enfant a survécu, en effet, huit mois aux premières ponctions ; et dans ce cas, comme dans les précédents, la commission a pu apprécier le caractère d'innocuité des fistules sous-cutanées, contrairement à la gravité irremédiable des fistules directes.

Le cas suivant lui a paru en être une nouvelle preuve.

QUATRIÈME CAS.

ABCÈS PAR CONGESTION DE LA FESSE GAUCHE, CONSÉCUTIF A UNE EXCURVATION TUBERCULEUSE LOMBAIRE ET A UNE AFFECTION DE MÊME NATURE DE L'OS COXAL. — SYMPTÔMES DE TUBERCULISATION COMMENÇANTE DES POUMONS. — DIARRHÉE FRÉQUENTE. — FIÈVRE PRESQUE CONTINUE. — PONCTIONS SOUS-CUTANÉES. — PUS VERDATRE ET TRÈS-FÉTIDE. — AMÉLIORATION. — REPRODUCTION DE L'ABCÈS. — OUVERTURE SPONTANÉE ET DIRECTE. — VICIATION RAPIDE DU PUS. — RÉSORPTION. — MORT.

Un jeune garçon, âgé de 9 ans, constitution délicate, tempérament lymphatico-nerveux, est présenté à la commission le 11 août 1844, pour une excurvation tuberculeuse de l'épine, avec abcès par congestion.

Cet enfant, dont les parents sont sains, bien portants et exempts de difformités, a eu successivement depuis l'âge de 5 ans une maladie aiguë non qualifiée, la rougeole, la scarlatine, et enfin une autre affection aiguë, caractérisée par de la fièvre et de la toux. L'enfant est resté sujet à la diarrhée et à l'ophthalmie ; il n'a jamais recouvré son embonpoint primitif. Deux ans après la dernière maladie, c'est-à-dire il y a au moins dix-huit mois, une douleur sourde a commencé à se faire sentir dans la région lombaire ; puis, quelques mois plus tard, une autre douleur, bien distincte de la précédente et plus vive, s'est montrée dans la région supérieure de la fesse gauche. En même temps la hanche de ce côté est devenue plus saillante et le tronc s'est déjeté à droite. Depuis cette époque jusqu'au mois de janvier dernier, quatre médecins, MM. les docteurs Jadioux, Sibille,

Pauché et Wetz, ont tour à tour visité l'enfant. Trois d'entre eux ont conseillé les sangsues, les vésicatoires et les cataplasmes sur la fesse gauche ; un seul, M. Sibille, a été d'avis de diriger le traitement contre la colonne. C'est un an environ après la saillie de la hanche gauche et du déversement du tronc à droite, qu'on s'est aperçu pour la première fois d'une saillie des vertèbres lombaires. Cette saillie a fait d'abord des progrès continus ; mais depuis l'emploi de l'huile de foie de morue, ordonné il y a sept mois, elle paraîtrait être restée stationnaire. La santé générale se serait même améliorée, quand, il y a un mois, sans cause occasionnelle appréciable, l'enfant a été pris de fièvre par intervalles, et l'on a remarqué à la fesse gauche une tuméfaction, qui n'a pas cessé d'augmenter depuis cette époque.

État actuel. — La difformité de l'épine offre aujourd'hui à considérer :

1° Une excurvation très-circonscrite, ne comprenant que les trois dernières lombaires, et ayant son sommet à la quatrième apophyse épineuse de cette dernière vertèbre, est très-saillante; la cinquième, quoique moins proéminente, déborde d'une assez grande quantité le niveau des apophyses sacrées.

Corde de l'excurvation (de la troisième lombaire au sacrum)	6c	4mm.
Flèche	»	5

2° Une incurvation de balancement étendue de la troisième lombaire à la onzième dorsale :

Corde	7	5
Flèche	3 à 4	»

Point d'autres courbures antéro-postérieures dans le reste de la colonne.

3° Une courbure latérale, à convexité droite et à grand rayon, étendue de la quatrième lombaire à la partie supérieure du rachis. Le segment inférieur de cette courbure est incliné de 4 à 5 centimètres à droite, sur la cinquième lombaire.

4° Une déviation de la totalité du tronc à gauche produite par le segment supérieur de la courbure précédente. La somme de déviation, mesurée au niveau de la septième vertèbre cervicale, est de 1 centimètre 3 à 4 millimètres.

5° Plusieurs déformations du tronc. Les deux épaules sont situées à la même hauteur; mais dans la moitié supérieure de la région dorsale, la gouttière vertébrale droite est un peu plus arrondie que la gauche; même différence entre les deux fosses sus-épineuses, dans leur portion la plus rapprochée de la colonne. Les angles inférieurs des deux omoplates sont également saillants, mais l'omoplate droite est située plus en dehors que la gauche.

De l'angle supérieur et interne du scapulum à l'épine	à droite.	5c	5mm.
Id.	à gauche.	4	5
De l'angle inférieur à l'épine	à droite.	6	8
Id.	à gauche.	6	»

Au niveau de l'incurvation dorso-lombaire, existe une gouttière longitudinale profonde, limitée à droite et à gauche par les muscles des gouttières vertébrales, soulevés et saillants. Enfin, des deux côtés de l'excurvation, soulèvement de la région lombaire, dont le plan arrondi est assez nettement séparé du plan des fesses par une dépression longitudinale plus prononcée à gauche qu'à droite.

Les deux crêtes iliaques sont de niveau. Égalité de longueur des deux membres inférieurs.

L'abcès par congestion se révèle par les caractères suivants : sur la fesse gauche, tumeur arrondie, ne diminuant pas par la pression, et s'étendant verticalement de la crête iliaque à 10 centimètres au-dessous, et transversalement de l'épine iliaque antéro-supérieure à 4 ou 5 centimètres de la ligne épineuse du sacrum. Point de rougeur ni de chaleur à la peau. Douleur médiocre à la pression. Fluctuation évidente dans toute l'étendue de la tumeur. Pas d'empâtement des parties voisines dans toute sa demi-circonférence supérieure ; mais, en bas, on constate un engorgement assez considérable et plus douloureux que la tumeur elle-même de toute la portion inféro-interne de la fesse jusqu'au sillon coccygien. Aussi la fesse, de ce côté, descend-elle plus bas que la droite. Pas de gonflement, pas de saillie anormale du grand trochanter de ce côté, situé du reste au même niveau que celui du côté opposé. Relâchement normal de tous les muscles de la hanche.

Pas de signes de paralysie dans le membre inférieur gauche. Douleur dans le genou depuis quelques jours seulement. Celle des lombes a complétement disparu. La hanche jouit de tous ses mouvements, et ils ne paraissent limités que par la douleur qu'ils provoquent dans la tumeur. Il n'existe pas, à proprement parler, de claudication ; seulement la marche est un peu gênée par la rupture d'équilibre du tronc et par la difficulté des mouvements de la cuisse.

Santé générale. — Détérioration des forces. Maigreur assez prononcée. Fièvre le soir. Pas de sueurs. Pouls fréquent et régulier. Sommeil agité, appétit capricieux, parfois vorace. Selles liquides, suivant de près le repas ; diarrhée fréquente. Absence de toux et dyspnée. Dans les régions sous-claviculaires et sus-épineuses droites, un peu moins de sonorité et respiration moins profonde, moins vésiculaire qu'à gauche. De ce côté, bruit respiratoire très-intense.

Sonorité également obscure de chaque côté de l'excurvation. Pas de douleur à une percussion modérée.

Avant de vider l'abcès, on applique deux cautères et l'on soumet le malade à un régime tonique et fortifiant. On espère ainsi relever ses forces et diminuer les chances de reproduction de l'abcès après la ponction

Cependant la fièvre et le dévoiement continuent, et la collection augmente de volume. La peau qui la recouvre est chaude et extrêmement tendue. Il y a urgence d'opérer. Le 26 du même mois, M. J. Guérin pratique donc, en présence de M. le président de la commission, la ponction sous-cutanée de l'abcès. On extrait environ 300 grammes d'un pus verdâtre, très-fétide. Pansement comme de coutume.

Le lendemain, l'enfant se dit très-soulagé ; il a dormi plus de douze heures de suite. La fièvre et la diarrhée ont cessé. Bon appétit. L'amélioration continue les jours suivants. On tient le malade en décubitus sur le ventre. Un verre d'eau de Sedlitz tous les deux jours, macéré de quinquina avec du vin aux repas. Après quinze jours de traitement, l'enfant avait repris d'une manière extraordinaire. Plus de fièvre ni diarrhée. Les joues pâles, décharnées jusque-là, commençaient à se remplir et à se colorer. Son état inspirait une sécurité telle, qu'on se contentait d'en avoir des nouvelles toutes les semaines par les parents.

Le 1er octobre, l'amélioration ne s'était pas encore démentie. L'abcès était resté à peu près stationnaire. Au dire des parents, il paraîtrait même avoir un peu diminué de ce qu'il avait quelquefois été depuis la ponction. On continue les mêmes moyens pendant le mois d'octobre.

Tout paraissait faire espérer une solution heureuse et l'on était dans la sécurité la plus grande, lorsque vers la fin de novembre, sans qu'il y eût eu ni fièvre ni changement quelconque dans l'état habituel, la mère trouva un matin l'appareil mouillé par le pus de l'abcès, qui s'était fait jour par un pertuis presque imperceptible. Dès le lendemain de cet incident, fièvre, perte de l'appétit, agitation nocturne. Les jours suivants, une altération profonde des traits, un affaiblissement considérable, de l'oppression, de la diarrhée se développent avec une rapidité et une intensité effrayantes. Un pus sanieux et fétide, mêlé à du sang, s'écoule incessamment par l'ouverture directe de l'abcès qui s'est considérablement agrandie. Des topiques de poudre de charbon et de quinquina ne modifient en aucune façon les mauvaises qualités du pus, et le malade succombe le quinzième jour de l'ouverture spontanée de l'abcès, et environ deux mois et demi après la ponction sous-cutanée.

Dans ce quatrième cas, comme dans le précédent, la commission n'a pu s'empêcher de voir le contraste qui a existé entre les suites bénignes de l'ouverture sous-cutanée et les accidents immédiats qui ont suivi l'ouverture directe.

Les deux cas qui vont suivre lui ont paru être deux exemples très-concluants des avantages les plus manifestes inhérents à la méthode sous-cutanée.

CINQUIÈME CAS.

ABCÈS PAR CONGESTION A L'AINE GAUCHE, CONSÉCUTIF A UNE EXCURVATION TUBERCULEUSE ÉNORME, CHEZ UN PETIT GARÇON DE 5 ANS ET DEMI. — RÉDUCTION ET DÉFORMATION DES PLUS CONSIDÉRABLES DU TRONC. — AMAIGRISSEMENT GRADUEL. — FIÈVRE ET SUEURS NOCTURNES. — CAUTÈRES, MOXAS VOLANTS, PURGATIFS SALINS RÉPÉTÉS, MACÉRÉ DE QUINQUINA. — BON RÉGIME. — DEUX PONCTIONS SOUS-CUTANÉES. — REPRODUCTION DE L'ABCÈS. — RÉSORPTION DU PUS SOUS L'INFLUENCE DES PURGATIFS SALINS RÉPÉTÉS. — FIÈVRE TYPHOÏDE DANS L'INTERVALLE. — GUÉRISON DE L'ABCÈS ET RETOUR COMPLET A LA SANTÉ.

Un petit garçon, âgé de 5 ans et demi, constitution faible, tempérament lymphatique, est présenté à la commission, le 28 juillet 1844, pour une excurvation tuberculeuse de l'épine, avec abcès par congestion.

Cet enfant, élevé par ses parents dans de bonnes conditions hygiéniques, sevré à 16 mois, fut très-bien portant jusqu'à l'âge de 3 ans. A cette époque, il fut pris d'une maladie aiguë caractérisée par de la fièvre, de la diarrhée, des sueurs, de l'amaigrissement. Cette maladie dura plusieurs mois. Transporté, pendant la convalescence, à la campagne, il s'y rétablit très-bien et recouvra son embonpoint. Cependant c'est pendant ce séjour à la campagne, sept à huit mois après l'affection aiguë, que, sans cause occasionnelle appréciable, sans douleurs, et au milieu des apparences d'une bonne santé, la colonne commença à faire saillie en arrière, et la marche à devenir difficile. Six cautères furent aussitôt appliqués sur les côtés de la saillie vertébrale; sept ou huit jours après, l'enfant fit un voyage de cinquante lieues en voiture. La difformité fit des progrès lents, mais continus. Enfin, il y a quatre mois environ, le travail de la seconde dentition étant commencé, accroissement plus rapide de la difformité, retour de l'amaigrissement et apparition d'une tumeur dans l'aine gauche. Cette tumeur n'a pas cessé de faire des progrès.

Actuellement, l'enfant présente une excurvation de la région dorsale inférieure, avec abcès par congestion dans la région inguinale du côté gauche.

Excurvation. — L'excurvation, directement postérieure, sans inclinaison ni courbure latérale, s'étend de la quatrième à la onzième dorsale inclusivement. Son sommet tronqué répond aux huitième et neuvième dorsales. Le segment supérieur, beaucoup plus long que l'inférieur, se dirige presque horizontalement d'avant en arrière, et ne forme avec l'horizon qu'un angle de 55 degrés, ouvert en avant, tandis que le segment inférieur, presque vertical, forme avec l'horizon un angle de 75 à 80 degrés. L'angle formé par la rencontre de ces deux segments est de 135 à 140 degrés. Longueur totale de l'excurvation, 10 centimètres 2 millimètres; corde, 7 centimètres

6 millimètres; flèche, 2 centimètres 6 millimètres. L'excurvation ne diminue pas dans le décubitus sur le ventre.

Incurvation prononcée de toute la portion de colonne située au-dessus de l'excurvation. Au-dessus, on remarque que la douzième vertèbre est située profondément, puis toutes les vertèbres lombaires ressortent légèrement, de manière à décrire une légère convexité en arrière.

Le rachis, dans sa totalité, est notablement raccourci.

Longueur de l'apophyse proéminente à la base du sacrum, en suivant les courbures.	25c	»mm.
En droite ligne.	21	6

Le cou et le tronc ont subi des déformations notables. Le cou est très-court; la tête, renversée en arrière, est enfoncée entre les deux épaules, qui sont élevées et saillantes. En arrière, le plan des quatre ou cinq premières côtes est aplati et regarde un peu en haut; les omoplates, basculées en avant, s'y appliquent dans toute leur étendue, et leur angle inférieur regarde en arrière et en bas. Au contraire, de la cinquième à la dixième, les côtes sont bombées, se dessinent fortement sous la peau, et leur plan regarde un peu en bas. Les apophyses épineuses des huitième et neuvième dorsales sont très-saillantes et paraissent augmentées de volume. Mêmes dispositions à un moindre degré dans la dixième. Ces trois apophyses sont fortement écartées les unes des autres. Les apophyses des onzième ou douzième dorsales sont au contraire très-rapprochées. Latéralement, les parois de la poitrine sont notablement déprimées dans toute leur hauteur. Antérieurement, tout le plan thoracique regarde obliquement en avant et en haut, de telle sorte que l'extrémité inférieure du sternum et les cartilages qui s'y rendent forment une saillie considérable. La courbure de la partie antérieure des dernières côtes est en grande partie effacée, et elles se dirigent presque en ligne droite de leur partie moyenne au sternum.

Diamètre antéro-postérieur du thorax (du sommet de l'excurvation à l'appendice xyphoïde). . .	19c	»mm.
Id. de la quatrième dorsale au sternum.	10	»
Id. du niveau de la douzième dorsale au sommet de l'apophyse xyphoïde.	17	5
Id. transversal à la partie moyenne.	17	7

Proéminence et tension du ventre à sa partie inférieure.

Rien à noter sur le bassin, si ce n'est que la face postérieure du sacrum, au lieu d'être convexe, est aplatie et même un peu concave, d'où résulte la saillie des épines iliaques, postéro-supérieures.

Abcès par congestion. — Cet abcès se révèle par les caractères suivants :

Le sujet étant debout, on observe à la région inguinale gauche, immédiatement au-dessous du ligament de Fallope, une tumeur remplissant tout l'intervalle triangulaire compris entre ce ligament, le couturier et les muscles internes, dans une hauteur de 5 centimètres. Cette tumeur est molle, fluctuante : elle augmente pendant la toux et les cris, et diminue considérablement dans le décubitus. Il est facile, par la pression, de la repousser complétement dans le ventre; et si alors on presse la fosse iliaque, la main, appliquée sur le siége de la tumeur, y sent refluer le liquide.

Pas de rougeur ni de couleur à la peau; pas d'empâtement des parties molles voisines; engorgement de quelques ganglions et développement de quelques veines superficielles.

L'enfant ne peut marcher ou rester debout longtemps sans être obligé de se soutenir en appuyant les mains sur ses cuisses. Pas de signes de paralysie commençante dans les membres inférieurs.

Santé générale assez bonne; l'enfant dort, mange et digère assez bien; point de diarrhée; parfois fièvre et sueurs noctures. Absence de toux. Sonorité et respiration bonnes dans toute l'étendue du thorax, si ce n'est au niveau de l'excurvation, où la respiration est un peu confuse et le son un peu plus mat à gauche qu'à droite. Pas de douleur en ce point à la pression.

Le même jour, 28 juillet, après avoir fait ses réserves sur les suites du traitement et de la ponction sous-cutanée de l'abcès en particulier, eu égard au sujet qui est d'une pétulance et d'une irascibilité extrêmes, M. J. Guérin, pratique cette opération sous les yeux de la commission : 200 grammes de pus environ sont extraits en deux aspirations. La quantité de liquide extrait, dépasse sensiblement celle accusée par le volume de la tumeur. Pansement comme de coutume. Compression modérée sur l'aine gauche. On renouvelle les cautères de la colonne vertébrale. Traitement général : macéré de quinquina avec du vin vieux ; tous les deux jours, un demi-verre d'eau de Sedlitz : ceinture à sustentation.

Les jours suivants, l'enfant se porte à merveille; mais dès le huitième jour l'abcès commence à se reformer. On cherche à maintenir l'enfant dans le repos. Mais son extrême indocilité le fait échapper à toute prescription. En peu de jours, le foyer se remplit. On insiste sur l'usage de l'eau de Sedlitz et de la compression. Mais le 15 août, le volume de l'abcès et l'extension de la peau, obligent de recourir immédiatement à une nouvelle ponction. Celle-ci est faite comme de coutume. Elle produit sensiblement moins de pus que la première fois, mais il est plus liquide et plus homogène. Cette ponction, comme la précédente, ne donne lieu à aucun accident. Les fonctions continuent à s'exécuter comme si l'opération n'avait pas eu lieu. Macéré de quinquina coupé avec du vin. Nourriture légère, mais succulente.

Au commencement de septembre, nouvelle apparence de retour de l'abcès. Le pus s'accumule derrière l'arcade crurale, où sa présence est révélée par un tumeur et un léger soulèvement de la peau et une matité très-marquée. On comprime au devant de l'aine et on a de nouveau recours à l'eau de Sedlitz tous les deux jours, à la dose d'un verre. Dès la troisième prise, on s'aperçoit de la diminution de la collection. L'usage de l'eau de Sedlitz est continué sans interruption pendant les vingt premiers jours, et toute trace d'abcès disparaît.

A la fin de septembre, le sujet était dans la situation la plus satisfaisante. Son état n'avait fait que s'améliorer; lorsque vers le 12 octobre, après quelque jours de peu d'appétit, il est saisi tout à coup d'une fièvre typhoïde caractérisée. A la suite de l'emploi des évacuants répétés, la convalescence ne tarde pas à s'établir et la constitution du sujet va toujours en s'améliorant.

Le 24 novembre, la commission constate qu'il n'y a plus de traces de l'abcès par congestion et que tous les symptômes généraux, fièvre, diarrhée, sueurs, etc., etc., ont disparu avec la disparition de l'abcès.

Malgré l'état satisfaisant du sujet, sa guérison était encore trop récente pour qu'on pût la regarder comme définitive. On continue donc à entretenir les cautères, à administrer de temps en temps un verre d'eau de Sedlitz. L'usage de ces moyens et d'un excellent régime alimentaire, concourent de plus en plus à la permanence de la guérison. L'enfant est représenté, le 9 février, à la commission, qui constate ce qui suit, immédiatement avant qu'il soit emmené à la campagne :

1° Il n'existe plus aucune trace d'abcès par congestion, ni engorgement au niveau de la fosse iliaque, ni tuméfaction du côté des cicatrices, qui sont à peine visibles.

2° Le malade a pris un embonpoint remarquable, eu égard à sa maigreur première.

3° Les mouvements, l'agilité, les forces et toutes les fonctions sont rétablis au degré possible, eu égard aux altérations et déformations mécaniques du squelette.

4° Finalement, l'enfant a tout l'extérieur (coloration des joues, expression de la face) d'une très-bonne santé.

Pour qu'il ne pût s'élever aucun doute sur la persistance de la guérison déjà si bien établie, dès le 9 février, la commission a désiré revoir une dernière fois le sujet. A cet effet, on l'a fait revenir le 15 juin 1845, c'est-à-dire quatre mois après la cessation de tout traitement. Voici les termes dans lesquels la commission a consigné le résultat de son examen :

« L'abcès a complétement disparu. Debout, couché, au repos, en mouvement, que le sujet crie ou se taise, il n'y a plus aucune trace de collection purulente. Les piqûres des ponctions n'ont laissé que des traces imperceptibles. Seulement, au niveau du trajet de la ponction antérieure, dans le point qui sépare l'ouverture externe de l'ouverture interne de l'ancien foyer, il existe une tuméfaction celluleuse, assez résistante, sous forme de glande, sans changement de couleur à la peau, sans douleur ni fluctuation, résultant de la cicatrice du trajet de la ponction.

» La santé générale de l'enfant continue à être bonne. Le sommeil, l'appétit, les digestions, sont réguliers. L'enfant peut faire de très-longues courses sans s'arrêter. Il n'a plus de fièvre depuis son départ. Cependant il avait plus d'embonpoint il y a quatre mois qu'aujourd'hui. L'excurvation de l'épine paraît avoir un peu augmenté. »

Le soin avec lequel la commission a observé ce cinquième cas, à toutes les périodes et à toutes les phases du traitement, ne lui permet pas de conserver le moindre doute ni sur la nature de l'abcès ni sur le résultat obtenu. C'est pour elle un véritable abcès par congestion guéri par la méthode sous-cutanée.

Le cas qui va suivre ne lui a pas paru moins bien établi ni moins concluant.

SIXIÈME CAS.

ABCÈS PAR CONGESTION AU-DESSOUS DU LIGAMENT DE FALLOPE, CONSÉCUTIF A UNE EXCURVATION TUBERCULEUSE LOMBAIRE, CHEZ UNE JEUNE FILLE DE 13 ANS ET DEMI. — TUMEUR FLUCTUANTE DÉPRESSIBLE. — MATITÉ. — EXCURVATION ET DÉVIATION COMPOSÉE DE LA COLONNE LOMBAIRE. — DOULEUR DE LA RÉGION EXCURVÉE A LA PERCUSSION. — COMMENCEMENT DE PARAPLÉGIE. — MOUVEMENTS DU TRONC GÊNÉS. — MARCHE DIFFICILE. — AMAIGRISSEMENT. — SOUFFLE BRONCHIQUE DU CÔTÉ DROIT. — TRAITEMENT. — CAUTÈRES ET MOXAS QUOTIDIENS. — LE DÉCUBITUS SUR LE VENTRE NE PEUT ÊTRE SUPPORTÉ. — PONCTION SOUS-CUTANÉE. — RETOUR DE L'ABCÈS OPÉRÉ. — DÉVELOPPEMENT D'UN SECOND ABCÈS DU CÔTÉ DROIT. — AGGRAVATION DES SYMPTÔMES DE LA PARAPLÉGIE. — DOULEURS, SPASMES MUSCULAIRES. — CONSTIPATION. — DIFFICULTÉ D'URINER. — RÉSOLUTION DES DEUX ABCÈS PAR L'USAGE QUOTIDIEN DE L'EAU DE SEDLITZ PENDANT SIX MOIS. — DISPARITION DE LA PARAPLÉGIE. — RETOUR COMPLET A LA SANTÉ.

Une jeune fille, âgée de 13 ans et demi, constitution délicate, est présentée à la commission le 14 juillet 1844, pour un abcès par congestion consécutif à une excurvation tuberculeuse.

On ne sait à quelle circonstance rapporter le développement de la difformité. Cette enfant était bien nourrie, habitait un endroit aéré et sec, quoique dans un pays marécageux; elle n'a pas fait de chute, n'a pas reçu de coups sur la colonne; ses parents, son frère et ses deux sœurs sont bien conformés. Il y a trois ans, elle a eu sur différentes parties du corps, aux bras, aux jambes, au cou, sur l'aile gauche du nez, de petites tumeurs arrondies de la grosseur d'une noix; celle du nez a été enlevée; les autres se sont dissoutes sous l'influence d'emplâtres de diachylon. La malade a commencé, il y a deux ans, à éprouver quelque difficulté à se baisser, de la roideur et de l'endolorissement dans les lombes. Au bout d'un an, la région lombaire commença à faire saillie ; cinq ou six mois plus tard, le tronc commença à se déverser à droite. La difformité augmenta graduellement pendant deux ou trois mois encore, puis atteignit à peu près le degré où elle est aujourd'hui. Son développement n'a pas, du reste, été précédé ou accompagné d'un trouble bien prononcé de la santé, sauf un amaigrissement graduel et assez rapide; ni fièvre ni sueurs, ni dérangement de l'appétit, ni diarrhée. Depuis cinq mois environ, des douleurs se font sentir dans les deux membres inférieurs qui sont aussi devenus plus faibles. Ces symptômes sont également prononcés des deux côtés.

État actuel. — Déviation composée de la colonne (excurvation lombo-dorsale et déviation de la colonne à droite) avec abcès dans la fosse iliaque droite.

La difformité du rachis présente les caractères suivants :

1° Excurvation comprenant les trois premières lombaires et la douzième dorsale, et ayant son sommet à la deuxième lombaire. Les deux segments, ou plutôt leurs cordes, se réunissent sous un angle de 125 degrés ouvert en avant. Corde totale, 10 centimètres 6 millimètres; flèche, 2 centimètres 5 millimètres. Cette excurvation est assez irrégulière, un peu anguleuse pourtant. La deuxième lombaire fait une saillie assez prononcée.

2° Inclinaison du rachis à droite, au niveau de l'articulation de la troisième avec la quatrième lombaire, suivant un angle de 20 degrés.

3° Courbure de balancement dans les deux sens antéro-postérieur et latéral. Au-dessous de l'excurvation, la quatrième et la cinquième lombaires sont profondément situées; on a peine à sentir leurs apophyses épineuses; au-dessus, depuis la onzième dorsale jusqu'à la proéminente, incurvation régulière assez marquée, surtout dans la station. En outre, à partir du point où elle s'incline jusqu'à son sommet, elle décrit une courbe à convexité droite et à grand rayon; flèche de cette courbure au niveau de la sixième dorsale, 4 centimètres 5 millimètres.

4° Déviation du tronc en totalité à droite. Cette déviation est de 6 centimètres 5 millimètres à son maximum, c'est-à-dire au niveau de la sixième dorsale, et de 2 centimètres 3 millimètres au niveau de la proéminente.

A part l'incurvation supérieure du balancement, les différents changements de direction de la colonne ne varient pas d'une manière sensible dans le décubitus sur le ventre.

Le tronc présente des déformations notables. De chaque côté de l'excurvation, la région dorso-lombaire est arrondie, principalement à droite. De ce côté, les dernières côtes sont soulevées, portées en arrière et débordent un peu la crête iliaque, tandis que le contraire a lieu à gauche. Le bassin lui-même ne présente pas de différence sensible entre les deux côtés. Les apophyses épineuses comprises dans l'excurvation sont plus écartées qu'à l'état normal, et leur sommet, principalement celui de la deuxième lombaire, est notablement renflé. Toute la région dorsale est concave, et les épaules portées en arrière et saillantes; signes de torsion très-peu prononcés au niveau de la courbure latérale; c'est à peine si la gouttière vertébrale droite et l'extrémité postérieure des côtes moyennes et supérieures du même côté, sont un peu soulevées. L'angle inférieur du scapulum droit est 1 centimètre plus élevé que le gauche.

Pas de déformation bien sensible de la paroi antérieure du thorax.

Diamètre antéro-postérieur vers la fourchette du sternum.	11c	»mm.
Id. . . . . vers la partie moyenne.	14	5
Id. . . . . vers la fossette sous-sternale.	15	5
Diamètre bilatéral vers la partie moyenne.	21	»

L'abcès par congestion se révèle par les caractères suivants : au-dessus des deux tiers externes du ligament de Fallope et de la paroi antérieure de la crête iliaque à gauche, la paroi abdominale forme (le sujet étant couché sur le dos) un relief arrondi, un peu allongé transversalement, ayant dans ce sens 11 centimètres, et 8 centimètres dans le sens vertical. Une veine sous-cutanée, assez développée, et qu'on n'aperçoit pas du côté opposé, passe obliquement de bas en haut et de dedans en dehors, sur la tumeur. Celle-ci donne, dans toute son étendue, une sensation manifeste de fluctuation et un son mat à la percussion. Dans la station, la tumeur devient plus tendue, la veine sous-cutanée plus volumineuse, la fluctuation plus superficielle, mais non plus étendue. En outre, toute la moitié gauche du ventre devient plus bombée qu'à droite. Il n'existe à l'aine autre chose que quelques ganglions engorgés et un peu sensibles à la pression.

Tous les mouvements du tronc sont gênés, principalement la flexion en avant. Le sujet marche avec peine, le tronc incliné à droite. L'excurvation n'est douloureuse que sous l'influence de la percussion : elle présente des deux côtés une matité assez considérable, un peu plus prononcée à droite, surtout au niveau du segment supérieur.

Santé générale peu altérée; amaigrissement; mais il n'y a pas habituellement de fièvre ni de sueurs; sommeil tranquille. Appétit assez bon; digestions assez régulières. Pas de diarrhée; constipation habituelle et assez opiniâtre.

L'auscultation révèle, du côté droit en arrière, du souffle bronchitique, dans le tiers supérieur, sans râle manifeste.

Ce cas est présenté par M. J. Guérin comme offrant une variété d'excurvation qui, en raison de son siége à l'union de la région dorsale avec la région lombaire, serait susceptible de guérison si elle n'était pas trop ancienne et trop prononcée. En conséquence, le cas n'est soumis à la commission que pour l'abcès par congestion qui est traité par la méthode sous-cutanée.

Avant de procéder à l'évacuation de l'abcès, on établit deux cautères sur les côtés de la saillie vertébrale, et l'on continue tous les jours à appliquer un ou deux petits moxas superficiels. Du reste, traitement général comme de coutume; eau de Sedlitz tous les deux ou trois jours; macéré de quinquina à froid; bonne nourriture. Ce n'est que le 28 du mois que l'opération de l'abcès est pratiquée sous les yeux de la commission.

Opération. — Ponction à l'aide du trocart à robinet, à la base d'un pli cutané de 5 à 6 centimètres de large, parallèle à la ligne de jonction des deux épines iliaques, et à 9 centimètres environ en dehors et en arrière du milieu de cette ligne. L'instrument a pénétré directement dans le foyer. On retire avec la seringue juste un litre de pus jaune, verdâtre, homogène, sans odeur. Les dernières gouttes de pus sont seules sanguinolentes. L'opération n'a produit d'autre douleur que celle résultant de la piqûre. Elle n'est accompagnée ni suivie d'aucun malaise. Le trajet de la ponction est soigneusement vidé, la piqûre fermée d'un morceau de diachylon gommé. Un bandage compressif est appliqué sur le siége de l'abcès. Le jour et le lendemain de l'opération, point de fièvre; bon appétit; alimentation modérée. Le sommeil est parfait.

Pendant un mois environ, l'état de la malade est on ne peut plus satisfaisant. Toutes les fonctions s'exécutent régulièrement : elle prend visiblement de l'embonpoint. Il y a à peine des traces de reproduction de l'abcès. Cet état dure jusqu'au 28 août. A partir de ce moment, la malade se plaint d'un peu d'engourdissement et de douleurs dans les extrémités inférieures. Légers mouvements involontaires des jambes et des pieds. Nuits un peu agitées. Une nouvelle exploration fait reconnaître que la collection purulente s'est reproduite dans le lieu occupé par la première.

Dans le but de favoriser l'expansion de la collection purulente et de diminuer la compression qu'elle paraît exercer sur la moelle, on fait coucher la malade sur le ventre et on enlève l'appareil compressif qui avait été maintenu jusque-là sur le siége de l'abcès. Deux oreillers en balle d'avoine placés en travers, au-dessus et au-dessous de l'abcès, empêchent que la surface abdominale ne soit comprimée. Cette situation est difficilement supportée, mais on remarque les jours suivants un amendement notable; les douleurs et les mouvements involontaires dans les membres diminuent. Les nuits sont plus calmes. Un verre d'eau de Sedlitz le matin à jeun, pendant quatre jours, complète l'amélioration. La malade est presque entièrement débarrassée de ses douleurs dans les membres. Plus de mouvements involontaires; les mouvements volontaires sont libres. La malade reprend son décubitus sur le dos.

Du 1er au 30 septembre, l'amélioration va toujours croissant. L'embonpoint fait de nouveaux progrès; la face de la malade se colore. Appétit excellent. Selles régulières; mouvements libres; très-peu de douleurs de temps en temps dans les membres. On constate qu'une nouvelle portion du pus de l'abcès est résorbée. Il ne reste plus de matité que dans un point très-circonscrit de la fosse iliaque gauche. Tout fait espérer une résorption complète. La malade éprouve un grand désir de marcher. On lui permet de faire tous les jours quelques tours de l'appartement, soutenue par une ceinture à tuteurs.

Après une huitaine de jours de ces essais, on s'aperçoit que l'abcès est revenu à gauche, et qu'il s'en manifeste un second à droite. De plus, quelques douleurs sourdes se font sentir dans le bas des reins et aux cuisses. On suspend les essais de marche. Le décubitus sur le ventre ne peut être supporté. Le sujet reste couché sur le dos. On insiste sur l'usage quotidien de l'eau de Sedlitz. Un commencement de résolution paraît se manifester sous l'influence de ce moyen. La commission est instruite de l'existence des deux abcès et prévenue en même temps par M. J. Guérin de l'intention et de l'espoir qu'il a d'obtenir la résolution des deux collections, par l'usage longtemps poursuivi de l'eau de Sedlitz. Déjà cette prédiction avait été faite et accomplie à l'occasion du sujet de l'observation précédente.

A partir du mois d'octobre, on administre tous les deux jours un verre d'eau de Sedlitz le matin à jeun. La malade n'a jamais plus de deux ou trois selles et n'est point empêchée de manger et de boire comme de coutume, même les jours où elle fait usage d'eau de Sedlitz. L'appétit se conserve et paraît même augmenter sous l'influence de ce moyen.

A la fin d'octobre, on s'aperçoit d'une diminution des deux abcès, surtout de celui qui s'est développé le dernier. On continue l'eau de Sedlitz tous les deux jours, pendant les mois de novembre et de décembre. La résolution des abcès s'opère sans interruption, de telle manière que, dès le 20 décembre, il n'en existait plus que des traces imperceptibles.

Le 25 décembre, on constate la disparition de toute trace des deux abcès et le retour des apparences d'une excellente santé. Plus de renouvellement de fièvre, ni douleur, ni malaise; toutes les fonctions s'exécutent librement. L'appétit et le sommeil sont excellents. La figure a repris sa coloration naturelle. Néanmoins, la malade continue à rester sous la surveillance de la commission. Rien, d'ailleurs, n'est changé aux prescriptions et habitudes suivies jusque-là. Seulement, on lui administre tous les jours, une heure avant le déjeuner et le dîner, deux capsules gélatineuses remplies d'huile fraîche de foie de morue.

Après quinze jours de l'usage de cette substance, l'appétit diminue notablement et la malade perd de sa fraîcheur. On suspend momentanément le nouveau médicament pour revenir à l'usage de l'eau de Sedlitz, qui est continué tous les deux jours, à la dose d'un verre, jusqu'à la fin de janvier.

Aucune apparence de retour des abcès. La malade marche tous les jours pendant une heure en plusieurs fois, munie d'une ceinture à sustentation. Point de douleurs ni faiblesse dans les jambes. Toutes les fonctions continuent à s'exercer librement. La famille regardant le sujet comme tout à fait guéri, insiste pour le rappeler.

On obtient qu'il restera encore trois mois pour assurer le maintien de la santé et la consolidation de la colonne.

De la fin de février au commencement de juin on s'occupe surtout de rendre la marche plus facile et d'empêcher la difformité de la colonne de faire des progrès. On continue aux repas l'usage du macéré de quinquina coupé avec du vin. Durant cette période, on n'a que deux fois recours à l'usage de l'eau de Sedlitz. On entretient les cautères et l'on continue à appliquer de temps en temps, autour du point malade, de petits moxas volants.

Le 15 juin, la commission revoit la malade pour la dernière fois avant qu'elle retourne dans sa famille. Elle s'assure qu'il n'existe plus aucune trace appréciable des abcès ; elle constate en outre que l'état général a continué à être bon ; que les symptômes de compression de la moelle et de paraplégie ont complétement disparu ; que la malade a bon appétit, mange bien, digère bien, dort bien et commence à prendre de l'exercice.

Depuis que cette jeune personne est retournée dans sa famille, elle a donné à plusieurs reprises de ses nouvelles qui constatent l'absence de toute récidive des abcès.

Ce cas, dont la commission a pu suivre toutes les phases, ne lui a pas semblé moins concluant que celui qui précède ; et l'un et l'autre, rapprochés des quatre premiers de cette catégorie, lui paraissent de nature à confirmer de tous points les conclusions présentées par M. J. Guérin, savoir :

1° Que l'opération à l'aide de laquelle il extrait le pus des abcès par congestion est exempte de tout danger ;

2° Qu'à l'aide des ponctions sous-cutanées, secondées des moyens internes convenables, on peut parvenir à faire disparaître les abcès par congestion, et simplifier d'autant la maladie tuberculeuse des vertèbres dont ils constituent une complication grave ;

3° Que chez les malades dont la commission a suivi le traitement, c'est bien à la méthode sous-cutanée, et en particulier aux procédés et appareils employés par M. J. Guérin, qu'il faut attribuer les résultats qui ont été obtenus.

DEUXIÈME PARTIE.

RÉSUMÉ. — APPRÉCIATION GÉNÉRALE ET CONCLUSIONS.

Les onze catégories de sujets atteints de difformités qui ont été traités sous les yeux de la commission représentent à très-peu de chose près, ainsi qu'elle l'avait désiré, celles qui composaient le relevé de 1843.

Sur cinq cas de strabisme primitif et consécutif, il y a eu cinq succès, dont quatre très-remarquables, et tous les cinq obtenus par les méthodes et procédés opératoires employés depuis plusieurs années par M. J. Guérin.

De ces cinq cas, trois appartenaient au strabisme primitif, les deux autres au strabisme consécutif, c'est-à-dire résultant d'opérations de strabisme primitif qui n'avaient pas été suivies de succès. Dans ces derniers cas, les yeux étaient gros, très-ouverts, déviés en sens inverse du strabisme primitif et plus ou moins fixes. L'opération leur a rendu le mouvement, la forme et l'expression presque entièrement normales, ainsi que l'exercice physiologique de la vision. Ces résultats ont été constatés pour la dernière fois onze mois après le traitement chez le premier de ces malades; quinze mois chez le deuxième; cinq mois chez le troisième; une année chez le quatrième; un mois chez le cinquième.

Sur cinq cas de torticolis très-prononcés, le redressement a été complet dans quatre cas et à peu près complet dans le cinquième. De plus, les quatre premiers sujets ont obtenu une amélioration notable dans la configuration du visage par suite du redressement du cou et de l'action des appareils mécaniques employés par M. J. Guérin. Les sujets ont été revus pour la dernière fois, le premier, huit mois après le traitement; le second, sept mois; le troisième, une année; la quatrième, six mois; le cinquième, trois mois.

Sur neuf cas de déviation de l'épine à différents degrés, mais dont sept seulement ont suivi le traitement jusqu'au bout, il y a eu trois redressements complets et deux considérablement améliorés. Dans tous les cas, la déviation, les courbures et la gibbosité étaient assez prononcées pour exiger un traitement orthopédique actif. Chez tous, les moyens mécaniques avaient été insuffisants. Chez tous, la section sous-cutanée des muscles du dos a produit immédiatement une somme de redressement qui n'a pas permis de méconnaître les effets primitifs de cette opération. Néanmoins la commission est restée convaincue de la nécessité indispensable d'associer aux sections tendineuses et musculaires, soit comme moyens préparatoires, soit comme auxiliaires, l'emploi des appareils mécaniques.

Les sujets ont été revus pour la dernière fois, le premier, sept mois après le traitement; le second, huit mois; le troisième, six mois; le quatrième, deux mois; le cinquième, quatre mois; le sixième, un mois; le septième, six mois; le huitième, à la fin du traitement; le neuvième, six mois.

Sur cinq malades atteints de luxations congénitales des fémurs et présentés à la commission, trois seulement ont été traités. Chez un de ces trois sujets la luxation a pu être complétement réduite; mais deux récidives survenues à plusieurs mois d'intervalle laissent toujours du doute sur la persistance définitive de la dernière réduction. Lorsque ce malade a été examiné une dernière fois par la commission, seize mois après la réduction, les rapports de la tête du fémur avec le bassin n'offraient pas l'apparence d'une conformation tout à fait normale. Les deux autres cas traités ont donné lieu à un genre d'amélioration aussi remarquable qu'imprévu; chez ces sujets, une articulation nouvelle s'est produite au voisinage de l'ancienne cavité, et les os du membre raccourci par la luxation ont été allongés d'une quantité suffisante pour compenser la brièveté résultant d'un reste de déplacement de l'articulation luxée. Ces deux derniers sujets ont été revus pour la dernière fois à la fin du traitement.

Sur huit cas de déviation des genoux, mais dont cinq seulement ont suivi le traitement (deux des sujets étant morts avant de le commencer), il y a eu quatre redressements complets, et le cinquième à très peu de chose près complet. Cet ordre de faits, l'un des plus importants de la série, mérite d'autant plus d'être apprécié qu'aucun chirurgien n'avait essayé, avant M. J. Guérin, de porter un remède efficace à cette difformité. Les guérisons ont été obtenues par des opérations et des appareils de l'invention de M. J. Guérin.

Les cinq sujets ont été revus pour la dernière fois, le premier et le second, à la fin du traitement; le troisième, six mois après le traitement; le quatrième, à la fin du traitement; le cinquième, six mois après le traitement.

Sur dix cas de pieds-bots de toutes les formes, de tous les degrés, il y a eu six succès complets, deux succès à peu près complets et deux améliorations notables. Quoique le traitement du pied-bot fût un des mieux connus et des plus avancés de l'orthopédie, on a vu, par les observations détaillées, que les résultats obtenus par M. J. Guérin l'ont été dans des conditions pour la plupart très-rares, sinon tout à fait insolites, et dans certaines formes qui, avant M. J. Guérin, n'avaient pas été abordées par la chirurgie. Nous reconnaissons volontiers du reste que, même dans les cas ordinaires, les principes et les procédés opératoires de

M. J. Guérin, et les appareils mécaniques qu'il a imaginés produisent des résultats d'une précision et d'une netteté qui ne sauraient être contestées.

Lorsque les résultats qui viennent d'être indiqués furent constatés pour la dernière fois par la commission, trois mois et demi s'étaient écoulés depuis le traitement chez le premier de ces malades; deux mois chez le second; plus d'une année chez le troisième; quatre mois chez le quatrième; un mois chez le cinquième; six mois chez le sixième; un mois chez le septième; six mois chez le huitième. La commission a revu le neuvième à la fin du traitement; le dixième, trois mois après le traitement.

Les deux cas de difformités arthralgiques ont été complétement guéris.

La guérison a été constatée pour la dernière fois, chez le premier sujet, six mois après le traitement; chez le second, à la fin du traitement.

Les deux cas de difformités par rétraction de cicatrices ont donné lieu à deux succès très-remarquables. Le premier était un cas d'ankylose de la mâchoire par l'effet d'une masse inodulaire. Le second (coarctation de la main et des doigts portée au plus haut degré et datant de vingt ans) sera le point de départ d'une méthode nouvelle, la seule qui jusqu'ici soit parvenue à produire des guérisons permanentes.

Ces résultats ont été constatés, chez le premier sujet, plus de deux ans après le traitement; chez le second, plus d'un an.

Les courbures rachitiques, au nombre de deux, et les cals vicieux rachitiques, au nombre de trois, ont donné lieu à trois très-beaux résultats : un de courbure rachitique redressée extemporanément par la fracture intra-lamellaire de l'os et la ténotomie; deux de courbure anguleuse par cal vicieux rachitique, guéris également par le redressement extemporané associé à la ténotomie. A ces moyens, M. J. Guérin ajoute en cas de nécessité la section sous-cutanée partielle de l'os. Ces diverses méthodes, également propres à M. J. Guérin, ouvrent une nouvelle voie à l'orthopédie.

Les deux autres sujets de cette catégorie sont morts avant d'avoir commencé le traitement.

Ces résultats ont été constatés pour la dernière fois, chez le premier sujet, trois mois après le traitement; chez le second et le troisième, à la fin du traitement.

Des six cas d'excurvation tuberculeuse, deux des sujets n'ont pas achevé le traitement; trois ont été guéris de la maladie et de la difformité; le quatrième a obtenu une amélioration notable sous l'un et l'autre rapport.

Ces résultats ont été constatés pour la dernière fois, chez les trois sujets guéris, deux ans après le traitement; chez le quatrième, à la fin du traitement.

Sur six abcès par congestion, trois ont été complétement guéris; deux longtemps améliorés; et le sixième malade est mort pendant le traitement des suites de l'ouverture spontanée de l'abcès. La commission s'est assurée de la persistance des résultats obtenus, chez le premier, dix mois après la disparition de l'abcès; chez le second, sept mois; chez le troisième, six mois; et chez tous elle a constaté concurremment le retour à la santé.

Il n'est pas inutile de rappeler que les guérisons obtenues dans ces deux dernières catégories, par M. J. Guérin, étaient régardées généralement comme impossibles; ces guérisons sont en effet de très-beaux succès.

Tels sont les faits nombreux et remarquables dont les membres de la commission ont été les témoins attentifs et consciencieux. Dans toutes les catégories auxquelles ces faits appartiennent, des succès incontestables ont été obtenus.

Nous signalons expressément ces résultats, parce que dans la polémique ardente soulevée par la publication du relevé de M. J. Guérin, la réalité et jusqu'à la possibilité des succès annoncés par lui avaient été révoquées en doute, et parce que l'utilité même de l'orthopédie avait été mise en question. Si la commission s'arrête à cette simple déclaration; et si, retenue par les scrupules d'une impartialité peut-être excessive, elle s'abstient de conclure de la réalité des succès qui se sont accomplis sous ses yeux, à la réalité de ceux dont elle n'a pas été témoin et qui ont été contestés, elle pense cependant qu'il lui est permis de conclure positivement de la possibilité des uns à la possibilité des autres.

Ce témoignage, le seul que la raison puisse avouer, en même temps qu'il rend aux efforts et au mérite de M. J. Guérin la justice qui leur est due, a un avantage plus grand encore, c'est de proclamer une vérité qui ne saurait manquer d'être profitable à la science.

Dans la qualification des résultats dont elle a été témoin, la commission s'est presque toujours abstenue de les caractériser par les mots de guérison complète; non que cette qualification n'eût pu s'appliquer légitimement à un grand nombre de ces résultats; mais la commission, en cela parfaitement d'accord avec M. J. Guérin, a cru devoir s'en abstenir; en effet, les difformités constituent des faits pathologiques dans l'appréciation desquels cette appellation peut devenir une occasion d'interprétations arbitraires aussi préjudiciables à l'art qu'à l'artiste, car ces difformités ne sont pas des accidents ou des altérations partielles. L'ancienneté du mal, les modifications profondes qu'il imprime aux parties, ne permettent que très-rarement d'atteindre la généralité de ses éléments; d'où il résulte qu'alors même que les caractères principaux de la difformité ont été effacés, des traces éloignées et en quelque sorte fondues dans l'organisme, pourraient aisément, par leur persistance, provoquer des contradictions trop exigeantes. Tels qu'ils sont néanmoins, ces résultats nous paraissent de nature à rétablir la confiance du public et des médecins dans l'efficacité des différentes méthodes orthopédiques; confiance qui n'a pu être légitimement ébranlée que par des méprises sans doute involontaires, ou par des récidives résultant du défaut de persévérance et de soins, de la part des malades, dans l'emploi des moyens.

La commission croit devoir surtout insister sur un point : c'est que, contrairement à de certaines allégations qui avaient pu répandre l'alarme dans le public sur le danger des opérations pratiquées par M. J. Guérin, elle a constaté, sans aucune exception, l'innocuité de ces opérations, et elle n'hésite pas à déclarer que les sections sous-cutanées pratiquées sous ses yeux ont été exemptes de tout accident inflammatoire sérieux ou de toute autre complication dangereuse.

La commission ne saurait terminer son travail sans répondre à la question qui lui a été adressée par le conseil des hôpitaux, et qui est relative aux observations de M. Guersant. Elle ne se dissimule pas toutefois qu'elle éprouve à cet égard un embarras qui résulte de la nature même du conflit, et de l'absence de renseignements précis qui lui seraient nécessaires pour éclairer son jugement.

Les travaux de M. J. Guérin, en rattachant à une même cause la rétraction musculaire anormale, la production de difformités qui en ont été longtemps considérées comme indépendantes; en considérant, d'autre part, comme guérissables, ou du moins comme pouvant être heureusement modifiées ou arrêtées dans leur marche, des altérations osseuses dont la manifestation paraissait inévitable et défier les ressources de l'art, l'ont naturellement conduit à faire rationnellement entrer dans le domaine de l'orthopédie des maladies nombreuses dont les unes étaient à peu près abandonnées à elles-mêmes, et dont les autres appartenaient à la chirurgie ou à la médecine proprement dite. Si la réclamation de M. Guersant était fondée sur cette extension du domaine orthopédique par M. J. Guérin, la commission trouverait très-difficile de fixer entre l'orthopédie et la chirurgie, dont elle est une dépendance, la limite demandée par le conseil. Malgré son désir de concilier les intérêts opposés, elle répugnerait à faire souffrir M. J. Guérin des résultats mêmes de son zèle et de ses efforts pour l'avancement de la science et de l'art.

La commission croit devoir compléter son rapport par les conclusions suivantes :

1° Les résultats obtenus par M. J. Guérin sous les yeux de la commission pendant les années 1843, 1844 et 1845, dans le traitement du strabisme, du torticolis, des déviations de l'épine, des luxations congénitales, des déviations des genoux, des pieds-bots, des difformités arthralgiques, des difformités par rétraction de cicatrices, des difformités rachitiques, des excurvations tuberculeuses et des abcès par congestion, sont de nature à établir que la pratique de M. J. Guérin est tout à la fois remarquable par les considérations élevées et judicieuses sur lesquelles elle se fonde, et par l'habileté et souvent la hardiesse heureuse avec laquelle les procédés opératoires sont exécutés.

2° Les méthodes, procédés et appareils imaginés par M. J. Guérin pour le traitement des difformités et accidents qui les compliquent, et les règles qu'il a posées pour leur application, constituent un ensemble de moyens et de préceptes à l'aide desquels il a produit des résultats complétement nouveaux ; comme l'ensemble de ses recherches et de ses idées sur cet ordre de faits avaient dès longtemps constitué une branche de la médecine presque entièrement nouvelle.

3° En raison des progrès qu'il a imprimés à la science des difformités et à l'art de les traiter, en raison des sacrifices qu'il a faits, en raison de la persévérance avec laquelle il a poursuivi de longues et pénibles recherches, la commission est heureuse de le déclarer, M. J. Guérin a bien mérité de la science et de l'humanité ; elle émet en conséquence le vœu que le service chirurgical qui lui a été confié par la précédente administration lui soit conservé tout à la fois comme un établissement utile aux pauvres malades et comme une juste récompense de ses travaux.

Elle émet en outre le vœu que le présent rapport soit imprimé, dans sa totalité, par les soins de l'administration.

Paris, le 6 avril 1848.

Ont signé : MM. BLANDIN, P. DUBOIS, JOBERT, LOUIS, RAYER, SERRES, et ORFILA, président.

TABLE DES MATIÈRES.

FIN DE LA TABLE.

IMPRIMÉ PAR E. THUNOT ET Cᵉ, SUCCESSEURS DE FAIN ET THUNOT,
RUE RACINE, 28, PRÈS DE L'ODÉON.

www.ingramcontent.com/pod-product-compliance
Ingram Content Group UK Ltd.
Pitfield, Milton Keynes, MK11 3LW, UK
UKHW020214250726
13967UKWH00003B/1465

9 782013 397513